장애인 가족지원을 위한 증거기반의 실제

박지연 저

학지사

머리말

2007년 국회를 통과하고 2008년부터 우리나라에서 시행되고 있는 「장애인 등에 대한 특수교육법」은 특수교육 관련 서비스를 처음으로 법제화했다는 점에서 장애인 본인과 그 가족 그리고 특수교육 및 관련 전문가들의 주목을 받아 왔습니다. 이 법에서는 특수교육 관련 서비스를 "특수교육 대상자의 교육을 효율적으로 실시하기 위하여 필요한 인적 · 물적 자원을 제공하는 서비스로서 상담지원 · 가족지원 · 치료지원 · 보조인력 지원 · 보조공학기기 지원 · 학습보조기기 지원 · 통학지원 및 정보 접근 지원 등을 말한다."라고 정의하고 있으며(제2조), 제28조의 각 항을 통해 특수교육 관련 서비스의 여러 유형을 설명하고 있습니다. 이 중 가족지원은 특수교육 관련 서비스 중 가장 먼저 소개되고 있는데(제28조 제1항 "교육감은 특수교육 대상자와 그 가족에 대하여 가족상담 등 가족지원을 제공하여야 한다."), 가족지원을 특수교육 관련 서비스의 최우선 순위에 두었을 뿐 아니라, 학교장이 아닌 교육감에게 그 제공 의무를 부여한 법의 의도가 무색하게도, 특수교육 관련 서비스 중 가장 실행이 부진한 영역입니다. 특수교육 관련 서비스의 또 다른 항목인 치료지원과 보조인력만 생각해 보더라도, 이를 위해 상당한 규모의 인력과 재정이 투자되었다는 데 이견이 있는 사람은 없을 것입니다. 그러나 특이하게도, '가족지원'을 위해 추가로 고용된 인력이 얼마나 되는가에 대해서는 자신 있게 답하기 어렵습니다. 최근 특수교육지원센터를 거점으로 하는 가족지원 노력이 시작되고는 있지만, 여전히 가족상담을 비롯한 가족지원은 특수교사의 부담으로 남아 있으며, 법이 실행된 지 5년이 지난 이 시점에도 가족지원의 다양한 내용과 실행 방식에 대한 연구가 충분히 이루어지지 못하고 있는 실정입니다.

이 책은 외국에서 실행되어 온 다양한 가족지원 연구를 분석하고, 주목할 만한 국내 연구를 소개함으로써 국내 가족지원 실험연구를 활성화하고, 현장에서 가족지원을 실행하려는 특수교육 및 관련 전문가들에게 연구에 기반을 둔 가족지원 실제를 소개하고자 집필되었습니다. 집필을 계획할 당시에는 외국 문헌을 많이 조사하기만 하면 증거기반의 실제를 충분히 찾을 수 있으리라 생각했으나, 연구가 진행되어 감에 따라 내용과 구성 형식이 탄탄한 가족지원 프로그램은 많지만, 그러한 가족지원 프로그램이 거듭된 실험을 통해 반복적으로 효과가 검증되는 일은 그리 흔치 않다는 점을 발견하게 되었습니다. 어떤 가족지원 실제가 증거기반의 실제가 되려면, 질적으로 우수하게 수행된 것이 분명하면서 그 효과를 검증한 연구가 한 편이 아닌 여러 편이어야 하므로, 이러한 기준을 충족시키는 실제를 찾기가 쉽지 않았습니다. 따라서 이 책은 증거기반 실제라 할 수 있는 가족지원 실제보다는 앞으로 증거기반 실제가 될 잠재력이 높은 가족지원 실제를 소개하는 책이라 할 수 있습니다.

이 책은 총 7개의 장으로 구성되어 있습니다. 서론에 해당하는 제

1장에서는 특수교육 분야에서 출판되고 있는 거의 모든 논문과 단행본에 빠지지 않고 등장하는 '증거기반 실제'라는 용어가 그저 그런 대로 좋아 보이는 중재 접근을 추상적으로 통칭하는 단어가 아니라, 매우 치밀하고 정교한 기준을 가진 용어임에 주목하여, 증거기반 실제의 기준을 규정하려는 다양한 연구자들의 노력을 소개하고 있습니다. 증거기반 실제의 기준을 설정하거나 이를 응용하여 논문을 분석해 본 연구자들 스스로도 지적하듯이, 증거기반 실제가 되기 위한 기준은 상당히 까다롭습니다. 그러나 국내의 가족지원 연구자들이 앞으로 가족지원 연구를 수행할 때, 이러한 기준에 부응하고자 노력하는 것 자체가 증거기반의 가족지원 실제를 발전시키는 데 크게 기여하리라는 생각에서 그 기준을 세세히 소개하려 노력하였습니다.

제2장부터 제4장까지는 장애인의 생애 주기에 따른 가족지원을 살펴보았고, 제5장에서는 가족 구성원별 지원을 제시하였습니다. 제6장은 부가적인 어려움을 가지고 있는 가족들에 대한 지원을, 제7장은 장애인 가족지원에 임하는 전문가의 유능성을 다루었습니다.

우리가 인정하든 인정하지 않든, 가족이 우리에게 미치는 영향은 실로 엄청납니다. 한 개인을 이루는 정서적 안정감, 긍정적 태도, 타인에 대한 친절과 공감 등의 인격적 성숙은 하루아침에 길러지지 않습니다. 주어진 과제에 적극적으로 도전하는 자세, 성실하고 꾸준하게 주어진 일을 마치는 작업 태도, 다른 사람과 조화를 이루려는 노력 등과 같은 능력 역시 단기간의 훈련으로 가능한 것이 아닙니다. 이러한 품성과 실력은 한 개인이 가정이라는 안전한 환경에서 매일매일 조금씩 배우고 연습하며 격려받는 가운데 갖추게 되는 것입니다. 그러나 가족이 재정적 위기에 처했을 때, 가족 중 누군가가 아플 때, 가족 구성원 간 사이가 나쁠 때, 가족 중 누군가가 가사나 양육의 부담으로 탈진했을 때, 이와 같은 가족의 기능은 충분히 발휘되기 어렵습니다. 장애 학생의 가족들도 마찬가지입니다. 가족지원이라는 특수교육 관련 서비스를 통해 장애 학생의 가족이 장애 학생의 돌봄에 관련된 추가적인 부담에도, 가족의 삶의 질을 추구하게 할 수 있다면 특수교육적 노력과는 또 다른 방향에서 장애 학생의 발전과 행복을 증진시킬 것입니다. 모쪼록 이 책이 장애 학생과 그 가족을 위한 실제적이고 유익한 프로그램과 정책을 개발하는 데 작은 씨앗이 될 수 있기를 기원합니다.

마지막으로, 이 책을 집필하는 동안 구체적인 정보와 시의적절한 격려를 주셨던 많은 장애 학생의 부모님과 선생님들께, 정작 자기 가족을 지원하는 데는 소홀해진 아내와 엄마를 긍휼히 여겨 준 가족들에게, 그리고 출판을 위해 수고해 주신 김선우 선생님을 비롯한 학지사 가족들에게 감사의 마음을 전합니다.

2012년 12월

박지연

차 례

제6장 | 조금 더 특별한 가족들 • 185

제7장 | 전문가의 가족지원 유능성 • 225

증거기반 실제와 가족지원

특수교육에서 실행되는 증거기반 실제는 개별화되어야 한다. 특수교육 전문가들은 자신의 전문가적 지혜(professional wisdom)를 발휘하여 효과가 입증된 교수 방법으로 학생을 가르치는 동시에 개별화 교육이라는 특수교육의 전통적 가치를 고수해야 한다. 이것이 바로 장애 학생의 교육 기회를 최대화하고, 특수교육을 진정으로 특별하게 만드는 길이다.

Cook, Tankersley, & Harjusola-Webb (2008). p. 110.

1 증거기반 실제의 개념과 등장 배경

증거기반 실제(evidence-based practice: EBP)란 신뢰할 만한 연구들에 의해 바람직한 효과가 있다고 입증된 실제를 뜻하는 말로, 최근 10년간 특수교육의 주요 화두가 되어 왔다. 증거기반 실제라는 용어는 1992년 의학 분야에서 처음 사용된 것으로,[1] 의학에서 말하는 증거기반 실제란 개별 환자의 진료와 관련된 의사결정을 할 때 최신이자 최선의 증거를 성실하고 명확하며 현명하게 적용하되(Sackett, Straus, Richardson, Rosenberg, & Hayness, 2000), 이러한 최선의 연구 증거를 임상적 전문성과 환자의 고유한 가치 및 상황에 통합시키는 것을 말한다(Straus, Richardson, Glasziou, & Haynes, 2011). 사람을 대상으로 하는 모든 연구와 임상 장면에서 이 개념이 갖는 중요성이 부각됨에 따라, 이제 증거기반 실제라는 용어는 보건학, 심리학, 사회복지학 등 여러 학문 분야에서 광범위하게 사용되고 있다(공계순, 서인해, 2006).

사람을 대상으로 하는 대표적 분야인 교육학 영역에서 증거기반

---

1. 1992년 캐나다 맥마스터 대학교(McMaster University)의 Gordon Guyatt을 위시한 증거기반 의학 작업 집단이 『미국의학협회지(Journal of the American Medical Association)』에 발표한 논문 「Evidence-based medicine: A new approach to teaching the practice of medicine」(Evidence-based Medicine Working Group, 1992)에서 처음으로 증거기반이라는 용어가 사용되었다. 학술 논문에 이 용어가 등장한 것은 이때가 처음이지만, 이러한 연구 패러다임의 변화는 그 이전 30여 년간 임상의학 연구 분야의 발전에 기반을 둔 것이다.

실제라는 용어가 주목을 받게 된 데는 2002년 미국 부시 대통령이 서명한 「학생낙오방지법(No Child Left Behind Act: NCLB)」이 결정적인 역할을 하였다. NCLB는 K-12학년 학생의 교육을 위해 연방정부가 해야 할 역할을 규정하고자 1965년에 제정된 「초·중등 교육법」의 개정안이다. NCLB 공포 당시 미국 교육부는 이 법이 그간의 「초·중등 교육법」 개정안 중 가장 광범위한 개혁임을 천명하였다. NCLB의 주요 개혁 원리는 ① 결과에 대한 책무성 강화, ② 유연성과 지역 자치의 증가, ③ 학부모의 선택권 확장, ④ 효과가 검증된 교육방법에 대한 강조의 네 가지이며, 이 중 네 번째 원리와 관련하여 과학적 기반을 가진 연구(scientifically-based research)에 의해 효과가 검증된 교육방법을 적용해야 함을 강조하고 있다. '과학적 기반을 가진 연구'라는 표현은 NCLB 조문에서 100회 이상 반복되고 있어 이 문구가 의미하는 바에 대한 활발한 토론을 촉진하기도 하였다(Browder & Cooper-Duffy, 2003). 과학적 기반을 가진 연구에 의해 여러 차례에 걸쳐 그 효과가 입증된 실제를 증거기반 실제라고 할 수 있는데, NCLB는 증거기반 실제를 구성할 수 있는 연구가 어떤 연구여야 하는지를 엄격하고 자세하게 제시함으로써 과학적 검증을 통해 그 효과가 입증된 실제들이 교육 현장에서 실시되어야 함을 강조하고 있다. NCLB는 또한 교사들이 증거기반 실제에 대한 정보를 찾기 위해 미 연방 교육부 산하의 교육과학연구소(Institute of Education Sciences: IES)가 구축한 질 높은 연구 결과물의 데이터베이스라 할 수 있는 What Works Clearinghouse(WWC: http://ies.ed.gov/ncee/wwc)를 참고하기를 권하고 있다.

NCLB는 장애 학생만을 위한 법은 아니지만, 효과가 검증된 교육방법을 적용함으로써 인종이나 장애 등과 같은 요소에 관계없이 모든 학생이 매년 적절한 진보를 보여야 함을 강조하고 있다. 장애를 가진 학생들도 NCLB 규정의 적용을 받는 대상에 포함되는 만큼, 효과가 검증된 특수교육의 실제를 어떻게 정의할 것인가에 대한 특수교육 분야의 논의도 활발해졌다. 이와 더불어, 흔히 IDEA로 알려진 미국 「장애인교육법」의 2004년 개정안인 미국 「장애인교육진흥법(Individuals with Disabilities Education Improvement Act: IDEIA)」에서도 교사들이 장애 학생의 학업적 · 기능적 수행을 향상시키기 위해 과학적 기반을 가진 교수적 실제를 배워야 한다고 강조함으로써 과학적 기반을 가진 연구와 이러한 연구들에 의해 효과가 검증된 증거기반 실제가 특수교육 분야의 주목을 받게 되었다(Cook, Tankersley, Cook, & Landrum, 2008).

그렇다면 증거기반 실제를 구성하는 '과학적 기반을 가진 연구'란 과연 무엇일까? 이를 좀 더 자세히 고찰하기 위해 먼저 NCLB 조문에 포함된 이 용어의 정의를 살펴보면 <표 1-1>과 같다.

표 1-1 NCLB에 나타난 '과학적 기반을 가진 연구'의 정의

과학적 기반을 가진 연구(scientifically based research)

A. 교육 활동과 프로그램에 관련된 신뢰성 있고 타당한 지식을 얻기 위해 엄격하고 체계적이며 객관적인 절차를 적용한 연구
B. 다음의 요건을 갖춘 연구를 말한다.
   i. 관찰이나 실험에 체계적이고 실증적 방법을 사용한 연구
   ii. 진술된 가설을 검증하고 도출된 일반적 결론을 정당화하려는 목적에 부합되는 정밀한 자료 분석방법을 사용한 연구
   iii. 여러 평가자와 관찰자, 다양한 측정과 관찰, 동일한 학자 또는 여러 다른 학자들이 수행한 연구 등을 통해 신뢰할 수 있고, 타당한 자료

를 제공하는 측정 또는 관찰 방법을 사용한 연구

iv. 여러 개인, 집단, 프로그램 또는 활동이 서로 다른 조건에 배치되고, 관심 있는 조건의 영향을 평가하기 위해 적절한 통제가 이루어진 실험설계 또는 준실험설계를 이용한 연구. 무작위 배치 실험이 가장 바람직하나, 조건 내(within-conditions) 또는 조건 간(across-conditions) 통제를 포함하는 그 밖의 설계를 이용하는 연구도 포함함

v. 반복 연구를 할 수 있을 정도로, 또는 최소한 연구 결과를 토대로 하여 체계적으로 연구를 쌓아 나갈 기회를 제공할 수 있을 정도로 실험이 매우 자세하고 명확하게 제시된 연구

vi. 연구에 필적하는 정도의 엄격하고 객관적이며 과학적인 심사를 거쳐 상호 심사 학술지의 게재가 판정이나 독립적인 전문가 심사위원단의 승인을 받은 연구

출처: No Child Left Behind Act of 2001, 20 U.S.C. § 7801[37] (2001).

앞의 정의에서 보듯이 NCLB에서 말하는 과학적 기반을 가진 연구의 요건은 좋은 논문이 갖추어야 할 요건에 대해 학계에서 일반적으로 합의된 바와 크게 다르지 않다. 그러나 NCLB는 여기서 한 걸음 더 나아가 연구 대상을 실험집단과 통제집단에 무작위 배치하여 실시하는 실험연구를 강조하였기 때문에, 이에 대한 많은 우려와 비판이 제기되었다(Collins & Salzberg, 2005; McDonnell, 2003; Trybus, 2007). 특히 각 학생이 가진 장애의 특성 간 편차가 크고, 장애로 인해 학습과 행동에 미치는 영향이 매우 다양할 수밖에 없는 특수교육 분야에서는 무작위 통제실험(randomized controlled trial: RCT)만이 '증거(evidence)'로 인정 가능한 지식을 생산할 수 있다는 관점[2]에 대

2. 무작위 통제실험에 대한 전폭적 강조의 예로, 2002년 미국 교육부의 Office of Special Education Programs가 지원하는 연구비 공모에서는 무작위 통제

해 많은 의문을 제기하지 않을 수 없었다. 대규모 시설에 많은 장애인들이 모여 살았던 시절이라면 가능했을지도 모르지만, 대부분의 장애 학생들이 가족과 함께 살면서 집에서 가까운 학교에 다니는 현대사회에서 동질성을 가진 다수의 연구 대상을 무작위로 표집하여 두 개 이상의 집단에 무선 배치하는 것은 현실적으로 거의 불가능한 경우가 많으며(Spooner & Browder, 2003), 이는 학생의 장애가 복합 또는 중증 장애일 경우 더욱 그러하다(Collins & Salzberg, 2005). 또한 특수교육의 기본 원칙이라 할 수 있는 개별화 교육은 각 장애 학생에게 제공되는 특수교육과 관련 서비스를 각 학생의 요구에 맞추어 개별화하는 것을 뜻하므로, 중재 이외의 변인을 통제한 채 한 집단에 속한 장애 학생들에게 동일한 중재를 제공하는 것은 개별화 교육의 정신과 대치될 수도 있다. 뿐만 아니라, 실험집단과 동일한 정도의 요구와 문제를 가진 통제집단에 실험 기간 동안 중재를 유보하는 것은 장애 학생에게 무상의 적절한 공교육을 제공해야 한다는 원칙에도 어긋나는 일이다.

특수교육의 이념에 어긋나지 않는 동시에 증거기반의 실제를 구성하는 '과학적 기반을 가진 연구'를 정의해야 할 필요성에 부응하여 2003년 미국 장애아동협회(Council for Exceptional Children: CEC)의 연구 분과(Division for Research)에서는 이 쟁점에 대해 심도 있는 고찰을 실시할 태스크포스를 구성하였다(Odom, Brantlinger, Gersten, Horner, Thompson, & Harris, 2005). 이 태스크포스는 증거기반의 실제를 수립하고 입증하기 위해서는 다양한 연구 문제가 필요하며, 이

실험을 적용한 연구 지원자에게 10점 이내의 가산점이 부여됨을(만점이 100점에서 110점이 되도록) 공지하기도 했다.

러한 다양한 연구 문제를 다루기 위해서는 다양한 연구방법론이 필요하다는 기본 가정하에 집단실험연구, 상관관계연구, 단일대상연구, 질적연구의 네 가지 연구방법으로 실시된 연구의 질적 지표를 개발하였다(Odom et al., 2005). CEC에서 출판하는 학술지 *Exceptional Children, 71*(2)를 「증거기반 실제를 구성하는 과학적 기반의 연구」에 관한 특집호(special issue)로 기획하여 각 연구방법별 질적 지표를 제시하였고, 이 특집호의 발간을 기점으로 특수교육계에서는 연구의 질적 지표와 증거기반 실제에 대한 논의가 더욱 활발해 졌다. 이 특집호에서 다룬 각 연구방법별 질적 지표는 이 장의 후반부에 자세히 소개하였다.

2005년의 *Exceptional Children* 특집호에 발표된 「과학적 기반을 가진 연구의 질적 지표」는 두 가지의 후속 연구를 파생시켰다. 첫째, 2007년 CEC 이사회의 요청을 받은 CEC 전문가 표준과 실제 위원회(CEC Professional Standards and Practice Committee)는 2005년에 발표된 질적 지표를 기초로 하여 특정 특수교육 실제가 증거기반임을 결정하기 위한 절차를 개발하고, 이에 대한 파일럿을 실시한 후, 이를 *Classifying the state evidence of special education professional practices: CEC practice study manual*이라는 매뉴얼로 발간하였다(CEC, 2008). 이 매뉴얼에서는 다양한 특수교육의 실제를 크게 '긍정적인 증거기반' '불충분한 증거기반' '부정적인 증거기반'의 세 가지로 분류하고 있으며([그림 1-1] 참조), CEC가 특정 실제를 선택하고 연구하여 이 세 가지 중 어디에 속하는지를 결정하는 절차를 설명하고 있다. 이 매뉴얼의 저자들은 또한 2005년에 발표된 질적 지표를 좀 더 구체화한 루브릭을 연구방법별(실험연구, 단일대상연구, 상관연구, 질적연구)로 개발하여 부록에 제시하였다. 이로써 질적 지표의

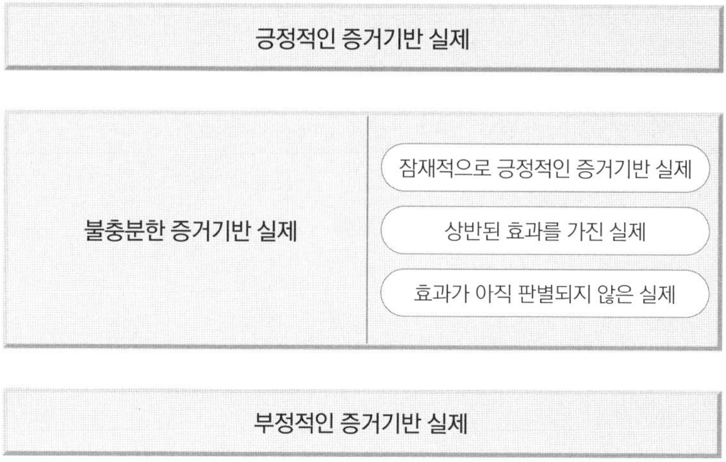

긍정적인 증거기반 실제	
불충분한 증거기반 실제	잠재적으로 긍정적인 증거기반 실제
	상반된 효과를 가진 실제
	효과가 아직 판별되지 않은 실제
부정적인 증거기반 실제	

|그림 1-1| 증거기반 실제의 분류: CEC 매뉴얼(2008)

각 항목이 빠짐없이 포함되었는지의 여부로만 연구를 평가하는 단계를 넘어 질적 지표가 '얼마나 잘' 구현되었는지에 대한 수량화가 가능해졌다.[3]

둘째, 질적 지표를 이용한 문헌연구가 활발하게 수행되었다. 2005년 *Exceptional Children* 특집호가 발간된 지 6개월 후, Test, Fowler, Brewer와 Wood(2005)는 특집호에 실린 질적 지표를 이용하여 자기옹호 중재를 실시한 연구들을 평가하는 문헌연구를 발표하였고, 2006년 Browder, Wakeman, Spooner, Ahlgrim-Delzell과 Algozzine

3. 예를 들어 '실험을 위해 선택된 맥락과 환경에 대한 설명이 제공되었는가?'라는 지표에 대해 '예/아니요'로 평가하는 수준을 넘어 충분한 설명은 5점, 부분적 설명은 3점, 불충분한 설명 또는 설명 부재의 경우 1점을 부여하였다. 그러나 이 매뉴얼은 아직 파일럿 단계이므로, 실제적 적용까지는 시간이 좀 더 걸릴 것으로 예상된다.

은 심각한 인지 장애인을 위해 실시된 읽기 교수 연구들의 질적 지표를 평가하고, 그 결과를 토대로 증거기반 실제로 인정할 수 있는 읽기 교수 전략을 판별하였다. 또한 *Exceptional Children*은 2009년에 다시 한 번 증거기반 실제에 대한 특집호(75권 3호)를 기획하였는데, 이 특집호에 실린 5편의 연구는 2005년에 발표된 질적 지표의 타당성과 실효성을 높이기 위한 일종의 필드테스트라 할 수 있다. 이들 연구에서는 특수교육 현장에서 광범위하게 사용되어 온 다섯 가지 실제(반복 읽기, 수학 문제해결을 위한 인지전략 교수, 쓰기에서의 자기조절 전략 개발, 기능 중심 평가, 단어 인식 교수를 위한 시간지연법)에 대해 관련 논문을 선정하고, 질적 지표에 의해 각 논문을 평가한 후, 그 실제가 증거기반 실제의 요건을 만족하는지 고찰하는 과정을 보여 주는 동시에 적용상의 문제점을 지적하고, 발전 방향을 제시하기도 하였다(Baker, Chard, Ketterline-Geller, Apichatabutra, & Doabler, 2009; Brower, Ahlgrim-Delzell, Spooner, Mims, & Baker, 2009; Chard, Ketterlin-Geller, Baker, Doabler, & Apichatabutra, 2009; Lane, Kalberg, & Shepcaro, 2009; Montague & Dietz, 2009).

이상에서 우리는 특수교육에서 '증거기반 실제'라는 용어가 부상하게 된 배경을 살펴보았다. 대다수의 장애 학생들이 새로운 기술을 습득하고 연습하여 숙달에 이르는 데 많은 시간을 필요로 하기 때문에, 증거가 불충분한 중재방법으로 이들의 귀한 시간을 낭비해서는 안 된다. 즉, 현장에서 장애 학생과 함께 일하는 모든 특수교육 전문가들은 엄격하게 진행된 연구들을 통해 효과가 입증된 중재와 지원 전략(즉, 증거기반 실제)을 우선적으로 사용해야 한다. 따라서 '효과가 입증된' 실제의 구체적인 기준을 세우려는 노력이 특수교육 분야에서 시작된 것은 매우 환영할 만한 일이며, 이는 향후 이 분야에서 실시될 중재와 지원이 장애 학생 및 그 주변 사람들에게 의미 있는 성과로 이어지는 데 기여할 것으로 생각된다.

2 증거기반 실제를 구성하기 위한 질적 지표

앞서 설명한 바와 같이 증거기반 실제란 질적 지표를 충족시키는 연구를 통해 반복적으로 효과가 입증된 실제를 말하므로, 증거기반 실제를 이해하기 위해서는 연구의 질적 지표를 좀 더 자세히 살펴볼 필요가 있다. 다음에서는 CEC 연구 분과의 태스크포스 팀이 분류한 특수교육 연구방법의 네 가지 유형별로 질적 지표를 살펴보고, 각 연구방법이 가족 연구에 적용되었을 때의 시사점을 알아보고자 한다. 여기서는 각 연구방법별 질적 지표와 증거기반 실제의 구성 요건을 알아보고, 이를 가족 연구에 적용하여 논의하는 것이 주목적이므로, 각 지표에 대한 자세한 설명을 원하는 독자는 2005년에 출판된 *Exceptional Children* 특집호를 참고하기를 권한다.

1) 실험연구와 준실험연구

넓은 의미에서는 특정 처치를 하고 그 결과를 살펴보는 모든 연구를 실험연구라고 할 수 있겠으나, 여기서 말하는 실험연구는 동질적인 중재자가 실험집단을 대상으로 독립변인을 투입하고 그 결과로 대상들의 특성 변인(종속변인)에 변화가 나타나는지 살펴보는 연구를 말한다. 무작위 통제실험은 현실적으로 매우 어려운 경우가 많기 때문에 실험연구의 질적 지표를 개발한 Gersten, Fuchs, Compton, Cyne, Greenwood와 Innocenti(2005)는 준실험연구도 이 범주에 포함시켜 질적 지표를 개발하였다. 실험연구는 독립변인과 종속변인 간의 인과관계를 확인할 수 있는 연구방법이라는 점에서 질적연구나 상관관계연구와 구별되며, 집단을 대상으로 한다는 점에서 단일대상연구와 구분된다. 실험연구와 준실험연구의 질적 지표는 〈표 1-2〉와 같다.

〈표 1-2〉에 제시된 질적 지표를 가족 연구에 적용할 때 추가로 고려할 부분은 다음과 같다. 첫째, 연구 참여자에 대한 기술 부분이다. 장애 학생을 대상으로 할 때는 실험에 참여하는 학생들의 장애 특성을 포함하여 중재를 필요로 하는 현재 상태에 대한 기술을 하겠지만, 가족 연구에서는 참여의 단위가 두 명 이상의 가족 성원일 경우가 많으므로(예: 어머니와 장애 유아, 장애 학생과 비장애 형제) 연구 참여자를 기술할 때는 장애를 가진 성원의 특성뿐 아니라 참여하는 가족 성원들의 특징과 상호 관계의 특성을 포함해야 하며, 가족의 기능과 강점까지 제시할 수 있다면 더욱 바람직하다.

둘째, 가족 관련 변인을 측정하는 다양한 도구가 개발되어 여러 연구에서 사용되고 있지만, 타당도와 신뢰도를 탄탄하게 갖춘 도구는 아직 충분하지 않다. 또한 각 가족이 가진 고유한 특성 때문에 동일한 연구에 참여한 가족들이라 하더라도 적용 가능한 문항이 달라지는 사태가 발생하기도 한다(예: 장애 학생과 형제자매 간 상호작용을 묻는 문항에 대해 장애 학생 외에 다른 자녀가 없는 부모는 답할 수 없음). 또 같은 중재를 제공받았음에도, 가족 성원마다 종속변인의 변화

표 1-2 실험연구/준실험연구의 질적 지표

구 분	영 역	질적 지표
필수 지표	연구 참여자에 대한 기술	• 연구 참여자가 장애 또는 어려움을 가지고 있음을 확인할 수 있는 충분한 정보가 제공되었는가? • 표집된 연구 참여자의 관련 특성이 조건 간에 최대한 유사하도록 적절한 절차를 사용하였는가? • 중재를 실시할 중재자나 교사에 대해 충분한 정보가 제공되었는가? 이러한 정보는 조건 간에 중재자가 유사함을 보여 주는가?
	중재 실행과 통제집단에 대한 기술	• 중재가 명확하게 기술되고, 구체화되어 있는가? • 실행 충실도가 설명되어 있으며, 실제로 측정되었는가? • 통제 조건에 제공된 서비스의 특징이 기술되어 있는가?
	성과 측정	• 중재에 밀착된 측정과 일반화된 수행에 대한 측정 간의 적절한 균형을 제공하기 위해 여러 측정도구를 사용하였는가?* • 중재 효과를 포착하기 위한 성과의 측정이 적절한 시기에 이루어졌는가?
	자료 분석	• 자료 분석방법은 주요 연구 문제와 가설에 적절하게 연결되어 있는가? 또한 연구에서의 분석 단위에도 적절하게 연결되어 있는가? • 연구 결과에는 추리통계뿐만 아니라 효과 크기 계산도 포함되어 있는가?
우대 지표	• 중재 집단의 연구 참여 중단율(attrition rate)이 보고되었는가? 전반적으로 심각한 연구 참여 중단율이 보고되었는가? 만약 그렇다면 그러한 참여 중단은 집단 간 유사한 양상인가? 전체 연구 참여 중단율이 30% 이하인가? • 성과 측정 도구에 대한 내적 일관성 신뢰도뿐 아니라 검사-재검사 신뢰도, 평정자 간 신뢰도(해당될 경우)를 제공하는가? 자료 수집자 또는 평정자들은 연구 조건에 대해 알지 못하는 상태이며, 각 조건에 속한 검사 대상자에 대한 친밀도가 유사한가?	

• 중재 효과를 알아보기 위한 성과의 측정이 중재 직후에 실시한 사후 검사 이후에도 이루어졌는가? • 측정도구의 준거 관련 타당도와 구인타당도가 제공되었는가? • 연구진은 실행 충실도의 표면적 특징(예: 중재에 몇 분이 소요되었는가, 교사 또는 중재자가 구체화된 절차를 이행했는가)뿐 아니라 실행의 질(quality)에 대해서도 검토하였는가? • 통제집단에 제공된 교수의 특성에 대해 보고하고 있는가? • 연구 보고서는 중재의 특성을 포착한 실제 오디오나 비디오테이프로부터의 인용문을 포함하고 있는가? • 연구 결과가 명확하고 통일성 있게 제시되었는가?

* 일반화된 수행의 측정만 포함한 연구는 수용 가능하나, 중재에 밀착된 측정만 포함한 연구(중재의 내용과 거의 일치하는 측정도구만으로 성과를 측정한 연구)는 수용되기 어렵다.

출처: Gersten, R., Fuchs, L. S., Compton, D., Coyne, M., Greenwood, C., & Innocenti, M. S. (2005). Quality indicators for group experimental and quasi-experimental research in special education. *Exceptional Children, 71*(2), 152.

정도가 다를 가능성도 있다. 성과 측정과 자료 분석에 관련된 지표가 가족 연구에 적용될 때는, 이와 같은 가족 연구의 특성이 함께 고려되어야 할 것이다. 예를 들어, 분석의 단위가 가족일 때 '자료 분석 방법이 연구의 분석 단위와 적절하게 연결되어 있는가?'라는 지표는 '가족 전체의 변화를 분석하기 위하여 개별 가족 성원의 변화뿐 아니라 가족 전체의 측정치를 합산하는 방법을 제시했는가?' 하는 식으로 응용하여 적용될 필요가 있다.

셋째, '표집된 연구 참여자의 관련 특성이 조건 간에 최대한 유사하도록 적절한 절차를 사용하였는가?'라는 지표에 부합되는 연구를 설계하기란 가족 연구에서 무척 어려운 일이다. 개인으로 이루어진 두 집단의 동질성을 확보하는 것에 비해 가족 단위로 이루어진 두 집단의 동질성을 확보하는 것이 훨씬 더 복잡하기 때문이다. 예를 들어, 자폐성장애 학생의 의사소통 증진을 위한 연구를 설계할 때는 실험집단과 통제집단 학생들의 의사소통 능력을 위주로 동질성을 확보하고, 그 외에 이 학생들의 연령이나 학년, 교육적 배치 등을 최대한 유사하게 맞추도록 노력을 할 것이다. 둘 이상의 집단을 대상으로 실험연구를 해 본 연구자라면 누구나 공감하겠지만, 두세 가지 변인을 중심으로 집단 간 동질성을 확보하는 일조차 절대 쉬운 일이 아니다. 그런데 가족 연구의 경우에는 유사하게 맞추어야 할 변인이 너무도 많고, 가족의 개별적 특성은 너무도 다양하기 때문에 동질성 확보 작업은 더욱 복잡하고 어려워진다. 예를 들어, 장애 유아 부모의 역량 강화를 위한 부모 지지집단 프로그램을 실시하는 연구에서는 장애 유아 관련 변인(예: 장애 유형, 장애 정도, 연령)뿐 아니라 가족 구성(특히 한부모가정인지의 여부), 부모의 연령, 사회 · 경제적 지위 등과 같은 가족 변인에서 실험집단과 통제집단 간에 최대한 동질성이 확보되어야 한다. 그러나 이러한 변인들을 모두 맞추어 두 집단을 구성하는 것은 현실적으로 거의 불가능한 일이므로, 독립변인과 종속변인을 고려하여 동질성을 확보해야 하는 변인들의 우선순위를 정하고, 그에 따라 집단을 구성하는 절차를 연구 참여자에 대한 기술에 포함시켰는지의 여부를 질적 지표 충족 여부로 판단하는 것이 적절할 것이다.

Gersten 등(2005)은 질적 지표를 제시하는 데서 그치지 않고, 일정 수준 이상의 질적 지표를 충족시키는 연구들을 '수용 가능한 연구'와 '질 높은 연구'라는 명칭으로 개념화하였다. 어떤 연구가 수용 가능한 연구가 되기 위해서는 〈표 1-2〉의 필수지표 10개 중 9개 이상의 지표를 모두 충족시키면서 우대지표에서 최소한 하나의 지표를 갖

표 1-3 수용 가능한 연구와 질 높은 연구의 조건

	필수지표	우대지표
수용 가능한 연구	9개 이상 충족	1개 이상 충족
질 높은 연구	9개 이상 충족	4개 이상 충족

추어야 한다. 또한 질 높은 연구가 되기 위해서는 필수지표에서 9개 이상의 지표를 모두 충족시키면서 우대지표에서 최소한 4개의 지표를 갖추어야 한다(〈표 1-3〉 참조).

이상에서 살펴본 것은 하나의 연구가 과학적 기반을 가진 연구(또는 수용 가능한 연구나 질 높은 연구)인가, 아닌가에 대한 것이다. 그러나 하나의 연구에서 효과가 입증되었다고 해서 그 연구에서 사용된 중재가 바로 증거기반 실제가 되는 것은 아니므로, 증거기반 실제를 구성할 수 있는 연구들의 수나 요건에 대한 기준이 필요하다. Gersten 등(2005)은 증거기반 실제의 요건으로 다음의 두 가지를 제시하였다.

- 4편 이상의 수용 가능한 연구와 2편 이상의 질 높은 연구를 통해 효과가 입증된 중재
- 가중 효과 크기가 0보다 통계적으로 유의하게 큰 것으로 나타난 중재(가중 효과 크기의 95% 신뢰 구간에 0이 포함되지 않음)

그러나 이러한 요건은 쉽게 도달할 수 있는 것이 아니므로, Gersten 등(2005)은 증거기반 실제의 요건에는 아직 이르지 못했지만 추후 연구를 통해 증거기반 실제로 밝혀질 가능성이 높은 실제(promising practice)의 요건으로 다음의 두 가지를 제시하였다.

- 4편 이상의 수용 가능한 연구와 2편 이상의 질 높은 연구를 통해 효과가 입증된 중재
- 가중 효과 크기의 20% 신뢰 구간이 0보다 큰 것으로 나타난 중재

2) 단일대상연구

단일대상연구 역시 특정 중재를 연구 대상에게 적용한 후 그 효과를 살펴본다는 점에서는 본질적으로 실험연구라 할 수 있지만, 집단이 아닌 개인을 분석 단위로 하고, 종속변인을 조작적으로 정의하여 반복적으로 측정하며, 자료 분석을 위해 통계가 아닌 시각적 분석을 이용한다는 점에서 집단 대상의 실험연구와는 구분된다. Horner, Carr, Halle, McGee, Odom과 Wolery(2005)가 제시한 단일대상연구의 질적 지표는 〈표 1-4〉와 같다.

단일대상연구의 질적 지표를 가족 연구에 적용할 때 고려할 점은 다음과 같다. 첫째, 연구 환경에 대한 기술은 일반적으로 특정 장소에 대한 것을 말하지만, 가족 연구의 경우 장소의 범위가 좀 더 광범위하게 해석되어야 할 필요가 있다. 가족을 대상으로 하는 중재는 주로 학교 내에 있는 장소를 중심으로 기술하게 되는 개인 대상 연구와 달리 가정, 친척 집, 지역사회 등과 같이 학교보다 훨씬 다양한 환경에서 실시될 때가 많고, 중재의 직접적인 대상은 아니지만 동일한 환경에 함께 존재하는 사람들(예: 할머니, 비장애 형제)의 유형에도 무척 많은 경우의 수가 있다. 따라서 교실 환경에 비해 그 범위가 매우 넓은 물리적 · 인적 환경에 대한 기술은 질 높은 가족 연구에서

표 1-4 단일대상연구의 질적 지표

영 역	질적 지표
대상자와 환경에 대한 기술	• 연구 대상에 대한 기술이 다른 연구자가 유사한 특성(예: 연령, 성별, 장애, 진단명)을 가진 이들을 선택하는 데 부족함이 없을 만큼 매우 자세하다. • 대상자 선택 과정에 대한 기술이 반복 연구가 가능할 정도로 자세하다. • 물리적 환경의 주요 특징에 대한 기술이 반복 연구가 가능할 정도로 매우 정확하다.
종속변인	• 종속변인이 조작적으로 정확하게 기술되어 있다. • 각 종속변인은 수량화할 수 있는 절차를 통해 측정된다. • 종속변인이 타당하게 측정되었고, 반복 연구가 가능할 정도로 상세하게 측정방법이 기술되어 있다. • 종속변인이 반복하여 측정된다. • 각 종속변인에 대해 신뢰도 또는 관찰자 간 신뢰도 자료가 수집되었으며, 관찰자 간 신뢰도는 최소한의 기준을 충족시킨다(예: 관찰자 간 신뢰도=80%, Kappa=60%).
독립변인	• 반복 연구가 가능할 정도로 독립변인이 자세히 기술되어 있다. • 독립변인은 실험자의 통제하에 체계적으로 조작되고 있다. • 독립변인의 실행 충실도가 명확하게 측정되었으며, 측정된 실행 충실도가 매우 바람직한 수준이다.
기초선	• 종속변인을 반복 측정하는 기초선 단계를 통해 독립변인의 도입이나 조작이 없을 경우, 연구 대상의 향후 수행 패턴이 어떠할지를 예측하게 해 줄 반응 패턴이 확인되었다. • 기초선 조건이 반복 연구가 가능할 정도로 자세히 기술되어 있다.
실험적 통제/내적 타당도	• 실험 효과를 보여 주는 최소한 3개의 자료점이 있다. • 내적 타당도의 일반적 위협 요인(예: 경쟁 가설의 배제를 허용)을 통제하였다. • 연구 결과는 실험적 통제를 나타내는 패턴을 자세히 기록하고 있다.

외적 타당도	• 대상 간, 환경 간 또는 자료 간 실험 효과가 반복된다.
사회적 타당도	• 종속변인은 사회적으로 중요한 것이다. • 중재의 결과로 나타난 종속변인의 변화가 사회적으로 중요하다고 할 수 있을 정도의 크기다. • 독립변인의 실행이 실용적이고, 비용 효과적이다. • 독립변인의 실행 기간을 늘리거나 실행하는 사람을 바꾸거나 실행의 물리적 · 사회적 맥락을 확장함으로써 사회적 타당도를 높이려 노력하였다.

출처: Horner, R. H., Carr, E. G., Halle, J., McGee, G., Odom, S., & Wolery, M. (2005). The use of single-subject research to identify evidence-based practice in special education. *Exceptional Children, 71*(2), 174.

매우 중요하다고 할 수 있다. 연구 대상 기술에 대한 고려점은 앞서 실험연구에서 논의한 바와 동일하다.

둘째, 가족 연구에서는 사회적 타당도를 확인하는 지표 중 하나인 '종속변인이 사회적으로 중요한 것인가?' 하는 질문을 다각도로 이해할 필요가 있다. 많은 경우, 사회적으로 중요한 종속변인은 가족 성원들에게도 중요할 것이다. 그러나 이 사회에 살고 있는 가족들의 다양성을 고려할 때, 가치관, 문화, 풍습, 전통 등이 서로 다른 여러 가족들이 가족 연구에 참여하게 될 것임은 분명하다. 주류 문화에 익숙한 중재자나 연구자가 사회적으로 중요하다고 생각한 종속변인이 가족에게는 그리 중요하지 않을 수도 있고, 심지어는 가족이 생각하는 중요도와 상반될 수도 있다. 종속변인이 가족에게 중요한 것이 아닐 경우 적극적인 참여를 기대하기 어려울 뿐 아니라, 중재의 성과가 가족이 생각하는 바람직한 것이 아니어서 중재에 대한 수용도와 만족도가 낮을 수 있다. 따라서 연구자들은 가족 연구를 설계할 때 '사회적으로 중요한 종속변인'의 의미를 보다 폭넓게 해석하고, 가족의 특성에 대한 깊이 있는 이해를 바탕으로 종속변인을 결정해야 할 것이다.

집단을 대상으로 한 실험연구와 마찬가지로, 이와 같은 질적 지표를 충족하는 한 편의 단일대상연구를 통해 특정 실제의 효과가 입증되었다 하더라도, 그 실제가 자동적으로 증거기반 실제가 되는 것은 아니다. Horner 등(2005)은 단일대상연구 방법을 통해 증거기반 실제가 수립되는 요건으로 다음의 세 가지를 제시하였다.

① 질적 지표를 충족하고, 실험적 통제를 서술하며, 전문가 상호심사 학술지에 출판된 단일대상연구가 최소한 5편인 실제
② 최소한 3개의 다른 지역에서 최소한 3명의 연구자에 의해 실행된 연구를 통해 효과가 입증된 실제
③ 앞의 ①에서 말한 5편 또는 그 이상의 연구에 참여한 대상자 수가 20명 이상인 경우

이 중 첫 번째 요건에 따르면, 증거기반 실제가 되기 위해서는 최소한 5편의 연구가 질적 지표 21개를 모두 충족하는 동시에 중재 효과를 보여 주어야 하는 것으로 되어 있는데, 이 지표를 활용하여 문헌을 분석해 본 학자들은 21개의 질적 지표를 모두 충족시키는 논문이 예상보다 많지 않아서 자칫하면 증거기반 실제가 충분히 될 수 있는 중재전략마저 제외시킬 가능성이 있다고 지적하기도 하였다(Lane et al., 2009). 〈표 1-4〉에 제시된 21개 지표를 이용하여 단일대상연구의 질을 평가하는 방식을 정교화하기 위한 다양한 후속 연구가 필요할 것으로 생각된다(예: 필수적인 지표에 가중치를 두는 방법, 부분 점수를 주거나 루브릭화하는 방법).

3) 질적연구

단일대상연구나 실험연구가 어느 정도 정형화된 연구 절차를 따라 진행되는 것과 달리, 질적연구는 너무나 다양한 방식으로 현상에 접근하기 때문에 질적연구를 한마디로 정의하기는 거의 불가능하다. 질적연구의 질적 지표를 연구한 Brantlinger, Jimenez, Klingner, Pugach와 Richardson(2005)은 질적연구의 범위를 모두 포함하는 정의를 내리는 것은 매우 어렵다고 하면서 "특정 맥락에서 일어나는 어떤 현상의 특징이나 본질적 속성을 이해하기 위한 체계적 접근"(p. 195)이라는 느슨한 정의를 사용하였다. 이들이 제시한 질적 지표는 〈표 1-5〉와 같다.

표 1-5 질적연구의 질적 지표

구 분	질적 지표
면담연구 (또는 면담 요소를 포함하는 복합적 연구)	• 적절한 참여자가 선택되었다(목적에 맞게 선택, 효과적으로 모집, 적정한 참여자 수, 고찰하려는 모집단을 대표하는 참여자). • 면담 질문이 이치에 맞다(표현이 명백하고 답을 유도하지 않는 질문, 관심 영역을 탐색하는 데 적절하고 충분한 질문). • 면담을 녹음하고 전사하기 위해 적절한 방법이 사용되었다. • 보고서에서 참여자를 조심스럽고 올바르게 묘사하였다. • 비밀 보장을 확실히 하기 위해 적절한 방법이 사용되었다.
관찰연구 (또는 관찰 요소를 포함하는 복합적 연구)	• 관찰을 위해 적절한 환경과 적절한 사람들이 선택되었다. • 현장에서 충분한 시간을 보냈다(관찰 횟수와 기간, 연구 시간의 범위). • 연구자는 그 장소에 잘 동화되었다(수용되고 존중받으며 눈에 띄지 않음).

	• 연구자는 그 환경에 미치는 영향을 최소화하였다[환경에 영향을 미치려는 목적으로 설계되는 실행연구(action research)의 경우는 예외임]. • 현장 노트가 체계적으로 수집되었다(녹화, 녹음, 관찰 동안 또는 관찰 직후의 기록). • 연구 참여자와 환경의 비밀 보장을 확실히 하기 위해 적절한 방법이 사용되었다.
문서 분석	• 의미 있는 자료(문서, 유물, 물체, 사진)를 찾아냈고, 그 자료의 적절성을 입증하였다. • 자료를 주의 깊게 입수하고 보존하였다. • 자료를 충분하게 설명하고 인용하였다. • 사적 자료의 비밀 보장을 확실히 하기 위해 적절한 방법이 사용되었다.
자료 분석	• 분석 결과는 체계적이고 의미 있는 방식으로 분류되고 부호화되었다. • 보고서에 포함될 내용과 포함되지 않을 내용에 대해 충분한 근거가 제공되었다. • 진실성(trustworthiness)과 신뢰성(credibility)을 입증하기 위해 사용된 방법을 명백하게 기록하였다. • 연구자들이 가진 개인적 입장/관점에 대한 반성(reflection)이 제공되었다. • 연구 참여자, 관찰에 따른 현장 노트, 문서 검토의 증거 등을 충분히 인용하여 결론을 구체화하였다. • 관련 연구와의 연관성을 밝혔다.

출처: Brantlinger et al. (2005). Qualitative studies in special education. *Exceptional Children, 71*(2), 201.

실험연구와 단일대상연구 방법에서는 어떤 실제가 증거에 기반한 것임을 입증하기 위한 양적인 기준을 제시하였다(예: 질적 지표를 모두 충족시키는 연구가 5편 이상인 실제). 그러나 질적연구의 경우에는 각 연구가 포함하는 관점, 방법, 절차가 매우 다르고, 그중 어느 것이 다른 것보다 더 바람직하다는 식으로 서열화하는 것이 불가능하기 때문에 그러한 양적 기준을 설정하는 것 역시 불가능하다. 따라서 여러 편이 아닌 단 한 편의 질적연구라 하더라도 그 연구가 질적 지표를 충분히 갖추고 있는 동시에 특정 실제나 정책에 대한 타당한 증거를 제시한다면, 이를 증거기반 실제에 기여하는 연구로 판단할 수 있을 것이다. 질적연구는 독립변인과 종속변인 간에 인과관계가 있는지를 알아보는 목적으로는 사용할 수 없는 연구방법이지만, 왜, 어떻게 그러한 인과관계가 수립되었는지를 상세하게 들여다보게 해 준다는 점에서 증거기반 실제에 간접적으로 기여하는 연구방법이라 할 수 있다.

4) 상관관계연구

상관관계연구는 독립변인과 종속변인 간의 인과관계를 입증하기 위한 목적으로 사용할 수 있는 연구방법은 아니기 때문에, 질적 지표를 갖춘 상관관계연구가 여러 편 존재한다고 하여도 그것이 증거기반 실제를 구축하지는 못한다. 그러나 조사연구나 상관관계연구는 실험연구를 설계하는 데 기초가 되는 정보를 제공해 준다는 점에서 증거기반 실제를 구축하는 데 간접적으로 중요한 기여를 하는 셈이다(Cook & Cook, 2008). 특정 실제에 대한 지식 기반이 아직 불충분하여 시간과 노력이 많이 드는 실험연구를 하기에는 아직 이른 단계일 때 상관관계연구를 통해 얻는 정보는 연구자들이 그다음 단계를 결정하는 데 유익한 정보를 제공한다(Thompson, Diamond, McWilliam, Snyder, & Snyder, 2005). Thompson 등(2005)이 제시한 상관관계연구의 질적 지표는 〈표 1-6〉과 같다.

표 1-6 상관관계연구의 질적 지표

영 역	질적 지표
측정	• 모든 측정 변인에 대해 선행 연구 또는 측정도구 매뉴얼에 제시된 신뢰도 계수가 보고되었으며, 본 연구의 집단 구성과 점수의 분산이 선행 연구나 측정도구 매뉴얼에 제시된 것과 얼마나 유사한지에 대한 명백하고 이치에 맞는 설명이 제시되었다. • 본 연구에서 측정한 자료 분석 결과를 바탕으로 모든 측정 변인에 대해 신뢰도 계수가 보고되었다. • 본 연구에서 점수를 바탕으로 내린 추론이 타당함을 보여 주는 선행 연구 또는 측정도구 매뉴얼로부터 명백한 설명과 함께 증거가 유추되었다. • 본 연구에서 발생된 자료에 근거하여 점수의 타당도가 실제로 평가되었다. • 신뢰도와 타당도가 연구의 해석에 미치는 영향에 대한 세부 사항이 적절하고 명백하게 고려되었다.
실제적/ 임상적 유의성	• 연구의 주요 성과마다 하나 이상의 효과 크기(effect size) 통계치가 보고되었고, 사용된 효과 통계치가 명확하게 제시되었다. • 본 연구에서 실시된 특정 실제의 효과 크기에 대한 해석은 관련 선행 연구에서 보고된 효과 크기와의 직접적이고 명백한 비교를 통해서 이루어졌다. • 저자는 효과 해석의 일부로 연구 설계와 효과 크기 통계치의 제한점을 명백하게 고려하였다.
흔히 범하는 거시 분석상의 오류 피하기	• 일반선형모형(GLM) 가중치(예: 베타 가중치)는 가중치가 실제로 상관계수인 예외적인 경우에 한해서만 예측 변인(predictor)과 결과(outcome) 변인의 상관관계를 반영하는 것으로 해석되었다. • 주목할 만한 결과가 발견되었고, 그 효과가 무엇에서 비롯된 것인지가 검토된 경우, 결과 해석 시 구조 계수에 대한 검토를 포함시켰다.

	• 예외적인 분포(distribution shape)로 인해 명목척도로의 전환이 정당화되는 경우가 아닌 한, 등간척도인 자료를 명목척도로 변환하지 않았으며, 변환을 한 경우에는 변환이 미친 영향을 결과 해석의 일부로 주의 깊게 고려하였다. • 결과 변인이 여러 가지인 경우, 단변량(univariate) 방법을 사용하지 않았다. • 다변량 분석의 사후 검사로 단변량 방법을 사용하지 않았다. • 통계방법을 사용하기 위한 가정(assumption)이 충분히 만족되었음을 보여 주는 확실한 증거가 결과를 신뢰하기에 충분할 정도로 명백하게 제시되었다.
신뢰도 계수, 통계치, 효과 크기의 신뢰 구간	• 연구 자료에서 도출된 상관계수의 신뢰 구간이 보고되었다. • 본 연구의 주요 관심사인 통계치(예: 평균, 상관계수)에 대해 신뢰 구간이 보고되었다. • 연구의 효과 크기에 대한 신뢰 구간이 보고되었다. • 선행 연구에서 제시된 신뢰 구간과의 직접적이고 명백한 비교를 통해 신뢰 구간이 해석되었다.

출처: Thompson et al. (2005). Evaluating the quality of evidence from correlational research for evidence-based practice. *Exceptional Children, 71*(2), 191.

장애 학생을 위한 중재뿐 아니라 장애인 가족을 위한 지원을 주제로 연구를 설계할 때, 무작위 통제실험이 현실적으로 가능하지 않은 상황은 너무나 자주 발생하기 때문에, 상관관계연구 방법은 특수교육 분야에서 앞으로도 핵심적인 역할을 할 것으로 예상된다. 그러나 상관관계연구만으로는 증거기반 실제를 구성할 수 없기 때문에, 증거기반 실제 관련 논문에서 Thompson 등(2005)의 질적 지표가 언급되는 경우는 그리 흔하지 않다. 선행 연구의 분석에 질적 지표를 활용하여 개발된 지표를 필드테스트 하려는 노력 역시 상관관계연구 분야에서는 이어지지 않고 있다.

3 증거기반 실제와 관련된 쟁점

장애 학생과 그 가족을 지원하는 전문가들의 시행착오를 줄이는 데 도움이 될 뿐 아니라, 지원받을 대상자의 고유한 특성과 요구에 맞는 중재와 지원을 선택할 기준을 제시해 준다는 점에서 증거기반 실제의 의의는 부인할 수 없는 것이다. 그러나 증거기반 실제가 장애 학생과 그 가족을 위한 중재 선택의 핵심 기준이 되는 것과 관련하여 고려하지 않을 수 없는 쟁점이 있다. 이러한 쟁점이 함께 고려될 때 증거기반 실제의 진정한 의의가 구현될 수 있을 것이므로, 다음에서는 이와 관련된 쟁점을 몇 가지로 나누어 살펴보고자 한다. 특히, 가족을 포함하는 연구에 증거기반 실제의 기준을 적용할 때 고려해야 할 문제를 함께 다루었다.

첫째, 증거기반 실제를 구축하기 위한 실험 과정과 증거기반 실제를 현장에 적용하는 과정에서 '맥락적 적합성(contextual fit)'과 '실험 조건의 통제' 간의 관계에 대한 인식이 필요하다. 과학적 기반을 가진 연구, 즉 신뢰할 수 있을 만큼 엄격하게 수행된 연구라면 실험 상황이 최대한 연구자의 통제하에 있어야 함은 주지의 사실이다. 과학적 기반을 가진 연구의 요건을 무작위 통제실험에만 한정하지 않고 좀 더 넓은 범위로 확장한다 할지라도, 연구 대상, 연구 장소, 연구 기간, 회기 수, 독립변인 제공 조건, 종속변인 측정 조건 등과 같이 연구자가 최선의 노력을 기울여 통제해야 할 요건은 매우 많으며, 이러한 통제는 성실한 연구에서 당연히 이루어져야 하는 것이다.

그러나 매일 새로운 사건이 발생하는 학교 상황에서 지극히 잘 통제된 실험을 실행하기는 매우 어려우며(Kingsbury, 2006), '자연스러운 환경(natural environment)'에서의 개입을 중요시하는 특수교육 중재에서는 더더욱 많은 변수가 발생한다. 중재의 맥락이 학교를 넘어 가정으로 확대되면 상황은 더욱 복잡해진다. 장애인 가족을 대상으로 하는 연구의 경우, 연구 대상이 한 명의 아동이 아닌 다수의 가족 성원(그것도 가족마다 인원수와 구성이 다른)이며, 중재와 지원이 제공되는 장소나 종속변인의 측정 장소가 학교보다 더 많은 변수를 가진 가정 및 지역사회일 경우가 많아(Burton & Chapman, 2004), 연구자는 '중재의 맥락적 적합성'과 '실험 조건의 통제' 사이에 놓인 팽팽한 줄 위에서 고도의 긴장 상태로 균형을 유지하며 외줄 타기를 하는 심정이 된다.

독립변인 외의 다른 변인을 최소화하여 종속변인의 변화(즉, 중재 효과)가 독립변인에 의한 것임을 명확하게 입증할 수 있을 때, 그 독립변인에 대한 긍정적 증거기반이 하나 더 추가되는 것이지만, 장애인과 그 가족을 대상으로 하는 연구에서는 다른 변인을 최소화할 수 없는 경우나 최소화해서는 안 되는 경우가 발생하기 마련이다. 증거기반 실제의 구축이라는 목표가 가족의 이익에 우선할 수는 없다는 데서 딜레마가 발생하는 것이다. 연구자들은 이러한 딜레마를 외면하지 말고, 가족의 일상과 선호도에 대한 존중, 자연스러운 환경에서의 중재와 지원이라는 원칙을 최대한 구현하면서도 연구의 엄격성을 잃지 않을 수 있는 방법에 대한 충분한 고민을 해야 할 것이다.

한편 현장 전문가들이 이미 충분한 증거를 가진 실제를 활용하고자 할 때도 유사한 노력이 필요하다. 그 실제가 연구되어 온 상황과 전문가들이 지원하려는 가족의 상황 간에 큰 차이가 존재할 수 있으므로, 전문가들은 가족을 위한 개별화 지원의 원칙을 전제한 상태에서 증거기반 실제의 프로토콜을 가족의 요구와 특성에 맞게 응용할 수 있는 역량을 갖추어야 할 것이다.

둘째, 질적 지표의 절대성과 현실성은 증거기반 실제에서 간과하기 어려운 또 하나의 쟁점이다. 특정 연구방법에서 요구되는 질적 지표를 모두 만족시키는 연구야말로 믿을 수 있는 연구이며, 이러한 연구를 통해 성과가 축적된 실제야말로 우선적으로 선택되어야 할 증거기반 실제임에는 분명하나, 이러한 개념적 이상에 맞는 현상은 현실에서 잘 일어나지 않는다. NCLB의 제정을 계기로, 질 높은 실제를 교육 현장 종사자들에게 소개하기 위해 개설된 인터넷 데이터베이스 What Works Clearinghouse는 교육자들이 증거기반 실제에 손쉽게 접근하는 통로가 되어 줄 것이라는 점에서 기대를 모았지만, 개설된 지 10년이 지나도록 이 데이터베이스를 통해 증거기반이라고 인정된 실제가 극소수에 불과하다는 사실은 증거기반 실제의 기준이 교육 현장의 현실에 비해 지나치게 이상적인 것이 아닌가 하는 의구심을 갖게 한다.

비평가들은 What Works Clearinghouse가 개설된 후 4년 동안 2300만 불 이상을 투자했음에도, 이 웹사이트에 등재된 실제의 수가 총 32개이고, 그중 8개만이 '긍정적인' 또는 '잠재적으로 긍정적인' 증거기반 실제라는 평가를 받은 점을 지적하면서 이 사이트를 'Nothing Works Clearinghouse'라고 비꼬아 부르기도 하였다(Viadero & Hoff, 2006).

그로부터 다시 6년이 지난 2012년 8월 현재, 이 사이트에 등재된 실제의 수와 '긍정적인' 증거기반 실제로 평가된 실제의 수는 예전보다는 증가하였지만, 여전히 10년의 세월에 상응한다고 보기는 어렵다. 예를 들어, 학습장애 학생을 위한 중재전략으로는 총 12가지가 등재되어 있는데, 이들 중 '긍정적이거나 잠재적으로 긍정적인 실제'는 두 가지, '상반되거나 효과가 명확히 판별되지 않은 실제'는 한 가지이며, 나머지 아홉 가지는 아직 효과를 입증하는 연구가 없다고 되어 있다. 또한 Horner 등(2005)이 제시한 단일대상연구의 질적 지표를 이용하여 정서 · 행동장애를 가진 중 · 고등학생을 위한 기능중심 중재 연구를 분석한 Lane 등(2009)도 질적 지표 21개를 100% 충족시켜야 한다는 기준이 현실적으로 너무 높아서 유용한 연구들마저 증거에 포함되지 못하게 하므로, 80% 정도로 조정하는 방안을 제안하기도 하였다.

이러한 예에서 보듯이 증거기반 실제의 기준을 지나치게 이상적으로 설정하게 되면, 많은 시간과 노력을 들여 관련 연구를 분석한 후 우리가 얻게 되는 것은 '그러한 실제는 존재하지 않는다.'는 허무한 결론이 될 수 있다. 이와 관련하여 대안으로 제시되고 있는 것은 증거기반 실제의 기준에 다소 미치지 못하는 중재전략도 연구자들과 현장 전문가들의 지속적인 관심을 받으며 후속 연구가 이어질 수 있도록 증거기반의 여부를 좀 더 세분화된 단계로 제시하는 방안이다. 그중 한 예로, What Works Clearinghouse에서는 하나의 실제를 증거기반이냐 아니냐의 이분법으로 구분하는 대신 다음과 같은 6단계로 나누어 분류하고 있다([그림 1-2] 참조). 특수교육 분야에서는 2008년 CEC에서 발간한 매뉴얼에서 루브릭을 활용하는 방안이 이미 제안되었으므로, 이 루브릭에 대한 필드테스트가 완료된 후에 각 지표별 루브릭 평정을 합산한다면, 더 세분화된 위계화도 가능할 것으로 생각된다.

질적 지표를 만족시키는 연구의 수가 예상보다 현저히 적다는 두 번째 쟁점과 관련하여 지극히 현실적인 또 다른 측면이 있다. 대부

증거기반 실제일 가능성

++	**긍정적인 효과**: 부정적인 증거가 없으면서 긍정적인 효과를 보여 주는 증거가 많음
+	**잠재적으로 긍정적인 효과**: 부정적인 증거가 없으면서 긍정적인 효과를 보여 주는 증거가 있음
+−	**혼재된 효과**: 효과가 일관되지 않게 나타남
○	**판별되지 않은 효과**: 효과를 보여 주는 뚜렷한 증거가 없음
−	**잠재적으로 부정적인 효과**: 긍정적인 증거가 없으면서 부정적인 효과를 보여 주는 증거가 있음
−−	**부정적인 효과**: 긍정적인 증거가 없으면서 부정적인 효과를 보여 주는 증거가 많음

그림 1-2 What Works Clearinghouse에서 사용하는 증거의 위계

분의 전문 학술지는 투고 원고 분량에 제한을 두고 있어[4] 논문의 저자 입장에서는 이를 의식하지 않을 수 없으며, 논문이라는 글쓰기의 특성상 연구 과정에서 일어난 모든 일을 자세히 나열하기보다는 간결하게 요약해야 하는 경우가 많다는 점이다. 그러나 후속 연구자가 질적 지표를 기준으로 이전 연구를 분석할 때는 '실행되었지만 기록되지 않은' 내용은 실행되지 않은 것으로 평가할 수밖에 없다. Baker 등(2009)은 이에 대한 대안으로 연구와 관련된 보충 자료를 실을 수 있는 웹사이트를 개설하고, 그 주소를 논문에 밝히는 방안을 제시하고 있다. 이러한 보충 연구 자료의 활용은 질적 지표를 이

4. 국내 학술지의 경우, 초과되는 분량에 비례하여 게재비가 추가되기까지 한다. 한국연구재단에 등재된 학술지 중 상당수가 1쪽당 2만 원을 부과하고 있다.

용하여 문헌을 분석하는 후속 연구자에게 유용함은 물론이고, 해당 실제를 활용하려는 사용자들에게도 유용할 것으로 생각된다.

셋째, 증거기반 실제를 현장에서 적용할 전문가들의 역량을 강화하고, 기술적 지원을 제공할 방안에 대한 고려가 필요하다. 연구와 실제 간의 괴리(gap between research and practice)는 특수교육과 같은 실천 중심 학문에서 오랫동안 지적되어 온 문제로, 모든 현장 전문가들이 과학적 기반을 가진(즉, 질적 지표를 충족하는) 연구에 등장하는 연구 설계나 자료 분석방법에 숙달되기를 요구하기는 어렵다. 아무리 잘 통제된 실험을 거친 중재라 해도 현장 전문가들이 수용하기 어렵다고 여긴다면, 그 중재는 현장에서 활발하게 사용되지 못할 것이다. 많은 연구자들이 시간과 노력을 쏟은 결과로 구축된 증거기반 실제가 현장 전문가들에게 발견되지 못하거나 수용되지 못하는 사태를 막기 위해서는 정기적으로 증거기반 실제를 소개하는 전문가 연수를 제공하고, 소개받은 실제를 전문가들이 현장에서 실시하면서 갖게 된 의문점이나 발생한 문제들을 논의할 수 있는 제도적 장치를 마련할 필요가 있다.

장애인 가족의 경우, 전문가가 선택한 중재와 지원을 일방적으로 받아들이는 대상이 아니라, 가족 편에서도 원하는 중재와 지원을 선택하여 전문가와 기관에 요구하게 되는 경우도 있으므로, 가족지원에서의 증거기반 실제는 현장 전문가뿐 아니라 가족도 주요 소비자로 고려되어야 할 것이다. 이를 위해서는 전문용어를 이용하여 최소한의 지면에 중재 내용을 소개하는 논문 형식이 아니라, 중재 및 지원의 절차와 방법을 가족 친화적인 용어로 친절하고 상세하게 제시하는 자료의 개발과 보급이 필요할 것으로 생각된다.

이상에서 증거기반 실제와 관련된 몇 가지 쟁점에 대해 살펴보았다. 이러한 논의를 통해 여러분은 증거기반 실제가 '과학적 기반을 가진 연구에 의해 효과가 입증된 실제'라는 의미 이상의 그 무엇임을 눈치챘을 것이다. 이 장의 초반에 제시했던 증거기반 의학의 정의('최선의 연구 증거를 임상적 전문성과 환자의 고유한 가치 및 상황에 통합')에서 살펴본 바와 같이, 증거기반 실제는 효과가 입증된 실제가 현장 전문가의 경험 및 지식에서 비롯된 임상적 전문성과 지원 대상(장애인과 그 가족)의 고유한 요구에 통합될 때 그 진정한 의미가 실현될 수 있는 것이다. 수많은 중재 가운데 장애인 개인과 그 가족의 고유한 요구에 맞는 중재를 선택하고, 이들이 처한 환경적 조건과 전문가 자신의 강점을 고려하여 이를 실시하는 데는 실제적인 현장 경험에서 우러나온 전문가적 지혜(professional wisdom)가 필요하다(Cook, Tankersley, & Harjusola-Webb, 2008; Simpson, LaCava, & Graner, 2004). 많은 연구를 통해 효과가 입증된 증거기반 실제도 처음에는 한 전문가가 한 명 또는 소수를 대상으로 적용해 본 소박한 노력에서 시작된 것이다. 따라서 현장 전문가들이 시도하고 있는 크고 작은 노력 역시 과학적인 연구 기반이 없다고 해서 무시할 것이 아니라, 추가의 증거를 기다리는 잠재적 실제로 간주하고 지속적으로 그 효과를 확인하려는 노력을 기울일 필요가 있다.

Burton과 Chapman(2004)은 증거의 위계를 소증거(micro evidence), 중증거(meso evidence), 대증거(macro evidence)의 세 단계로 개념화함으로써([그림 1-3] 참조), 학술지에 게재된 과학적 기반을 가진 연구물뿐 아니라 전문가들이 현장에서 축적한 경험과 지혜를 증거의 기반 중 하나로 포함시킬 것을 제안하고 있다. 이러한 예에서 보듯이, 매일의 일상에서 장애 학생 및 가족과 함께 일하는 전문가들이

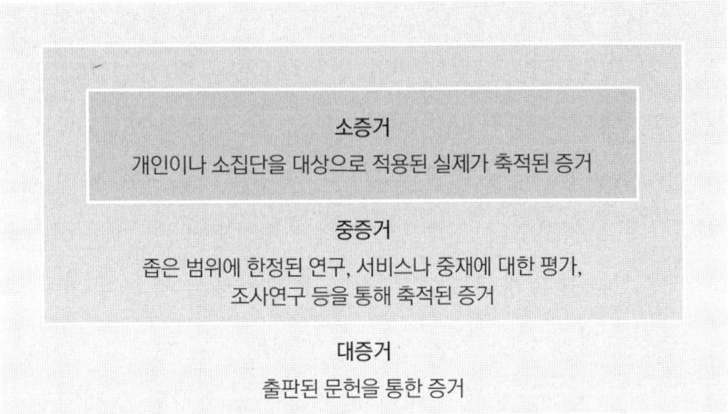

그림 1-3 증거의 위계(Burton & Chapman, 2004)

경험을 통해 쌓게 되는 전문가로서의 판단력과 현명함이 과학적 기반을 가진 연구와 결합될 때 진정한 증거기반 실제가 될 수 있다.

4 이 책의 목적

과학적 기반을 가진 연구의 질적 지표와 질 높은 연구들을 통해 수립되는 증거기반 실제에 관한 논의는 주로 장애 학생을 위한 교수법과 중재전략을 중심으로 이루어져 왔다. 특수교육에서의 증거기반 실제와 관련하여 국내에서 실시된 문헌연구로는 신윤희, 윤주연, 구현진, 구원옥, 최미향, 장수정, 김경서(2009)의 연구와 허유성, 박윤, 장은미, 최은순, 양안숙, 김태강(2010)의 연구가 있다. 두 연구 모두 2005년 *Exceptional Children* 특집호에 발표된 질적 지표를 주요 분석 틀로 이용하였는데, 신윤희 등(2009)은 2001년부터 2009년 7월까지 수행된 긍정적 행동지원 연구들을 분석하였고, 허유성 등(2010)은 1999년부터 2009년 5월까지 실시된 학습장애 관련 집단실험 연구들을 분석하였다. 1977년 「특수교육진흥법」의 제정 이래 40여 년간 한국 특수교육계에서 축적된 연구 성과물의 양이 방대할 뿐 아니라 연구의 질에 대한 기준이 날로 엄격해지고 있음을 고려할 때, 여러 가지 특수교육 실제에 대한 연구물을 증거기반 실제의 구축을 위한 질적 지표를 기준으로 하여 분석하는 연구는 앞으로 더욱 활발하게 진행될 것으로 예상된다.

이 책은 증거기반 실제에 대한 논의가 장애 학생을 위한 중재뿐 아니라 장애 학생의 가족에까지 확장되어야 한다는 인식을 기반으로 집필되었다. 장애 학생의 삶에서 가족이 갖는 중요성이 부각되고, 장애인의 학습과 행동 및 삶의 질을 향상시키기 위해서는 중재 및 지원 대상의 단위가 개인이 아닌 가족이어야 할 필요성이 증가됨에 따라, 특수교육 및 관련 분야에서 가족 및 가족지원에 관한 연구가 급증하고 있다. 증거가 충분한 실제, 즉 엄격하게 수행된 여러 편의 연구를 통해 효과가 입증된 실제를 장애 학생 개개인에게 제공함으로써 학생의 발전을 최대화하는 것이 중요한 것과 마찬가지로, 장애인 가족 역시 증거가 충분한 중재와 지원을 통해 장애를 가진 성원을 효과적으로 지지하고, 가족의 기능을 건강하게 유지하는 역량을 최대화할 필요가 있다.

이 책은 이와 같은 문제의식을 기반으로 지난 20년간 국내외에서 수행된 가족지원 연구를 몇 가지 큰 주제별로 나누어 소개하고, 그 중 대표적인 논문을 질적 지표에 근거하여 분석함으로써 다양한 가족지원 전략과 관련하여 축적된 증거를 제시하는 것을 주요 목적으로 한다. 앞에서 기술한 바와 같이, 어떠한 중재나 지원이 증거기반 실제로 인정받기 위해서는 그 중재나 지원을 주제로 한 연구물이 많이 있어야 하고, 그 가운데 질적 지표를 충족시키는 질 높은 연구들도 여러 편 포함되어 있어야 한다. 예를 들어, '부모 결연 프로그램'이 증거기반 실제로 인정되기 위해서는 이를 주제로 한 수십 편의 실험연구 결과가 출판되어 있어야 하고, 그중 최소한 2편은 질 높은 연구, 4편은 수용 가능한 연구이면서 가중치를 적용한 효과 크기가 0보다 커야 한다. 그러나 가족지원 실제 중에 이 정도로 반복 연구가 충분히 실시되고, 그 결과가 논문으로 출판된 것은 손에 꼽을 정도로 소수다. 즉, 장애인 가족을 위한 특정 중재나 지원이 '증거기반 실제'인지를 판정하는 데 필요한 연구 성과가 아직 충분하지 않은 것이 우리의 현실이다.

따라서 이 책에서는 '증거기반 실제'가 되기 위한 증거를 쌓아 가는 과정에 있는 다양한 장애인 가족지원 전략 및 방법을 소개하고, 이를 주제로 실행된 대표적인 연구물을 살펴보며, 그 연구물의 세부 내용이 질적 지표에 얼마나 부합하는지 분석해 보고자 한다. 이를 통해 후속 연구와 반복 연구가 이어져 가까운 미래에는 한두 개의 증거(evidence)만을 가진 실제가 아니라, 충분한 증거를 가진 실제를 판별하고 보급하는 작업이 가능해졌으면 하는 바람이다.

제 2 장

장애 영유아의 가족

사랑하는 아이야 1

-이정희

아이야
니가 잠들어야 내게 오는 평화는
오늘은 이제 그만 쉬어도 좋다는
서글픈 안도감이란다.

아이야
니가 꿈꾸어야 내게 오는 평화는
육신의 고됨과 정신의 지치움이
잠시 마음을 놓는 초라한 휴식이란다.

의심치 않았던 환희로 내게 왔던 너
그러나 이제는
비명으로 통곡으로
피 토하는 울부짖음이 되어버린 너
이 세상 한켠엔
낮고 어두운 또 하나의 세상이 있다는 걸
가르쳐준 너

너의 이름 첫 자만 떠올려도 눈물이 난다.
한나절의 자유조차 허락받지 못하고
평범한 세 끼의 행복마저 버거워해야지만
그래도 엄마는 니가 너무 사랑스럽다.

이제는 니가 나보다 먼저 죽길 바라지 않을 거야.
나는 죽어도 너는 살아야지.
내가 없어도 니가 살 수 있게
널 위해 싸울 거야.

온전치 않지만
그래서 더욱 사랑하는
아이야!
내 사랑하는 아이야!
다음 세상에도 나는 너의 엄마이고 싶다.

• 이정희: 1997년생 동규(남, 자폐성장애 1급)를 키우는 장애아의 어머니이며, 울산에서 2004년부터 발달장애인들의 권리 확보를 위한 부모운동을 하고 있다.

장애를 가진 개인이 생애 주기의 각 단계를 거쳐 감에 따라 그 가족 성원들도 가족의 역할과 기능 및 우선순위 등에서 일련의 변화를 경험하게 된다. 사실 장애가 있는지의 여부와 관계없이 모든 인간은 생애 주기의 각 단계를 거치면서 자신의 정체성을 수립해 가고, 각 단계에서 주어진 과제의 성취를 통해 개인적 · 사회적 발전을 이루어 나간다. 이런 점에서 가족은 생애 주기의 각기 다른 단계에 있는 여러 사람들이 공존하는 공동체인 셈이다. 이로 인해 갈등이 발생할 때도 있지만, 대부분의 가족(특히 부모)은 다른 생애 주기 단계에 있는 가족 성원들(특히 자녀들)이 다음 단계로 순조롭게 넘어가도록 격려와 지원을 제공한다. 가족 성원들은 이와 같이 갈등과 지지를 통해 배우고 성장한다.

일반적으로 비장애 자녀들은 나이가 들어 감에 따라 점차 독립적이 되어 부모의 돌봄을 필요로 하는 정도가 줄어들게 되는 데 반해, 장애를 가진 자녀들은 성년이 된 뒤에도 오랫동안 부모의 돌봄을 필요로 하는 경우가 많다. 이 책의 2, 3, 4장에서는 장애를 가진 개인의 생애 주기를 크게 영유아기, 아동기와 청소년기, 성인기의 세 단계로 나누어, 각 단계별로 가족의 요구와 관심사는 무엇인지, 그리고 그 단계에서 실행된 가족지원의 실제에는 어떤 것이 있는지 고찰해 보기로 한다.

1 장애 영유아 가족의 요구와 관심사

1) 장애의 발견에 따른 적응

결혼 후 첫아기를 기다리는 가정 또는 자녀와 함께 동생의 탄생을 기다리는 가정은 기쁨과 흥분으로 새 식구를 맞이한다. 모든 가족 성원들은 새로운 생명이 이 세상에 잘 적응하고, 건강하게 자라기를 바라는 마음으로 집 안의 구조를 바꾸기도 하고, 각자의 역할을 조정하기도 하며, 변화된 가족 내 상호작용 패턴에 적응하고자 노력한다. 새로운 성원의 탄생은 그 이전까지 안정적으로 이어 오던 가족의 일과를 바꾸는 것을 비롯하여 가족의 생활 방식의 전반적인 변화를 요구하게 되는데, 가족 성원들은 이러한 변화에 어느 정도 적응하게 될 때까지 긴장과 스트레스를 경험하기도 한다.

출산 전부터 또는 출산 직후에 이미 아기의 장애가 발견된 경우, 가족들은 새로운 생명의 탄생에 감격하고 그 기쁨을 누리기도 전에 아기의 예후에 대한 부정적인 조언을 듣거나 최악의 상황이 나열된 수술 동의서에 서명을 하거나 복잡한 의료 기기를 부착하고 병실에 누워 있는 아기를 바라보며 걱정과 불안에 빠지게 된다. 한편 영아기에는 아무런 문제없이 잘 성장하다가 유아기에 발생한 특정 질병이나 사고 때문에 장애를 갖게 되었을 때나, 질병이나 사고가 없었는데도 발달의 문제를 보여 병원에 갔다가 장애 진단을 받았을 때, 가족들은 예상치 못했던 놀라운 소식에 충격과 좌절을 경험하게 된다. 학습장애와 같이 초등학교에 입학한 후에야 명확하게 드러나는 장애도 있지만, 많은 경우 가족들이 아동의 장애를 의심하고, 그 의심이 실제 진단명으로 이어지는 시기는 영유아기다. 따라서 이 시기의 가족이 갖는 가장 중요한 과제 중 하나는 장애를 이해하고 수용하는 것이라 할 수 있다.

모든 부모가 자녀의 장애 진단에 동일한 반응을 보이는 것은 아니지만, 대부분의 부모들이 경험하는 공통적인 과정을 설명하기 위해 Kubler-Ross(1969)의 슬픔의 단계 모델(stage model of grief)이 자주 사용된다(O'Shea, O'Shea, Algozzine, & Hammitte, 2001). 원래 이 모델은 말기적 질병이나 사랑하는 이의 죽음을 경험한 사람들이 보이는 반응을 설명하는 데 사용된 것이었으나[1] 자녀의 장애를 알게 된 가족들이 보이는 정서적 반응도 이와 유사한 면이 있어 장애인 가족의 장애 수용 단계를 설명할 때 자주 이용된다. O'Shea 등(2001)은 이 모델을 자녀의 장애를 처음 알게 된 장애아 부모에게 적용하여 각 단계별로 부모가 보이는 반응과 그 단계에서 전문가가 할 수 있는 역할을 〈표 2-1〉과 같이 제시하기도 하였다.

이러한 모델은 전문가들이 장애에 대한 가족의 정서적 반응을 이해하고, 가족이 장애를 잘 수용할 수 있게 돕는 데 필요한 통찰력을 주지만, 전문가들이 유의해야 할 점도 있다. 장애 영유아의 가족을 지원하는 전문가들은 모든 가족이 이 과정의 모든 단계를 같은 순서로 경험하는 것은 아니라는 점, 각 단계에 머무는 시간도 가족마다 다르다는 점, 동시에 두 가지 이상의 단계를 경험할 수도 있다는 점, 수용의 단계에 이른 후에도 다시 이전 단계의 감정을 경험할 수도

---

1. Kubler-Ross의 슬픔의 단계 모델을 다룬 책 *On death and dying*은 『인간의 죽음』(성염 역, 1979)이라는 제목으로 국내에서도 출판되었다.

표 2-1 장애아 부모가 경험하는 슬픔의 단계 및 단계별 전문가의 역할

단계	특성	전문가가 제공할 수 있는 지원
충격 불신 부인	• 죄책감, 수치심 등을 경험할 수 있음 • 장애의 존재를 부인하고자 함 • 장애 진단을 받은 것을 믿지 못하여 추가의 진단을 받으려고 이곳저곳을 찾아다님 • 진단 자체를 완전히 거부하고 필요한 지원을 거절함	• 감정을 수용하며 경청하기 • 감정을 표현하도록 격려하기 • 그러한 감정은 이상한 것이 아님을 알려 주기 • 아동의 강점을 찾고, 이에 대해 가족과 대화하기 • 가족이 마음의 준비가 되면, 필요한 자원과 서비스로 연결하기
분노	• 도와주려는 사람(배우자, 전문가, 가족 등)에게 화를 표출함 • 비장애아를 키우는 친구에게도 분노를 표출함 • 진단의 정확성에 대해 전문가와 논쟁함	• 사려 깊게 경청하기 • 분노를 표현/배출하도록 가족을 격려하기 • 가족과 논쟁하지 않기 • 가족으로부터 언어적 공격을 받아도 방어적으로 되지 않기
거래	• 시킨 대로만 하면 장애가 없어질 수도 있다고 믿음 • 초월자와 협상을 함(예: '이 상황을 없애 주신다면 무엇이든 할 수 있어요.')	• 적극적으로 경청하기 • 자신이 가족을 지지한다는 것을 보여 주기 • 가족에게 전문가의 견해를 강요하지 않기 • 비난하지 않기
우울과 낙담	• 현실을 수용하기 시작하지만, 자녀에 대한 기대를 이룰 수 없게 된 상실감에 슬퍼함 • 자녀의 잠재력보다는 결함에 집중함	• 적극적이고 사려 깊게 경청하기 • 부모 자조 모임 등에 참여해 볼 것을 제안하기 • 우울이 만성적으로 나타나면 상담을 받아 보도록 제안하기 • 아동의 강점에 대해 계속 가족과 대화하기

수용	• 아동의 약점 대신 강점을 보기 시작함 • 아동의 삶의 질을 향상시키겠다는 결심으로 적극적인 자세를 갖기 시작함	• 계속 경청하기 • 진보를 축하하기 • 아동의 강점을 계속 강조하기 • 가족 스스로 사례관리자의 역할을 할 수 있도록 역할 이양을 시작하기 • 가족의 역량 강화를 지지하기

출처: O'Shea, D. J., O'Shea, L. J., Algozzine, R., & Hammitte, D. J. (2001). *Families and teachers of individuals with disabilities*. Needham Heights, MA: Allyn & Bacon, p. 134.

있다는 점(Cook, Klein, & Tessier, 2007; Howard, Williams, Port, & Lepper, 1997) 등을 기억해야 한다. 장애의 수용과 관련하여 또 하나 강조할 점은, 부인, 죄책감, 우울, 분노, 불안 등과 같은 부정적인 정서가 장애의 수용에 도움이 되는 적응적 기능을 가지고 있다는 것이다. Moses(1987)는 다년간 장애아 가족을 포함하여 다양한 유형의 상실을 경험한 사람들에게 심리치료를 한 경험을 통해 이러한 부정적인 정서가 가지는 순기능에 대해 다음과 같이 설명하고 있다.

- **부인**(denial) 당황스러운 소식의 충격을 완화시키고, 일어난 사건을 직면하는 데 필요한 내적 강점을 발견하며, 이 위기에 대처하는 데 요구되는 사람과 자원을 찾는 데 필요한 시간을 벌게 해준다.
- **불안**(anxiety) 장애아의 탄생은 부모의 태도, 우선순위, 가치, 믿음, 일상생활 등에 큰 변화를 야기하며, 이러한 변화는 상당한 에너지를 요한다. 불안은 이러한 변화에 필요한 에너지를 끌어

내는 역할을 한다. 또한 자녀의 장애에 대해 아무것도 아는 것이 없고, 무엇을 어떻게 해야 할지 모르는 데서 오는 불안은 부모로 하여금 필요한 정보를 찾아 나서게 하는 동인이 된다.

- **두려움**(fear) 두려움은 장애아의 부모에게 지금 요구되는 내적 변화의 심각성을 알려 주는 경고로서의 역할을 한다. 두려움은 상당한 내적 변화의 과정과 함께 근본적인 수준의 변화가 필요하다는 것을 느낄 때 찾아오는 것이지만, 이러한 과정은 앞으로 다가올 평형과 질서의 변화에 적응할 준비를 하는 데 유익하다.

- **죄책감**(guilt) 아동의 장애가 부모에게서 비롯된 것이 아닌 경우에도 부모들은 자녀의 장애에 자신이 어떤 식으로든 기여를 했다고 느낀다. 과도한 죄책감은 부모가 자녀를 위해 적극적인 행동을 취하는 데 방해가 되지만, 그럼에도 이 과정은 장애의 원인에 대해 다시 한 번 깊게 생각해 보는 기회를 제공하며, 부모 스스로가 수긍할 수 있는 설명에 이르도록 돕는 중간 과정이 된다.

- **우울**(depression) 우울은 상실에 대한 매우 자연스러운 반응이며, 성장을 위해 필요한 단계라고도 할 수 있다. 부모들은 자녀의 장애에 대해 아무것도 해 줄 수 없다는 무력감이나 자신에게만 이런 일이 생긴 것처럼 느껴지는 불행감 앞에서 우울의 여러 증상을 보이지만, 이 과정을 거치면서 자녀의 장애를 낫게 할 수는 없더라도, 유능하고 강한 부모가 된다는 것은 어떤 것인가를 새롭게 정의하게 된다.

- **분노**(anger) 자녀의 장애를 알게 된 부모는 세상이 자신에게만 이와 같이 부당한 대우를 한 것에 대해 격한 분노를 느끼지만,

이러한 분노는 공평함과 정의에 대한 부모의 정의를 재정비하게 함으로써 힘든 상황에서도 이 세상이 그런대로 살 만한 곳이라고 생각하게 만드는 매개가 된다.

2) 조기 개입 서비스와 개별화된 가족 서비스 계획

자녀의 장애를 발견한 부모는 앞서 설명한 정서적 과정을 거치는 동시에 자녀를 위해 실제적으로 무엇을 해야 할 것인가를 고민하게 된다. 장애 영유아의 부모는 자녀의 장애를 진단받은 병원, 복지관, 상담센터 등 여러 경로를 통해 자녀의 발달을 촉진하기 위해 노력해야 할 일이 무엇인지, 부모 외에 그러한 노력을 함께해 줄 전문가는 어디에 가서 만나야 하는지 등을 배우게 된다. 「장애인 등에 대한 특수교육법」에서는 출생부터 만 2세까지의 장애 영유아에게 무상의 특수교육을, 만 3세 이후의 장애 유아에게는 의무교육으로서의 특수교육을 제공하도록 명시하고 있다. 출생부터 만 2세까지의 장애 영유아를 위한 일련의 서비스를 '조기 개입(early intervention)'이라고 하는데, 조기 개입 시기에는 아동에게 미치는 가족의 영향력이 인생의 다른 어느 때보다 크기 때문에, 조기 개입의 원칙 중 하나는 아동뿐 아니라 가족 전체를 서비스의 단위로 삼는다는 것이다.

가족 중심의 실제(family-centered practices)는 장애인의 전 생애에 걸친 가족지원에 통용되는 원칙이지만, 특히 조기 개입 서비스는 아동의 요구뿐 아니라 가족의 요구를 함께 고려하여 이를 충족시킬 중재와 지원을 제공하는 데 초점을 두기 때문에, 가족 중심의 실제에 가장 부합된다고 할 수 있다. 가족 중심의 실제를 효과적으로 적용하기 위해 조기 개입 전문가들은 ① 가족의 능력을 믿고 섣부른 판단을 내리지 않으며, 즐거운 태도로 가족을 대하는 긍정적 접근, ② 가족의 자원, 우선순위, 관심사에 대해 민감한 태도, ③ 다양한 변화를 겪는 영유아 가족의 요구에 반응하기 위한 융통성 있는 태도, ④ 가족과 라포를 형성하고 신뢰를 쌓기 위한 시간의 투자, 가족의 이야기를 경청하는 친근함, ⑤ 가족, 아동, 지역사회와 함께 일하기 위한 실제적 기술을 갖추고 실천해야 한다(Sileo & Prater, 2012).

장애 영유아와 그 가족을 위한 조기 개입 서비스는 '개별화된 가족 서비스 계획(Individualized Family Service Plan: IFSP)'이라는 서면화된 지원 계획으로 구체화되어 실행된다. 우리나라의 「장애인 등에 대한 특수교육법」에서는 '개별화된 가족 서비스 계획'이라는 용어를 아직 포함하고 있지 않지만, 장애 영유아(특히 만 3세 이전)를 대상으로 하는 기관 중 상당수가 개별화 교육계획안(IEP) 대신 IFSP를 사용하고 있다. 미국의 「장애인교육법(IDEIA)」에서는 만 2세까지 필수적으로 IFSP를 수립하고, 3~5세에는 IEP를 수립하는 것을 기본으로 하되, 3~5세 유아의 경우에도 조기 개입 기관과 지역 교육 기관이 필요하다고 판단할 경우에는 IFSP를 계속 수립하도록 명시하고 있다. 〈표 2-2〉는 미국 「장애인교육법」에 명시된 IFSP의 구성 요소를 요약한 것이다.

IFSP가 장애 영유아와 그 가족을 위한 핵심적 로드맵임을 생각할 때, IFSP의 작성 과정은 최대한 가족 중심적이어야 한다. Jung과 McWilliam(2005)은 가족 중심적 철학을 잘 반영하는 IFSP의 내용과 형식에 대해 다음과 같이 말하고 있다.

- 문장 서술과 구체성: 가족이 이해하기 쉬운 언어로, 구체적이고 측정 가능한 표현을 사용하여 작성해야 한다.

표 2-2 IFSP의 구성 요소

요소	설명
아동의 현행 발달 수준	• 다학문적 진단 결과에 근거한 인지 · 의사소통 · 신체 · 적응 기술, 사회 · 정서 측면의 발달 상태를 기록함 • 강점과 약점을 기록함
가족의 우선순위, 자원, 관심	• 가족이 동의할 경우, 영유아의 발달과 관련하여 가족의 우선순위, 자원, 관심을 기술함 • 가족의 조기 개입 참여를 촉진하고, 아동을 위한 주요 성과를 결정하는 데 중요한 요소임
주요 성과	• 아동과 가족이 성취해야 할 주요 목표를 말함 • 각 성과별로 성취 준거, 실행 일정, 완료 예상 날짜, 진보 측정 절차를 명시해야 함
조기 개입 서비스	• 장애 영유아와 그 가족에게 제공될 조기 개입 서비스의 유형, 서비스가 제공될 빈도와 기간 및 장소, 서비스 전달 방식 등을 기술함
서비스가 제공될 자연스러운 환경	• 자연스러운 환경에서 서비스가 제공되기 위해 어떻게 또는 어디서 서비스를 제공할지 기술함 • 자연스러운 환경에서 제공되지 못할 경우, 그에 대한 정당한 근거를 서술해야 함
서비스 시작일 및 종료일	• IFSP는 매 학기 개정되므로, 서비스 제공 기간은 일반적으로 6개월 이하임
서비스 조정	• 여러 기관으로부터 조기 개입 서비스가 제공될 경우, 서비스 조정자를 두어 여러 서비스의 제공이 순조롭게 이루어지도록 함
전환 계획	• 전환이 일어나기 최소한 3개월 전부터 실시 계획을 수립하여 IFSP에 포함시킴

출처: Sileo, N. M., & Prater, M. A. (2012). *Working with families of children with special needs: Family and professional partnerships and roles*. Upper Saddle River, NJ: Pearson. pp. 206–208 수정 발췌.

- 능동형 서술: 수동형 문장은 서비스의 성과를 명확히 밝히지 못하므로, 능동형 문장으로 서술되어야 한다.
- 맥락의 적절성: 특정 시간이나 장소, 물건, 사람들과만 관련된 성과나 전략보다는 일상적인 일과에 성과와 전략을 삽입하는 것이 바람직하다.
- 조기 개입 절차와 성과의 연관성: 조기 개입 절차가 가족의 성과와 직접적으로 연결되어야 한다.
- 조기 개입의 장소: 자연스러운 환경을 선택해야 한다. 중재 환경은 일시적인 장소지만, 가족은 아동의 삶에 지속적인 환경이다.
- 가족의 역할: 성과의 서술이 가족 중심적이 되기 위해서는 가족이 조기 개입에 어떻게 참여할 것인지가 포함되어야 한다.
- 가족의 우선순위나 관심사에 따른 서비스 성과의 서술: 가족의 우선순위에 맞게 중재가 설계되어야 주 양육자를 적절하게 지원할 수 있다. 조기 개입은 융통성 있고, 접근 가능해야 하며, 다양한 가족들의 고유한 요구에 반응적이어야 한다.
- 필연성: 가족이 일상생활에서 직면하는 문제를 해결할 수 있도록 기능적인 장기 목표를 설정해야 한다. 아동의 발달이나 가족의 일과에 불필요한 목표를 설정하지 않도록 한다.
- 현행 수준 서술의 긍정성: 강점을 중심으로 편견 없이 기술되어야 한다.
- 현행 수준 서술의 기능성: 진단 도구에서 사용된 과제를 중심으로 기술하는 것이 아니라, 기능적 기술을 중심으로 서술해야 한다.

3) 초등학교로의 전환

초등학교 입학은 모든 아동의 삶에서 매우 중대한 사건이지만, 장애 유아와 그 가족에게는 더더욱 그러하다. 성공적인 학교 적응을 위해서는 인지 능력, 사회 및 정서 능력, 행동 조절 기술, 의사소통 기술이 균형 있게 발달되어 있어야 하지만, 대부분의 장애 아동들은 그러한 상태에 이르지 못한 채 초등학교에 입학하게 된다(McIntyre, Blacher, & Baker, 2006). 초등학교는 교사, 학교의 구조, 교육철학, 교육과정 등에서 유아특수교육 기관과는 매우 다르다. 장애 유아는 놀이 중심의 환경에서 학습 중심의 환경에 적응해야 하며, 성인으로부터의 지원이 줄어들고 스스로 해야 하는 과제가 증가하는 상황에도 적응해야 한다(Janus, Lefort, Cameron, & Kopechanski, 2007; Rimm-Kaufman & Pianta, 2000).

부모 역시 어떤 초등교육 환경을 선택할 것인가 하는 우선적인 고민을 해결해야 하고, 가족 중심 접근을 표방하는 조기 개입 및 유아특수교육과는 달리 아동 중심적 경향이 강한 초등교육 체계에 적응해야 할 뿐 아니라, 자녀가 영유아일 때 쌓아 둔 사회적 지지체계를 재구성해야 할 가능성도 크다. 따라서 장애 유아의 부모가 자녀의 초등학교 전환 계획의 수립과 실행에 적극적으로 참여하여 장애 자녀가 필요로 하는 적절한 지원을 확보하도록 격려하는 것은 매우 중요하다. 유아특수교육 체계를 떠나 초등학교로 전환하는 아동과 가족에게 체계적이고 점진적인 지원이 중요하다는 것은 거의 모든 유아특수교육 교과서에서 강조하고 있지만, 과연 어떤 지원을, 어느 시점부터 제공해야 하는지에 대한 연구는 매우 부족하다(Troup & Malone, 2002).

Forest, Horner, Lewis-Palmer와 Todd(2004)는 자폐성장애 유아의 전환에 관한 문헌 분석을 통해 25가지의 전환 요소를 추출하였다(〈표 2-3〉 참조).[2] 이 요소들은 초등학교에 진학하기 일 년 전부터 순차적으로 무엇을 준비해야 할지를 목록화한 것으로, 자녀의 전환을 준비하는 장애 유아의 가족과 이 가족을 돕는 전문가들은 전환 과정이 잘 진행되고 있는지 점검할 때 이 목록을 유용하게 활용할 수 있을 것이다. 이 요소들은 자폐성장애 유아의 전환을 염두에 두고 추출된 것이기는 하나, 각 요소의 내용을 살펴보면 대부분의 장애 유아에게 적용하는 데 무리가 없을 것으로 보인다.

표 2-3 전환의 요소

시기	전환 활동
A. 전환 1년 전	A1. 진학할 초등교육 환경의 유형을 알아본다(예: 특수학교, 특수학급, 일반 학급).
	A2. 초등학교에서 필요한 관련 서비스를 판별한다(예: 언어치료, 작업치료, 물리치료).
	A3. 결정한 학교 유형에서 요구되는 준비 기술(readiness skills)을 판별하고, 이 기술들을 그해의 구체적인 교수 목표로 설정한다.
	A4. 전환기에 이루어져야 할 주요 사건을 포함하는 전환 일정 초안을 작성한다.
	A5. 전환 일정 초안에 팀 성원들의 역할과 책임을 기입한다.
	A6. 부모와 양쪽 기관 교사들을 위해 전환 관련 핵심 조정자로 활약할 한 사람을 정한다.

2. 이 연구에서는 미국의 공교육 체제에 따라 '유치원(kindergarten)으로의 전환'이라는 표현을 쓰고 있으나, 이 책에서는 우리나라 현실에 맞추어 초등학교로 수정함.

B. 전환 6개월 전 ~ 1년 전	B1. 전환 관련 핵심 조정자는 부모가 유아의 진학을 위해 고려하고 있는 여러 유형의 교육 환경을 방문할 수 있도록 준비한다.
	B2. 부모와 유아특수교사는 고려하고 있는 여러 유형의 교육 환경에 최소한 한 번 방문한다.
	B3. 진학할 교육 환경(학교 및 학급 형태)을 선택한다.
	B4. 선택한 교육 환경에서 필요한 관련 서비스를 판별한다.
	B5. 선택한 교육 환경에서 요구되는 준비 기술을 판별하고, 이를 그 학기의 구체적인 교수 목표로 설정한다.
	B6. 공식적인 전환 계획을 수립한다.
	B7. 전환을 위해 완수해야 할 구체적인 단계를 전환 계획에 포함시킨다.
C. 전환 6개월 전 ~ 초등학교 입학	C1. 유아특수교사가 초등학교 교실을 방문한다.
	C2. 유아가 진학할 학교의 교사는 유아특수교육 기관을 방문하여 아동을 관찰한다.
	C3. 두 교사가 만나 정보를 공유한다.
	C4. 아동이 초등학교 교실을 방문한다.
	C5. 초등학교의 교과과정을 알아본다.
	C6. 아동의 요구에 따른 교재를 알아보고, 필요할 경우 제작한다.
	C7. 초등학교에서의 일과를 알아본다.
	C8. 초등학교에서 아동과 함께 일하게 될 전문가들을 알아본다.
	C9. 물리적 환경을 준비한다.
	C10. 관련 서비스를 조정한다.
D. 전체 평가	D1. 부모와 양쪽 교육기관의 교사가 전환 과정을 평가한다.
	D2. 전환 계획 책임자인 학교 관리자에게 전환 평가 결과를 전달한다.

출처: Forest, E. J., Horner, R. H., Lewis-Palmer, T., & Todd, A. W. (2004). Transition for young children with autism from preschool to kindergarten. *Journal of Positive Behavior Interventions, 6*(2), 110-112 수정 발췌.

우리나라에서 시행되고 있는 장애 유아의 초등학교 진학을 위한 전환 프로그램의 예는 다음과 같다.

서울특별시 서부장애인복지관(http://www.openlife.or.kr)에서는 2002년에 '새내기학교'라는 명칭으로 일반 초등학교에 진학 예정인 장애 아동의 학교 적응 프로그램을 실시한 적이 있다. 그로부터 6년이 지난 2008년부터 장애 유아의 초등학교 전환 프로그램이 재개되었다. 2008년부터 매년 1회 '새싹학교'라는 이름으로 실시되고 있는 이 프로그램은, 유아들이 초등학교에 입학하기 약 두 달 전인 1월 중에 진행되며, 학교생활에 필요한 선수 기술과 적응력 향상을 위해 실제 초등학교 환경에서 모의수업을 비롯한 다양한 학교생활을 경험하게 하는 내용으로 구성되어 있다.

서울특별시 어린이병원(http://childhosp.seoul.go.kr) 인지학습치료실에서는 2008년부터 초등학교 진학 예정인 장애 아동을 대상으로 '초록학교' 프로그램을 운영하고 있다. '초록학교'는 초등학교 입학 일 년 전부터 시작되는 전환 지원 프로그램으로 주 1회(90분) 실시되며, 아동에게는 초등학교 적응에 필요한 준비를, 부모에게는 자녀의 초등학교 전환을 지원하기 위한 교육을 제공하고 있다.

2 장애 영유아 가족지원 연구 고찰

장애 영유아를 위한 특수교육 및 관련 서비스에서 가족은 여러 가지 중요한 역할을 담당한다. 장애 영유아의 발달과 심리에 관련된 설문지를 작성하기도 하고, 장애 영유아와 짝을 이루어 직접 중재를 받기도 하며, 전문가로부터 배운 중재를 아동에게 적용하는 중재자의 역할을 하기도 한다. 영유아 시기의 특성상 장애 영유아의 가족에 관련된 연구는 아동기, 청소년기, 성인기의 가족 연구에 비해 그 수가 많고 다양한 편이다. 여기서는 무작위 통제 실험을 통해 효과를 입증한 징검다리 긍정적 양육 프로그램과 기능적 의사소통 훈련을 소개하고자 한다.

1) 징검다리 긍정적 양육 프로그램

징검다리 긍정적 양육 프로그램(Stepping Stones Triple P)은 호주 퀸즐랜드 대학교(University of Queensland)의 Matthew R. Sanders와 그 동료들이 개발한 긍정적 양육 프로그램(Triple P-Positive Parenting Program)[3]을 장애 아동 가족에게 맞게 응용한 것이다. 긍정적 양육 프로그램은 부모가 안전하고 교육적인 환경을 조성하여 자녀와 긍정적인 관계를 발전시켜 나가도록 지원함으로써 조화로운 가족 관계를 형성하고, 부모와 자녀 간의 갈등을 감소시키며, 부모에게 아동기의 다양한 행동 문제와 발달 문제를 효과적으로 다룰 관리전략을 교육하는 데 그 목적이 있다. 또한 모든 부모를 위한 보편적인 긍정적 양육 프로그램부터 다양한 위험 요인을 가진 가족을 위한 특화된 긍정적 양육 프로그램에 이르기까지 다양한 중재 강도를 갖춘 다층적 양육 지원 체계다(Sanders, 1999; Sanders, Turner, & Markie-Dadds, 2002; Turner & Sanders, 2006).

---

3. Triple P는 Positive Parenting Program(긍정적 양육 프로그램)의 첫 글자를 모으면 3개의 P가 된다는 데서 붙여진 이름이다.

징검다리 긍정적 양육 프로그램은 앞에서 설명한 긍정적 양육 프로그램의 기본 요소를 유지하되, 장애의 수용, 장애 아동의 양육 부담, 통합과 지역사회 생활, 가족지원 등과 같은 장애아 가족의 쟁점을 추가로 다루고 있으며, 장애로 인해 발생할 수 있는 문제행동(예: 자해행동, 이식증, 상동행동)을 개선할 지도방법을 포함하고 있다.

여기서는 징검다리 긍정적 양육 프로그램의 효과를 검증하기 위해 실시된 여러 실험 중 대표적이라 할 수 있는 Roberts, Mazzucchelli, Studman과 Sanders(2006)의 연구를 살펴보고자 한다. 연구자들은 이 프로그램을 발달장애 유아를 둔 47가족에게 실시하였다. 연구자들은 무작위 통제 실험설계를 적용하였으며, 다음과 같은 연구 가설을 세웠다.

- 징검다리 긍정적 양육 프로그램은 실험집단 아동의 문제행동과 부모의 긍정적 양육 방식을 통제집단보다 바람직한 방향으로 변화시킬 것이며, 이 변화는 일반화될 것이다.
- 징검다리 긍정적 양육 프로그램은 실험집단 부모의 스트레스를 통제집단 부모의 스트레스보다 감소시킬 것이며, 이 변화는 유지될 것이다.

연구에 참여한 47가족은 실험집단(24가족)과 대기자 통제집단(23가족)에 무작위로 배치되었으며, 이 가족에 속한 장애 유아들의 연령 범위는 2~7세였다. 실험집단은 10회기(〈표 2-4〉 참조)의 양육 지원 프로그램을 개별적으로 제공받았는데, 각 회기에서는 아동이 문제행동을 보이는 원인을 살펴본 후, 아동의 발달을 촉진하고 부적응행동을 관리하는 전략(〈표 2-5〉 참조)을 다루었다. 부모들은 긍정적 양육 기술을 보여 주는 비디오를 시청하였고, 클리닉에 와서 스스로 목표를 정하고 배운 전략을 연습하였으며, 가정을 방문한 중재자로부터 아동과의 상호작용에 대한 피드백을 받고, 중재자와 토의 시간을 갖기도 하였다. 부모들은 또한 위험이 예견되는 상황을 판별하여 이 상황에 필요한 규칙을 설정하고, 아동의 관심을 유도할 수 있는 활동을 준비하며, 아동이 그 상황에서 적절한 행동을 했을 때 제공할 보상과 부적절한 행동을 했을 때 적용할 후속 결과를 결정하는 일련의 과정을 연습하였다.

클리닉에서 실시된 회기에는 평균 120분이, 가정에서 실시된 회기(가정마다 3~4회 방문)에는 40~60분이 소요되었다. 가족의 개별 요구와 사전 검사 결과를 바탕으로 일부 가족들에게는 복습과 피드백, 부부간 대화와 양육을 위한 팀워크, 감정 조절과 대처 기술 등을 다루는 보충 회기가 제공되었다. 통제집단의 가족들은 언어치료, 작업치료, 심리치료, 자조 기술과 학업 전 기술 교수 등의 개별화된 프로그램을 포함하는 일반적인 조기 개입 서비스를 받았다.

표 2-4 징검다리 긍정적 양육 프로그램의 내용

회기	내용
제1주: 소개	• 아동의 행동과 발달에 대한 고민 나누기 • 긍정적 양육의 기본 원칙 소개하기 • 아동의 행동에 영향을 미치는 요소 판별하기 • 아동의 행동에 대한 모니터링 교육하기
제2주: 관찰과 피드백	• 부모-자녀 상호작용에 대한 관찰 실시하기 • 관찰, 설문지, 모니터링 등을 통해 진단 결과에 대한 피드백 제공하기 • 자녀와 부모의 행동 변화 목표 설정하기 • 장애의 수용, 장애아 양육에 대해 논의하기

<table>
<tr><td>제3주:
아동 발달 증진</td><td>• 긍정적 관계를 발전시키고, 바람직한 행동을 격려하는 양육전략(〈표 2-5〉의 14가지 전략) 교육하기
• 새로운 기술을 지도하고, 바람직한 행동을 격려하기
• 적절한 행동과 보상이 명시된 행동 도표 제작하기</td></tr>
<tr><td>제4주:
부적응행동 관리</td><td>• 부적응행동의 관리를 위한 전략(〈표 2-5〉의 11가지 전략) 교육하기
• 행동 도표를 실제로 사용하기</td></tr>
<tr><td>제5주:
연습 I</td><td rowspan="3">• 긍정적 양육전략을 아동에게 효과적으로 사용하는 연습하기
• 부모의 연습에 대한 피드백 제공하기
• 전략을 사용하는 것과 관련하여 자신의 강점과 약점 판별하기
• 더 많은 연습을 위해 구체적인 목표 설정하기
• 가정에서 전략을 어떻게 실행할지 토의하기</td></tr>
<tr><td>제6주:
연습 II</td></tr>
<tr><td>제7주:
연습 III</td></tr>
<tr><td>제8주:
계획된 활동 교육</td><td>• 가정과 지역사회에서 아동의 행동을 다루기 어려웠던 고위험 상황(예: 손님의 방문, 외출 준비, 장보기) 판별하기
• 계획된 활동의 절차를 고안하는 단계 배우기
• 2가지의 고위험 상황에 대비한 계획된 활동 절차를 고안한 후 이를 적용해 보고 점검하기</td></tr>
<tr><td>제9주:
계획된 활동 실행</td><td>• 계획된 활동 절차를 다양한 고위험 상황에서 연습하기
• 부모의 연습에 대한 피드백 제공하기
• 필요할 경우, 양육 관련 문제에 대한 정보 제공하기
• 가정에서 전략을 어떻게 실행할지 토의하기</td></tr>
<tr><td>제10주:
종결</td><td>• 중재가 시작된 이후 자녀와 부모의 변화를 생각해 보기
• 중재를 통해 이루어 낸 변화를 유지하면서 가족 모두가 잘 지내기 위한 방법 토의하기
• 자녀와 부모가 앞으로 이루고자 하는 변화의 목표를 정하고, 이를 달성할 방법을 토의하기</td></tr>
</table>

표 2-5 징검다리 긍정적 양육 프로그램에 포함된 전략

구분	전략		설명
아동의 발달을 증진시키기 위한 전략 (14가지)	긍정적 관계 발전 시키기	질적인 시간	짧지만 자주 아동이 좋아하는 활동을 하는 시간 갖기
		아동과의 의사소통	아동이 흥미를 보인 대상이나 아동이 활동하는 것에 대해 간단한 대화나 상호작용하기
		애정 표현	신체적인 애정 표현하기(예: 안아 주기, 간질이기, 쓰다듬기)
	바람직한 행동 격려하기	칭찬	아동이 보인 바람직한 행동을 묘사함으로써 인정과 격려를 표현하기
		관심 보이기	긍정적인 비구어적 관심 보이기(예: 미소, 윙크, 바라보기)
		기타 보상	칭찬, 관심과 함께 아동이 좋아하는 구체물(예: 장난감, 거울, 음식) 주기
		흥미로운 활동 제공하기	아동의 흥미와 참여를 이끌 수 있는 활동, 자료, 장난감(예: 보드게임, 책, 쌓기 놀이)을 제공하기 위해 물리적 · 사회적 환경을 조정하기
		활동 일정	아동이 하게 될 활동(특히 일과)을 상징하는 그림이나 단어를 배열하기
	새로운 기술과 행동 지도하기	바람직한 행동 모델링	부모가 바람직한 행동을 시범 보이기(예: 조용한 목소리로 말하기, 손 씻기)
		신체적 안내	아동의 팔이나 다리를 가볍게 잡고 움직이며 과제를 하기 위한 동작을 가르치기(예: 이 닦기, 장난감 바르게 가지고 놀기)

		우발 교수	아동 주도의 상호작용에 반응하고 학습을 증진시키기 위해 여러 질문과 촉진을 사용하기
		촉진	새로운 기술을 지도하기 위해 언어와 몸짓으로 촉진하거나 손을 잡고 촉진하기
		역순으로 지도하기	새로운 기술을 지도할 때 그 기술의 마지막 단계부터 시작하여 언어와 몸짓으로 촉진하거나 손을 잡고 촉진하여 지도하기
		행동 도표	문제행동(예: 짜증 내기, 욕하기, 때리기)을 하지 않거나 적절한 행동(예: 사이좋게 놀기, 공손하게 요청하기)을 한 것에 대한 사회적 관심과 보상을 주기 위해 도표를 만들어 붙이기
부적응 행동을 관리하기 위한 전략 (11가지)	관심을 전환시키기		아동이 부적응행동을 보이기 직전에 교수, 질문, 촉진을 이용하여 아동의 관심을 다른 활동으로 돌리기
	명확한 행동 원칙 설정하기		구체적이고 공정한 규칙을 미리 세워 두기(예: 텔레비전 보는 시간, 시장이나 친척 집에 갔을 때 주의할 점)
	규칙 위반 시 지도를 위한 토의하기		규칙을 어길 경우에 그 행동을 대신할 적절한 행동을 판별하여 반복 시연하기
	계획된 무시하기 기술 사용하기		관심 끌기를 목적으로 하는 문제행동(예: 말대꾸하기, 보채며 울기)에는 관심을 철회하기
	명확하고 침착한 지시어 사용하기		새로운 과제를 시작하게 하거나 문제행동을 멈추고 올바른 대체행동을 하게 하기 위해 구체적인 지시어 사용하기

	원하는 바를 표현하도록 지도하기	아동이 문제행동을 통해 충족시키려는 요구를 적절한 방식으로 표현하도록 지도하여 문제행동을 하지 않고도 그 기능을 수행할 수 있게 하기
	논리적 후속 결과 적용하기	일정 시간 동안 문제를 일으킨 활동을 못하게 하거나 아동의 특권을 뺏기(주로 불순응행동이나 자주 발생하지 않는 가벼운 문제행동일 때)
	제지하기	손이나 다리를 잡고 행동을 하지 못하게 하기(위험하거나 공격적인 행동일 때)
	자녀의 행동을 잠시 중단시키기	정해진 시간 동안 아동을 조용히 앉아 있게 하기(자해행동이나 반복행동을 할 때)
	조용한 시간(quiet time)	문제가 발생한 활동으로부터 아동을 분리시켜 그 활동 장소의 가장자리에 일정 시간 앉아 있게 하기(논리적 후속 결과를 적용했는데도 문제행동이 반복될 때)
	타임아웃	타인으로부터 떨어진 곳에 아동을 일정 시간 머물게 하기(심각한 문제행동, 조용한 시간의 적용을 거부하는 행동을 할 때)

연구자들은 이 프로그램이 아동에게 미치는 영향을 측정하기 위해 '부모용 발달행동 체크리스트(Developmental Behavior Checklist Parent Version)'를 이용하여 부모가 지각하는 아동의 행동 문제를 측정하였고, '가족 관찰 일정(The Family Observation Schedule)'을 이용하여 양육자와 아동의 상호작용을 가정과 지역사회 환경에서 관찰

하였다. 프로그램이 부모에게 미치는 영향을 측정하기 위해서는 '양육 척도(Parenting Scale)'를 사용하여 역기능적인 훈육을 측정하였고, '우울-불안-스트레스 척도(Depression-Anxiety-Stress Scale)'를 이용하여 일상생활에서 계속되는 어려움과 관련하여 부모가 느끼는 스트레스를 측정하였다. 부모와의 상호작용에서 발생하는 아동의 문제행동 관찰에 사용되었던 '가족 관찰 일정'은 부모의 긍정적 양육행동에 대한 자료를 수집하는 데도 사용되었다. 이러한 종속변인은 프로그램을 종료한 지 6개월 후에 다시 한 번 측정되었다.

연구 결과를 요약하면 다음과 같다.

- 실험집단 어머니들이 지각하는 중재 전과 중재 후의 문제행동 간에는 유의한 차이가 있었고, 통제집단 어머니들이 지각하는 중재 전후 문제행동 간에는 유의한 차이가 없었다. 그러나 아동의 문제행동에 대한 아버지의 인식은 두 집단 모두 중재 전후 간에 유의한 차이가 나타나지 않았다.
- 직접 관찰을 통해 아동의 문제행동 변화를 측정한 결과, 실험집단 아동의 반항행동이 유의하게 개선되었고, 통제집단 아동의 반항행동은 유의한 변화가 나타나지 않았다.
- 실험집단 어머니들의 과잉 반응성은 중재가 실시된 후 유의하게 감소된 반면, 통제집단 어머니들에게는 유의한 변화가 나타나지 않았다. 실험집단 아버지들의 경우, 느슨한 훈육 태도와 장황한 훈육 태도가 중재 전에 비해 유의하게 감소한 반면, 통제집단 아버지들은 장황한 훈육 태도가 유의하게 증가한 것으로 나타났다.
- 직접 관찰을 통해 부모의 양육행동 변화를 측정한 결과, 실험집

단 부모의 칭찬하기 행동이 중재 전에 비해 유의하게 향상되었고, 통제집단 부모의 칭찬하기 행동에는 중재 전후 간에 유의한 차이가 없었다.

- 양육 스트레스에서는 두 집단 모두 유의한 차이가 나타나지 않았다.

이상에서 살펴본 Roberts 등(2006)의 연구를 제1장에서 소개한 Gersten 등(2005)의 질적 지표를 활용하여 고찰해 본 결과는 〈표 2-6〉과 같다.

표 2-6 실험연구의 질적 지표를 이용한 Roberts 등(2006)의 논문 분석

구분	질적 지표	Roberts et al. (2006)
필수 지표	▪ 연구 참여자에 대한 기술 1. 연구 참여자가 장애 또는 어려움을 가지고 있음을 확인할 수 있는 충분한 정보가 제공되었는가? 2. 표집된 연구 참여자의 관련 특성이 조건 간에 최대한 유사하도록 적절한 절차를 사용하였는가? 3. 중재를 실시할 중재자나 교사에 대해 충분한 정보가 제공되었는가? 이러한 정보는 조건 간에 중재자가 유사함을 보여 주는가?	'발달장애를 가진 유아'라는 용어가 논문 전반에 걸쳐 사용되고 있고, 연구 참여자 정보를 정리한 표에 아동의 지능과 적응행동이 제시되어 있으므로, 연구 참여자가 가진 장애나 어려움을 확인할 수 있는 정보가 어느 정도는 제공되었다고 볼 수 있지만, 장애 또는 특정 어려움을 가지고 있음을 확인할 수 있는 충분한 정보가 제공되었다고 보기는 어렵다. 그러나 연구 참여자 모집에 관여하지 않은 외부 연구자가 연구 참여자를 실험집단과 통제집단에 무작위로 배치하였다는 점은 본 연구가 무작위 통제실험의 원칙을 준수하였음을 보여 준다. 실험집단 가족의 중재를 담당한 중재자가 어떤 훈련을 받았는지에 대해서도 충분한 정보가 제공되었다.

	■ 중재 실행과 통제집단에 대한 기술 1. 중재가 명확하게 기술되고 구체화되어 있는가? 2. 실행 충실도가 설명되어 있으며, 실제로 측정되었는가? 3. 통제 조건에 제공된 서비스의 특징이 기술되어 있는가?	징검다리 긍정적 양육 프로그램은 별도로 제작된 매뉴얼(Sanders, Mazzucchelli, & Studman, 2003)이 존재하기 때문에 본 논문에서는 중재에 대한 기술을 매우 간단하게 제시하고 있다. 방대한 프로그램 내용을 제한된 지면에 효과적으로 축약하여 담는 것이 쉽지 않지만, 중재의 핵심 사항조차 제시되지 않은 것은 본 연구의 제한점이라 하겠다.[4] 본 연구에서는 중재 충실도를 별도로 측정하지 않았지만, 주어진 회기 내에 다룬 내용이 전체 프로그램 내용의 몇 퍼센트인지를 밝힘으로써 연구에 참여한 부모들이 프로그램을 어느 정도 완수하였는지 알게 해 준다. 또한 실험집단에 프로그램이 제공되는 동안 통제집단이 어떤 서비스를 받았는지에 대해서도 기술되어 있다.
	■ 성과 측정 1. 중재에 밀착된 측정과 일반화된 수행에 대한 측정 간의 적절한 균형을 제공하기 위해 여러 측정도구를 사용하였는가? 2. 중재 효과를 포착하기 위한 성과의 측정이 적절한 시기에 이루어졌는가?	본 연구는 부모의 보고뿐 아니라 직접 관찰을 이용하여 행동의 변화를 측정함으로써 성과 측정의 신뢰도를 높였고, 프로그램이 부모에게 미치는 영향을 알아보기 위해 여러 측정도구를 사용하였다. 성과의 측정은 '중재 종료 2주 이내'라는 기준을 정하여 일관성 있게 실시되었다

4. 〈표 2-4〉와 〈표 2-5〉의 내용은 Roberts 등(2006)의 논문에는 제시되어 있지 않다. 이 두 표는 프로그램의 세부 사항에 대한 독자의 이해를 돕기 위해 매뉴얼을 비롯한 선행 연구에서 제시된 내용을 필자가 요약하여 제시한 것이다.

	■ 자료 분석 1. 자료 분석방법은 주요 연구 문제와 가설에 적절하게 연결되어 있는가? 또한 연구에서의 분석 단위에도 적절하게 연결되어 있는가? 2. 연구 결과에는 추리통계뿐만 아니라 효과 크기 계산도 포함되어 있는가?	본 연구에서는 자료 분석을 위해 시간(중재 전, 중재 후)과 처치 조건(실험집단, 통제집단)에 대한 다변량 분산분석을 사용하였는데, 이는 연구 가설과 연구 분석 단위에 적절한 것이었다. 자료 분석 결과에는 추리통계뿐 아니라 효과 크기도 함께 제시되었다.
우대 지표	1. 중재집단의 연구 참여 중단율(attrition rate)이 보고되었는가? 전반적으로 심각한 연구 참여 중단율이 보고되었는가? 만약 그렇다면 그러한 참여 중단은 집단 간 유사한 양상인가? 전체 연구 참여 중단율이 30% 이하인가?	본 연구에서는 연구 참여 중단율을 33%로 보고하고 있는데, 이는 Gertsen 등(2005)의 질적 지표에서 적정 중단율로 제시된 30%보다는 조금 웃도는 수치이나 심각한 정도는 아니라고 할 수 있다. 실험집단과 통제집단의 중단율은 유사하였다.
	2. 성과 측정에 대한 내적 일관성 신뢰도뿐 아니라 검사-재검사 신뢰도, 평정자 간 신뢰도(해당될 경우)를 제공하는가? 자료 수집자 또는 평정자들은 연구 조건에 대해 알지 못하는 상태이며, 각 조건에 속한 검사 대상자에 대한 친밀도가 유사한가?	본 연구에서는 성과 측정에 사용된 측정도구의 내적 일관성 신뢰도, 검사-재검사 신뢰도를 제시하고 있으며, 설문지 작성과 행동 관찰을 실시하는 연구 조교에게 측정 대상이 실험집단인지 통제집단인지를 알려 주지 않았음을 명시하고 있다.
	3. 중재 효과를 알아보기 위한 성과의 측정이 중재 직후에 실시한 사후검사 이후에도 이루어졌는가?	본 연구는 중재가 종료된 지 6개월 후에 다시 한 번 측정을 실시함으로써 중재의 유지 효과도 알아보았다.

	4. 측정도구의 준거 관련 타당도와 구인타당도가 제공되었는가?	측정도구의 준거타당도는 제시되었으나, 구인타당도는 제시되지 않았다.
	5. 연구진은 실행 충실도의 표면적 특징(예: 중재에 몇 분이 소요되었는가, 교사 또는 중재자가 구체화된 절차를 이행했는가)뿐 아니라 실행의 질(quality)에 대해서도 검토하였는가?	본 연구에서는 중재자들이 각 회기가 끝날 때마다 그 회기에서 다룬 활동을 기록하였고, 정기적인 감독을 받았으며, 프로토콜 준수 체크리스트를 작성하였다고 기술하고 있으나, 실행의 질에 대한 그 밖의 설명은 찾아볼 수 없다.
	6. 통제집단에 제공된 교수의 특성에 대해 보고하고 있는가?	실험집단에 중재가 제공되는 동안 통제집단에 어떤 처치를 하였는지 별도의 소제목을 두어 서술하고 있다.
	7. 연구 보고서는 중재의 특성을 포착한 실제 오디오나 비디오테이프로부터의 인용문을 포함하고 있는가?	본 논문은 중재의 특성을 포착한 시청각 자료로부터의 인용문을 포함하고 있지 않다.
	8. 연구 결과가 명확하고 통일성 있게 제시되었는가?	연구 결과는 명확하고 통일성 있게 제시되었다.

긍정적 양육 프로그램과 징검다리 긍정적 양육 프로그램은 여러 번의 반복 실험을 통해 그 효과성을 검증해 왔다는 점에서 상당한 증거를 축적해 온 중재방법이라 할 수 있다(de Graaf, Speetjens, Smit, de Wolff, & Tavecchio, 2008; Nowak & Heinrichs, 2008; Sofronoff, Jahnel, & Sanders, 2011; Turner & Sanders, 2006). 긍정적 양육 프로그램은 그 무대를 확장하여 일본, 홍콩 등에서도 환영받고 있으며(Fujiware, Kato, & Sanders, 2011; Leung, Sanders, Leung, Mak, & Lau, 2003; Matsumoto, Sofronoff, & Sanders, 2010), 비만이나 반항성장애를 가진 아동과

그 부모에게도 긍정적인 효과를 미치는 것으로 나타났다(Jalali, Pourahmadi, Tahmassian, & Shaeiri, 2008; West, Sanders, Cleghorn, & Davies, 2010). 그러나 효과성을 검증한 거의 모든 연구물에는 프로그램 개발자인 Sanders가 주저자 또는 공동 저자로 참여하고 있어, 이 프로그램이 개발자 이후 세대의 연구자에 의해 실시되었을 때도 효과가 유사하게 나타나는지를 알아보는 후속 연구가 필요하다.

2) 가정에서 실시하는 기능적 의사소통 훈련

기능적 의사소통 훈련(Functional Communication Training: FCT)은 1985년에 실시된 Carr와 Durand의 실험에서 처음 등장한 이래 수백 편의 연구를 통해 그 효과가 입증되어 온 중재로, 아동이 보이는 문제행동의 기능(예: 관심 얻기, 구체물 얻기, 회피하기)을 파악하여 이와 동일한 기능을 가진 의사소통 행동(예: 구어, 몸짓, 상징 사용하기)을 지도함으로써 그 의사소통 행동이 문제행동을 대체하게 하는 중재를 말한다. Dunlap, Ester, Langhans와 Fox(2006)는 FCT를 중재의 일부 또는 전체로 사용한 연구의 수가 많음에도, 3세 이하의 유아에게 적용한 연구의 수는 매우 제한적이라는 점에 근거하여 발달지체 유아 2명(각각 30개월, 33개월)과 그 어머니를 대상으로 기능적 의사소통 훈련을 실시하고, 그 효과를 살펴보았다.

연구에 참여한 2명의 유아는 모두 조기 개입 서비스의 대상자로 판별될 정도의 언어 문제를 가지고 있었고, 최소한 세 가지 상황에서 심각한 문제행동을 보이는 유아들이었다. 중재는 각 유아의 자연스러운 환경인 가정에서 부모가 가장 문제라고 느끼는 일과나 활동을 중심으로 적용되었다. 상황 간(일과 간) 중다기초선 설계를 적용

표 2-7 가정에서 실시한 기능적 의사소통 훈련 절차의 요약

단계	내용
문제 일과 선택	• 어머니가 가장 문제라고 느끼는 일과(아동의 문제행동 때문에 포기하게 되는 일과)를 가장 심각한 것부터 순서대로 3가지를 선택함
기능평가 실시	• 면담, 직접 관찰 등을 실시하여 문제행동의 기능을 파악함(유아 1의 경우 세 가지 일과 모두 관심 끌기 기능의 문제행동이 있었고, 유아 2의 경우 구체물 얻기, 관심 얻기, 도움 청하기 기능의 문제행동이 있었음)
어머니 훈련	• 한 시간 동안 유아의 집에서 어머니에게 기능적 의사소통 훈련을 개별적으로 교수함 • 교수 내용: ① 문제행동을 적절한 행동으로 교체하는 근거를 설명함, ② 기능평가 결과 검토 및 문제행동과 이를 교체할 의사소통 행동 및 강화제를 토의함, ③ 문제행동의 발생을 예방하기 위해 아동이 교체행동을 사용하도록 촉진하는 시범을 연구자가 부모에게 제공함, ④ 교체행동을 증진시키기 위해서 문제행동에 대한 강화를 철회해야 함을 상기시킴, ⑤ 중재의 실행과 관련하여 어머니가 궁금한 것을 질문할 기회를 부여함 • FCT 절차를 실행할 때 사용할 스크립트를 제공함
어머니의 중재 실행	• 기초선 기간이 끝난 후, 중재 도입의 첫 회기에는 어머니 훈련에서 다룬 내용을 간단하게 복습하고, 스크립트에 대해 토의하며, 어머니에게 질문 기회를 부여함 • 어머니는 교체행동에 대한 시범을 보임으로써 교체행동을 촉진함 • 유아의 행동에 대한 강화를 적용함

한 본 연구의 중재 절차는 〈표 2-7〉에 요약하여 제시하였다.

중재의 효과를 평가하기 위해 유아의 문제행동, 유아의 교체행동(즉, 대안적 의사소통 행동)의 사용, 어머니의 기능적 의사소통 전략의 사용을 조작적으로 정의한 후, 부분간격기록법을 이용하여 이를 측정하였다. 직접 관찰에 의한 자료를 보충하기 위해 연구의 목적과 현재 유아가 처한 조건(예: 기초선, 중재)을 알지 못하는 2명의 관찰자에게 매 회기 녹화해 둔 유아의 모습을 무작위 순서로 보여 주고, 문제행동의 심각성 평정척도(Severity Rating Scale)를 이용하여 평정하게 하였다. 이 척도는 해당 회기(일과)에 유아가 보인 행동의 전반적 인상을 심각함(3점), 수용 가능함(2점), 바람직함(1점) 중 하나로 평정하게 구성되어 있는 3점 척도의 평정도구다.

이 중재를 실시한 후에 나타난 결과를 요약하면 다음과 같다.

- 유아 1의 어머니가 선택한 세 가지 일과(활동 간 전이, 혼자 있는 시간, 어머니가 다른 성인과 이야기하는 상황) 모두에서 문제행동이 감소하였고, 교체행동의 사용이 100%에 도달하였다.
- 유아 2의 어머니가 선택한 세 가지 일과(동생과 함께 장난감을 사용하여 노는 시간, 어머니가 다른 성인과 이야기하는 상황, 혼자 조작하기 어려운 장난감이 주어진 상황) 모두에서 문제행동이 감소하였고, 교체행동의 사용이 100%에 도달하였다.
- 문제행동의 심각성 평정 결과, 유아 1의 경우 기초선 기간에는 2점 또는 3점이던 심각도가 중재 이후 급격히 감소하여 중재 종료 4회기 전부터는 모두 1점으로 유지되었다. 유아 2의 경우에는 기초선 기간의 모든 회기에서 심각도가 3점이었으나, 중재 도입 후 급격히 감소하여 중재 종료 4회기 전부터는 모두 1점으로 유지되었다.
- 두 유아의 어머니 모두 기초선 기간에는 문제행동에 관심을 보여 문제행동을 강화하는 구간 수의 비율이 높았으나(47~96%),

중재 도입 후에는 이러한 행동이 급격히 감소하였다(0~33.3%). 한편 교체행동을 사용하도록 촉진하고, 이를 사용했을 때 강화하는 어머니들의 행동은 기초선 기간에는 전혀 나타나지 않았으나, 중재 적용 후에는 높은 비율로 증가하였다.

이상에서 소개한 Dunlap 등(2006)의 연구를 제1장에서 소개한 Horner 등(2005)의 질적 지표를 활용하여 고찰해 본 결과는 〈표 2-8〉과 같다.

표 2-8 단일대상연구의 질적 지표를 이용한 Dunlap et al.의 논문 분석

영 역	질적 지표	Dunlap et al.(2006)
대상자와 환경에 대한 기술	• 연구 대상에 대한 기술이 다른 연구자가 유사한 특성(예: 연령, 성별, 장애, 진단명)을 가진 이들을 선택하는 데 부족함이 없을 만큼 매우 자세하다. • 대상자 선택 과정에 대한 기술이 반복 연구가 가능할 정도로 자세하다. • 물리적 환경의 주요 특징에 대한 기술이 반복 연구가 가능할 정도로 매우 정확하다.	연구 대상, 연구 대상 선택 과정, 물리적 환경에 대한 설명이 모두 자세하게 제시되어 있어 반복 연구가 가능하다.
종속변인	• 종속변인이 조작적으로 정확하게 기술되어 있다. • 각 종속변인은 수량화할 수 있는 절차를 통해 측정된다. • 종속변인이 타당하게 측정되었고, 반복 연구가 가능할 정	종속변인이 조작적으로 정의되어 있고, 타당하게 측정되었다. 관찰자 간 신뢰도를 모든 회기에 걸쳐 측정하였고, 두 사례의 측정치 모두 90% 이상의 관찰자 간 신뢰도를 보고하고 있다.

	도로 상세하게 측정방법이 기술되어 있다. • 종속변인이 반복하여 측정된다. • 각 종속변인에 대한 신뢰도 또는 관찰자 간 신뢰도 자료가 수집되었으며, 관찰자 간 신뢰도는 최소한의 기준을 충족시킨다(예: 관찰자 간 신뢰도 = 80%, Kappa = 60%).	
독립변인	• 반복 연구가 가능할 정도로 독립변인이 자세히 기술되어 있다. • 독립변인은 실험자의 통제하에 체계적으로 조작되고 있다. • 독립변인의 실행 충실도가 명확하게 측정되었으며, 측정된 실행 충실도가 매우 바람직한 수준이다.	본 연구에서는 독립변인이 자세히 기술되어 있으며, 중재 절차를 체크리스트로 만들어 실행 충실도를 측정하였다. 실행 충실도 검토 결과, 모든 절차가 충실하게 수행되었다고 보고하고 있다.
기초선	• 종속변인을 반복 측정하는 기초선 단계를 통해 독립변인의 도입이나 조작이 없을 경우, 연구 대상의 향후 수행 패턴이 어떠할지를 예측하게 해 줄 반응 패턴이 확인되었다. • 기초선 조건이 반복 연구가 가능할 정도로 자세히 기술되어 있다.	일과 간 중다기초선 설계를 사용한 본 연구에서는 앞서 중재를 적용한 일과에서 중재 효과가 충분히 나타나기 전에 그다음 일과에 중재를 적용하는 경향이 있다. 특히, 두 사례 모두에서 첫 번째 일과에 중재를 적용한 바로 다음 회기에 두 번째 일과에 중재를 적용하고 있는데, 이는 첫 번째 일과에 나타난 중재의 효과가 안정될 때까지 두 번째 일과는 기초선 상태를 유지해야 한다는 원칙에 위

		배되는 것이다. 이에 대해 연구자들은 문제행동이라는 현실적 시급함 때문에 기초선을 더 이상 연장하기 어려웠다고 설명하고 있다.
실험적 통제/ 내적 타당도	• 실험 효과를 보여 주는 최소한 3개의 자료점이 있다. • 내적 타당도의 일반적 위협 요인(예: 경쟁 가설의 배제를 허용)을 통제하였다. • 연구 결과는 실험적 통제를 나타내는 패턴을 자세히 기록하고 있다.	중재가 순차적으로 적용될 3가지 일과 간에 일관성을 확보하기 위해 각 일과를 녹화하여 문서로 작성하고, 그 일과의 시작과 끝을 어떻게 규정할지를 미리 정해 두었다. 또한 실험 장소에 함께하는 연구자의 수를 일관되게 유지함으로써 이로 인한 영향을 통제하였다.
외적 타당도	• 대상 간, 환경 간 또는 자료 간 실험 효과가 반복된다.	상황(일과) 간 효과가 반복하여 입증되었다.
사회적 타당도	• 종속변인은 사회적으로 중요한 것이다. • 중재의 결과로 나타난 종속변인의 변화가 사회적으로 중요하다고 할 수 있을 정도의 크기다. • 독립변인의 실행이 실용적이고 비용 효과적이다. • 독립변인의 실행 기간을 늘리거나 실행하는 사람을 바꾸거나 실행의 물리적 · 사회적 맥락을 확장함으로써 사회적 타당도를 높이려 노력하였다.	본 연구에서는 2가지 방법으로 사회적 타당도를 측정하였다. 첫째, FCT가 가정이라는 맥락에 잘 맞았는지 알아보기 위해 '중재 적합성' 설문지를 두 어머니에게 작성하게 하였다. 그 결과, 두 어머니 모두 이 절차가 가정에서 실행 가능하며, 가족의 일과와 기대에 부응한다고 답하였다. 둘째, 문제행동을 가진 유아의 어머니로서 이 연구에 참여하지 않은 한 명의 어머니에게 기초선 3회기, 중재 3회기의 녹화 자료를 무작위로 추출하여 보여 주고, 기능적 의사소통의 사용 빈도, 문제행동의

		강도, 문제행동의 빈도를 5점 척도(5점에 가까울수록 빈도와 강도가 높음)로 평정하게 하였다. 그 결과, 두 유아 모두 기초선-중재 조건 간 의사소통 행동 사용에 대한 평정이 1.0에서 4.6으로 증가하였고, 문제행동의 강도는 3.3(유아 1) 또는 4.6(유아 2)에서 1.0(유아 1, 2)으로 감소하였으며, 문제행동의 빈도는 4에서 1(유아 1), 5에서 1.6(유아 2)으로 감소하였다. 이 연구는 실험 초기부터 일상적 중재의 제공자라 할 수 있는 어머니가 중재를 실시하였고, 중재가 실시된 환경도 일상적인 물리적 · 사회적 맥락이었으므로, 사회적 타당도가 큰 연구라 할 수 있다.

이상에서 장애 영유아의 가족지원과 관련하여 생각해 볼 사항과 몇몇 연구들을 질적 지표를 이용하여 분석한 결과를 제시하였다.[5] 장애인 가족으로서의 긴 여정을 시작하는 장애 영유아 가족에게 정확하고 다양한 정보, 진심 어린 공감과 격려, 구체적인 양육 기술 교육이 갖는 중요성은 아무리 강조해도 지나치지 않을 것이다. 영유아기는 다른 연령대에 비해서 비교적 증거기반의 중재를 많이 확보하

5. 이 장에서 소개된 연구들의 분석 결과는 Gersten 등(2005), Horner 등(2005)의 질적 지표와 함께 제시하였으나 질적 지표를 매번 반복하여 제시할 필요는 없으므로, 이후의 장에서는 질적 지표에 비추어 각 연구의 분석 결과만을 제시하였다.

고 있는 편이지만, 이 시기에 축적된 아동과 가족의 역량이 이후의 성장과 발전에 미치는 영향력을 고려할 때 질적 요소를 갖춘 더 많은 연구가 이어져야 할 것이다..

장애 아동 및 청소년의 가족

나는 매년 학교 홈페이지에 개설된 반 카페에다 아들 친구들한테 편지를 쓴다. 친구들이 호민이를 살뜰하게 도와주고 챙겨 주는 것이 고맙고, 그 고마움을 표현하지 못하는 아들을 대신해서 편지로 나의 고마운 마음을 전한다. 그러면 아이들도 한마디씩 답장을 써 주곤 한다. 카페가 친구들과 호민이의 사이를 좁혀 주는 역할을 하는 것이다.

내가 매일 학교를 들락거리며 담임선생님을 만나고, 반 친구들한테 호민이를 부탁하고, 시도 때도 없이 교문 앞을 지키고 서 있어도 아무도 나를 '극성 엄마'라고 하지는 않는다. 오히려 측은하고 가엾은 눈빛으로 바라보는 시선이 부담스러울 때가 많다.

나도 가끔은 내 아이가 정상적으로 잘 자라서 학교에는 일 년에 한두 번만 방문하고, 조용히 내 생활을 즐기는 상상을 한다. 그러나 그것은 그야말로 상상일 뿐이다.

나는 오늘 아침에도 곱게 화장하고, 아이의 손을 잡고 학교에 간다.

채영숙(2003). 아들의 답장을 기다리며. 좋은 책. p. 74.

1 장애 아동 및 청소년 가족의 요구와 관심사

아동기와 청소년기는 집중적인 학교 중심의 교육과 지원이 제공되는 시기다. 전공과를 제외하고도 12년이나 되는 기간 동안, 우리나라의 모든 장애 학생들은 특수학교 또는 일반 학교에서 특수교육과 관련 서비스를 제공받는다. 학년이 올라감에 따라 장애 학생이 학교에서 보내는 시간은 차츰 늘어나고, 가족의 일과는 자녀가 다니는 학교의 학사 일정을 중심으로 조정되며, 가족이 아동을 돌봐야 하는 시간도 방과 후와 주말로 줄어들게 된다. 아동기와 청소년기는 모든 학생에게 학업적 · 사회적 성장이 요구되는 시기로, 장애 학생의 가족 역시 장애 학생이 학교생활을 통해 학업 성취도를 높이고, 원만한 대인 관계를 형성하기를 기대한다. 장애 학생의 학업과 사회성의 발전을 어떻게 도울 수 있을지, 의사소통의 어려움이나 사춘기 등 다양한 이유로 발생하는 문제행동을 어떻게 관리하면 좋을지, 독립적인 성인기 생활을 어떻게 준비하면 좋을지 등은 이 시기 장애 학생 가족의 가장 큰 관심사일 것이다. 다음에서는 이들 각각에 대해 좀 더 자세히 살펴보고자 한다.

1) 개별화 교육계획과 가족 참여

「장애인 등에 대한 특수교육법」 제22조에서는 특수교육 대상자의 교육적 요구에 적합한 교육을 제공하기 위하여 각급 학교의 장은 보호자, 특수교육 교원, 일반교육 교원, 진로 및 직업교육 담당 교원, 특수교육 관련 서비스 담당 인력 등으로 개별화 교육지원 팀을 구성해야 하고, 이 팀은 매 학기마다 개별화 교육계획을 작성해야 한다고 명시하고 있다. 이 조항에서 개별화 교육지원 팀의 구성원으로 보호자가 가장 먼저 언급된 것은 장애 학생을 위한 개별화된 교육과 지원에 장애 학생 부모의 참여가 중요함을 상징하는 것일 뿐 아니라, 학교가 부모의 참여를 최대화하기 위해 노력해야 함을 시사하는 것이라 할 수 있다. 이는 동법의 다른 조항들이 보호자의 참여를 강력하게 지지하고 있다는 점에서도 알 수 있는데, 예를 들어 제4조 제2항에서는 '개별화 교육지원 팀에의 참여 등 보호자 참여에서의 차별'을 금지하고 있으며, 제38조에서는 제4조 제2항의 규정을 위반하면 300만 원 이하의 벌금에 처한다고 명시되어 있다.

이러한 법적 요구의 배경에는, 장애 학생을 가장 잘 알고 있을 뿐 아니라 전 생애에 걸쳐 장애 학생을 옹호하게 될 부모의 참여가 전제될 때 장애 학생의 이익이 최대화되는 개별화 교육계획의 수립과 실행이 가능하다는 믿음이 깔려 있다. 그러나 부모와 여러 전문가들이 개별화 교육지원 팀을 이루어 함께 일하는 것은 그리 단순한 일이 아니다. 부모마다 자녀 교육에 대한 참여 의지나 참여 여건이 다르며, 전문가들마다 협력에 대한 견해와 협력에 임하는 태도와 기술이 다르므로, 팀을 구성하기만 하면 자동적으로 효과적인 팀워크가 발생할 것이라고 기대할 수는 없다. 개별화 교육지원은 한 학기에 한 번 모든 팀원이 모여 회의를 하기만 하면 실현되는 그 무엇이 아니다. 개별화 교육지원은 계획, 실행, 평가에 이르는 일련의 과정이 반복되는 지속적인 과정을 통해서만 가능하다. 따라서 전문가들은 이 과정에 참여하는 부모를 가끔 학교에 오는 손님으로 볼 것이 아니라, 장애 학생을 위한 중요한 교육적 결정을 함께 내릴 파트너로 생각하고 신뢰와 존중을 바탕으로 한 진실한 관계를 형성해야 한다.

〈표 3-1〉은 장애 학생의 부모가 개별화 교육계획 수립 회의에 적극적으로 참여하도록 지원하기 위해 전문가가 노력해 볼 수 있는 방안에 대해 선행 연구에서 제시한 내용을 요약한 것이다(American Teacher, 2008; Coots, 2007; Keen, 2007; Martin & Hagan-Burke, 2002; O'Shea et al., 2001; Sileo & Prater, 2012; Turnbull, Turnbull, Erwin, & Soodak, 2010; Van Haren & Fiedler, 2008).

표 3-1 부모의 개별화 교육계획 수립 회의 참여를 촉진하기 위한 전략

단 계	부모 참여 촉진을 위한 전략
회의 준비	• 지난 회의 이후 학생과 관련하여 새롭게 수집한 자료가 있는지, 이번 개별화 교육계획 작성을 위해 참고해야 할 자료가 있는지 확인하는 등 회의에 사용될 자료를 정리하기 시작한다. • 부모에게 연락하여 부모가 참석할 수 있는 시간을 알아보고, 최대한 그 시간을 고려하여 회의 시간을 정한다. 시간을 알아보기 위해 연락할 때, 회의에 참석할 가족 성원이 누구인지도 함께 알아본다. • 방해받지 않고 모든 참석자가 집중할 수 있는 회의 장소를 정한다. • 회의 시간과 장소, 회의의 목적, 참석할 사람들의 이름과 직위를 서면으로 작성하여 가정으로 보낸다. • 회의에 참여할 다른 전문가들에게도 시간과 장소, 안건 등을 알린다. • 개별화 교육계획 수립 회의에 처음으로 참석하는 부모에게는 개별화 교육계획의 수립 절차와 부모의 역할에 대해 미리 설명을 제공한다. • 회의 중에 개별화 교육계획의 모든 내용을 작성하는 것이 현실적으로 쉽지 않은 경우가 많으므로, 장 · 단기 목표와 특수교육 및 관련 서비스 등에 대한 부모의 의견을 구하고, 이를 고려하여 초안

	을 작성한 후에 부모에게 미리 보내 이에 대한 의견을 생각해 오도록 부탁한다.
회의 진행	• 회의 시작 시 참석자들이 서로 인사할 수 있도록 소개의 시간을 갖는다. • 학생의 진단 · 평가 자료(진보에 대한 점검 자료 포함)를 부모가 이해할 수 있는 용어로 설명하고, 부모에게 질문의 기회를 부여한다. 이때 학생의 약점뿐 아니라 강점을 함께 논의함으로써 구체적이고 체계적인 장 · 단기 목표를 설정하고, 학생에게 제공될 특수교육 및 관련 서비스를 결정하기 위한 팀원의 이해를 높인다. • 부모마다 교육체계나 교과과정에 대한 이해가 다르고, 회의에서 자신을 표현하는 방식도 다양하다. 많은 부모들에게는 이러한 공식적 회의의 내용과 형식이 낯설고 부담스러울 수 있는데, 회의 진행자는 자주 부모의 의견을 구하고, 부모로 하여금 자신의 자녀에 대해 설명할 기회와 이번 학기의 학교생활과 관련하여 부모가 희망하는 바를 표현할 기회를 부여하여 부모가 회의에서 소외되지 않도록 하여야 한다. • 개별화 교육계획 수립 회의의 참석자로 장애 학생 본인이 포함되는 것은 매우 바람직한 일이며, 특히 중 · 고등 장애 학생은 가급적 이 회의에 참석하도록 격려하는 것이 좋다. 성인기 전환을 위한 서비스를 결정할 때는 본인과 가족의 의사를 적극적으로 반영해야 한다. • 장애 학생 본인과 부모가 학생에 대한 진단, 평가, 특수교육, 관련 서비스, 전환 지원 등과 관련된 결정에 주요 의사 결정자로 참여할 수 있도록 결정을 위한 충분한 정보(선택 가능한 서비스의 범위와 각각의 특징 및 장단점 등)를 제공하여야 한다. • 장 · 단기 목표의 달성을 위해 제공될 특수교육과 관련 서비스가 가족의 여건(가족의 일과, 가족이 가진 시간과 자원 등)에 맞는지 부모에게 확인한다. 특히, 순회교육을 위해 전문가가 주기적인 가정방문을 해야 할 경우나 관련 서비스를 위해 학생이 학교가 아닌 다른 기관(예: 복지관)으로 가야 하는 경우, 가족의 일과, 이동 수단, 활동보조인 활용 가능 여부 등을 확인하고 필요한 지원을 제공한다.

	• 알고 싶은 정보가 있는지 부모에게 질문한다. 만약 부모의 질문이 즉석에서 바로 답할 수 없는 성격의 것일 경우, 언제, 어떻게 그 질문에 답을 드릴지에 대해 약속을 정한다. • 회의를 마치기 전 다음 회의 날짜에 대해 모든 팀원들이 함께 논의하고, 이번 회의에서 논의된 사항 중 추후 작업이 필요한 사항을 언제까지, 누가 책임지고 수행할지 정한다. 특히, 학생의 장 · 단기 목표와 관련하여 어떤 방식으로 학생의 진보를 부모에게 알릴 것인지와, 학생의 진보에 대한 부모의 의견이나 가정에서의 관찰 결과를 어떻게 전달받을 것인지에 대해 의논한다.

2) 문제행동과 가족

문제행동은 장애 학생에게만 국한된 문제는 아니다. 대부분의 비장애 학생들도 떼쓰기, 울기, 지시 거부, 공격행동 등의 문제행동을 보이는 시기를 거치며, 대부분의 부모들은 자녀의 문제행동으로 인해 분노, 좌절, 걱정 등을 경험한다. 하지만 비장애 학생들이 보이는 문제행동은 이들이 의사소통 능력, 사회성 기술, 일반적 적응 기술 등을 습득함에 따라 줄어들게 마련이다. 많은 비장애 자녀들이 다시 한 번 부모를 근심하게 하는 사춘기의 문제행동 역시 자립적인 성인이 되기 위한 준비 과정으로, 강력한 중재가 제공되지 않더라도 일정 연령에 이르면 더 이상 문제가 되지 않는다. 그러나 장애 학생들이 가진 발달 및 학습 문제는 단기간에 개선되기 어려운 경우가 많으므로, 많은 장애 학생들의 문제행동이 나이가 들어 감에 따라 자연스럽게 사라질 것으로 기대하기는 어렵다. 문제행동은 장애 학생 가족의 양육 스트레스를 증가시키는 일차적 요인으로, 가족 성원들 간의 상호작용에 부정적인 영향을 미치고, 가족을 사회적으로 고립시키기도 하므로, 장애 학생에 대한 가족의 기대를 비관적이 되게 한다(Fox, Vaughn, Wyatte, & Dunlap, 2002; McDiarmid & Bagner, 2005; Padencheri & Russell, 2002).

문제행동이 가족에게 미치는 이와 같은 영향은 국내의 장애 학생 어머니들을 대상으로 한 연구에서도 유사하게 나타나고 있다. 그중 한 예로, 박지연, 김영란, 김남희(2010)가 문제행동을 보이는 8~18세 장애 학생의 어머니 13명을 대상으로 실시한 질적연구에 따르면, 장애 학생의 문제행동은 가족의 정서적 삶의 질, 어머니의 직업과 여가생활, 가족의 일과와 가족 내 상호작용 등에 영향을 미치는 것으로 나타났다(〈표 3-2〉 참조).

표 3-2 문제행동이 가족의 삶에 미치는 영향

영 역	문제행동의 영향
어머니의 정서적 측면	• 문제행동을 물리적으로 제지하는 것은 육체적으로도 매우 힘든 일이지만, 화를 참고 자녀를 진정시키는 것이 상당한 스트레스가 됨 • 화를 참지 못하고 자녀에게 화를 내거나 야단을 친 후에 그에 대한 후회로 마음이 괴로움 • 문제행동으로 인해 피해를 보게 된 사람에게 사과를 하고 보상의 책임을 져야 할 때와 주변 사람들이 문제행동의 이유를 자신의 잘못된 양육 방식 때문이라고 비난할 때 정신적으로 매우 괴로움 • 문제행동이 언제 발생할지 몰라 항상 긴장 상태로 지내기 때문에 삶이 즐겁지 않음
비장애 형제의 정서적 측면	• 나이에 비해 조숙한 것이 어머니로서 안쓰러움 • 장애를 가진 형제에게 부모의 관심이 집중되어 부모와 질적으로 좋은 시간을 보내지 못함

어머니의 생산성 측면	• 어머니 자신만을 위한 개인적인 시간을 가져 본 적이 없어 갑자기 여가 시간이 주어져도 무엇을 해야 할지 모름 • 직장생활이나 취미생활을 하고 싶지만, 문제행동을 가진 자녀를 돌보는 것과 병행하기가 어려움 • 가족 성원 중 문제행동에 효과적으로 대처할 수 있는 사람이 어머니뿐인 경우가 많아 항상 자녀의 곁을 지켜야 하므로, 육체적으로 매우 소진되어 가끔 여유 시간이 생겨도 사회적 활동을 할 만한 에너지가 남아 있지 않음
가족의 일과 수행 측면	• 집 밖에서 문제행동이 발생할 때 통제가 어렵고, 낯선 사람들이 문제행동의 피해자가 될 수 있으며, 주변의 시선이나 간섭이 가족을 번거롭게 하기 때문에 외출을 최소화함 • 가족 행사를 계획했더라도 문제행동이 발생하면 일단 취소함

출처: 박지연, 김영란, 김남희(2010). 문제행동이 장애아 가족의 삶에 미치는 영향과 가족의 대처방식에 관한 질적 연구. 정서·행동장애연구, 26(3), 17-43 요약 발췌.

〈표 3-2〉에서 보는 바와 같이 문제행동이 가족의 삶의 여러 측면에 미치는 심각한 영향을 고려할 때, 장애 아동 및 청소년의 가족이 문제행동에 효과적으로 대처하고, 긍정적인 행동을 지도할 수 있는 역량을 갖추는 일이 매우 중요함을 알 수 있다. 이 시기에 적절한 행동 지원을 받은 장애 학생은 성인이 되었을 때 취업, 결혼, 주거, 여가 등에서 더 많은 기회와 가능성을 가지게 되므로, 아동기와 청소년기 장애 학생의 가족과 협력하여 장애 학생의 문제행동을 개선하는 것은 궁극적으로 장애인의 삶의 질을 향상시키는 노력의 일환이라 할 수 있다.

문제행동이 가족의 삶의 질에 미치는 영향력을 고려할 때, 문제행동을 개선하기 위한 노력의 과정에 가족을 적극적으로 참여시켜 가족의 행동 지원 능력을 향상시키는 것은 문제행동을 보이는 장애 학생의 가족을 지원할 때 반드시 포함되어야 할 내용이다. 장애 학생의 가족은 문제행동의 중재 과정에서 다음과 같은 중요한 역할을 담당할 수 있으며, 이러한 역할을 수행하면서 행동 지원의 원리와 방법을 익히게 된다(Fiedler, Simpson, & Clark, 2007).

- 기능평가를 위한 정보 수집: 문서 검토 시 빠진 정보나 추가 정보를 제공하고, 학생의 성장 배경에 대한 자세한 정보를 제공한다.
- 문제행동 결정: 문제행동이 다양한 상황에서 어떤 양상으로 나타나는지와 가족과 관련하여 그 행동이 얼마나 심각한 것인지를 설명한다.
- 가설 수립: 목표행동의 광범위한 패턴에 대한 정보를 제공한다. 문제행동의 기능에 대한 대안적 가설을 제시한다. 학교 환경 이외의 맥락 변인에 대한 아이디어를 제시한다.
- 기능평가 및 가설 확인을 위한 직접 관찰: 직접 관찰이 학교 이외의 장소에서 이루어져야 할 때(예: 가정, 지역사회), 그 장소에 접근할 수 있도록 하거나 전문가를 대신하여 관찰을 실시한다.
- 행동 지원 계획 개발: 행동 지원 계획이 학생과 가족의 요구에 맞게 수립되도록 계획 수립 과정에 참여한다.
- 행동 지원 계획의 검토: 행동 지원 계획의 적절성 검토와 수정 과정에 지속적으로 의견을 피력하고, 의사결정에 참여한다.

가족과 함께하는 장애 학생의 행동 지원과 관련하여 Lucyshyn, Horner, Dunlap, Albin과 Ben(2002)은 다음과 같은 제언을 하였다.

- 행동 지원의 과정에서 전문가와 가족은 지식과 기술을 공유하고, 함께 문제를 해결하며, 서로의 능력과 기여를 인정하는 협력적 파트너십(collaborative partnership)을 쌓아 나간다.
- 기능평가, 행동 지원 계획의 수립과 실행의 모든 과정에서 가족 중심의 원칙과 실제를 실천한다.
- 행동 지원 과정을 통해 가족들이 장애 학생과 가족 전체를 위한 의미 있는 생활 방식을 찾아내고 정착시킬 수 있도록 지원해야 한다.
- 문제행동은 주로 사회적 상호작용과 학습의 과정에서 비롯되는 것임을 인식해야 한다. 따라서 적절한 행동의 학습을 통해 문제행동이 감소될 수 있다.
- 행동 지원의 기초는 장애 학생과 그 부모 그리고 아동의 삶에서 중요한 사람들 간의 효과적인 의사소통이다.
- 전문가와 가족은 장애 학생의 관점에서 문제행동이 갖는 기능을 파악하기 위해 협력해야 한다.
- 장애 학생이 문제행동으로 원하는 바를 얻어 낼 수 없는 가정환경이 가족에 의해 조성될 수 있도록 개별화되고 다면적인 지원 계획을 수립한다.
- 행동 지원 계획은 가족의 삶과 잘 조화될 수 있어야 한다.
- 가족의 일과와 활동은 행동 지원을 위한 중재 및 분석의 단위가 되어야 한다.
- 행동 지원의 실행은 가족의 요구와 선호도에 맞게 개별화되어

야 한다.

- 학생과 가족의 성과는 지속적으로 평가되어야 한다.
- 전문가들이 진지하고 겸손한 태도로 가족의 의견을 경청하고, 가족의 실행을 지지함으로써 가족의 역량을 강화할 때, 행동 지원의 실행이 일반화되고 유지될 가능성이 높아진다.

가족과 함께하는 장애 학생 행동 지원에 대해 좀 더 자세한 자료를 원하는 독자는 Luchshyn, Dunlap과 Albin(2002)의 *Families & positive behavior support: Addressing problem behavior in family contexts*를 참고하기 바란다.

3) 전반적인 학교 참여

비단 장애 학생의 학부모뿐만 아니라 상당수의 학부모가 학교에서 부모에게 면담 요청을 하는 이유는 자녀가 뭔가 문제를 일으켰기 때문이라는 인식을 가지고 있다. 또한 교사나 학교 측에서 권하기 전에 부모 편에서 학교 일에 적극적으로 참여하겠다고 말하는 일은 우리나라 교육 현장에서 그리 흔한 일은 아니다. 직장생활로 인한 시간적 제약, 학교 일에 관여하는 것에 대한 조심스러움과 부담 등으로 인해 세계 어느 나라 못지않게 높은 교육열을 가진 우리나라 학부모들 대부분이 학교 참여에는 소극적인 경우가 많다. 장애 학생의 경우, 특수학교의 통학 버스, 등·하교를 도와주는 활동보조인 등 이동을 위한 서비스가 활성화되면서 학부모가 자녀를 데리고 학교에 갈 일은 더욱 줄어들었으며, 직접 등·하교를 책임지는 학부모라도 학교에 머무는 짧은 시간 동안 학교 참여와 관련된 그 무엇을 하기는 어렵다. 그러나 여러 연구들에서 부모의 적극적인 학교 참여는 높은 학업 성취, 높은 과제 완성율, 높은 출석률, 학교에 대한 바람직한 동기와 태도 등과 같은 긍정적인 학생의 성과와 높은 상관관계를 가지는 것으로 알려져 있다(Spann, Kohler, & Soenksen, 2003; Tekin-Iftar, 2008; Walker, Colvin, & Ramsey, 1995). 따라서 장애 학생이 재학하는 학교의 관리자와 교직원들은 부모가 학교 일에 참여할 기회를 부여하고, 이러한 기회를 통해 부모와 협력 관계를 형성함으로써 장애 학생의 성장과 발전을 도모할 수 있어야 한다.

부모가 학습과 행동의 어려움을 가진 자녀의 학교생활에 의미 있게 참여하도록 촉진하기 위해 교사들은 다음과 같은 방식을 고려해 볼 수 있다(Darch, Miao, & Shippen, 2004).

- **양육 방식 지원** 부모가 가정에서의 훈육방법을 개선하고, 사회성 기술, 시간 관리 등을 지도할 수 있도록 양육 기술에 대한 정보와 시범을 제공한다.
- **자녀 관련 정보를 학교에 전달할 기회 부여** 가정에서 보이는 자녀의 행동, 학교와 학습에 대한 자녀의 태도, 자녀에게 영향을 미칠 만한 가정 내 어려움, 자녀의 성취에 대한 부모의 기대 등을 교사에게 알릴 기회를 제공한다.
- **교실 내 자원봉사의 기회 부여** 좀 더 적극적인 참여가 가능한 부모들에게는 교실에서 자녀 또는 다른 학생에 대한 개별 지도, 채점 보조, 현장학습 동행, 책 읽어 주기, 관찰 및 기록 등의 역할을 부여한다.
- **가정에서 자녀의 학습과 행동을 지도할 책임 부여** 숙제 지도하기,

학교에서 배운 사회성 기술 연습시키기, 가정기반의 강화 프로그램 실시하기 등의 역할을 부여하여 부모가 자녀의 학습과 행동을 지원할 수 있게 하고, 이를 위한 지침을 제공한다.

- **학교 차원의 활동에 참여할 기회 제안** 학교 운영위원회, 학부모회, 학교폭력 대책 자치위원회 등에 참여하도록 제안한다.

특수교육 및 관련 서비스 전문가들과 주로 협력하게 되는 특수학교 재학생의 학부모와 달리, 일반 학교에 재학 중인 장애 학생의 부모들은 일반 학급 교사와 긍정적인 관계를 맺고, 일반 학교의 학사일정에 적극적으로 참여함으로써 자녀의 통합교육을 지원하려는 요구를 가지고 있다.

이러한 요구에 부응하기 위해 김선해, 박지연(2010)은 부모들이 통합교육 현장을 구체적으로 이해하고, 자녀의 요구를 정확하게 파악하여 발생 가능한 문제를 예상하며, 이에 대한 대처 능력을 기르게 하기 위한 목적의 가족지원 프로그램을 고안하였는데, 그 구체적인 내용은 〈표 3-3〉과 같다. 총 11회기로 구성된 이 프로그램은 선행 연구와 실험집단 어머니들을 대상으로 한 요구 조사 결과를 바탕으로 설계되었으며, 아동의 이해와 관련된 정보 지원, 자녀의 통합교육을 촉진하기 위한 부모의 역할 지원, 가족 단합을 위한 심리적 지원을 주요 요소로 하고 있다. 이 연구에는 초등학교 특수학급이나 일반 학급에 재학 중인 장애 아동을 둔 어머니 20명이 참여하였으며, 이 중 실험집단 어머니 10명은 주말을 이용하여 실시된 '통합 촉진을 위한 가족지원 프로그램'에 참여하였다. 연구 결과, 연구에 참여한 실험집단 어머니들의 양육 스트레스, 양육 효능감, 가족 능력 강화의 변화 정도가 통제집단에 비해 유의하게 큰 것으로 나타났다.

표 3-3 통합 촉진을 위한 가족지원 프로그램의 회기별 내용

회기	요구	영역	내용
1	아동 이해 요구	프로그램 시작	사전 검사, 프로그램명 선정과 내용 구성 협의, 자기소개 및 부모 성격검사(MBTI) 실시
2		정보적 지원	장애 자녀 출산 후 나와 가족 등 주변 관계와의 변화 나누기, 자녀의 성장과 발달, 현재 행동 발달에 관한 이야기 나누기
3			현재 및 장래에 자녀가 받을 수 있는 교육에 관한 정보, 법적 보호, 복지에 관한 내용 나누기
4	통합 지원 요구	통합 지원 I	■ 통합학급 교사와의 관계 증진 교사와 부모 또는 부모와 자녀의 효과적인 의사소통 방법 나누기(특정 상황을 중심으로)
5		통합 지원 II	■ 통합학급 또래 관계 증진 I 또래에게 자녀의 장애를 설명하기, 통합학급에서의 효과적인 장애 이해 교육 모색하기
6		통합 지원 III	■ 통합학급 또래 관계 증진 II 또래와 장애 자녀의 관계 형성을 위한 사회성 기술 지도방법 모색하기
7	가족 단합 요구	심리·정서적 지원	가족의 친목과 단합을 위한 일일 가족 야유회
8	아동 이해 요구	정보적 지원	■ 성교육 I 성과 장애 특성의 이해, 생활 속 자녀 성교육 방법 나누기
9			■ 성교육 II 성폭력 예방과 대처, 사례중심별 성교육 방법 익히기
10	통합 지원 요구	통합 지원 IV	■ 통합학급의 일과 및 숙제 따라가기 자녀의 통합학급 일과에 따른 현행 수준 및 개선점 모색, 자녀의 효과적인 숙제 지도방법

11	가족 단합 요구	프로그램 평가 및 심리 · 정서 지원	사후 검사, 프로그램 평가, 가족파티 다과와 함께 가족의 화합을 위한 보드게임 한마당

출처: 김선해, 박지연(2010). 통합촉진을 위한 가족지원 프로그램이 초등학교 장애 아동 어머니의 양육스트레스와 양육효능감 및 가족역량 강화에 미치는 효과. 특수아동교육연구, 12(1), 188.

4) 성인기로의 전환

장애인과 그 가족들에게 가장 혼란스럽고 힘든 시기 중 하나가 바로 학교생활을 하던 학생의 신분에서 성인기로 전환하는 시기다(Chambers, Hughes, & Carter, 2004; Hudson, 2006; Kim & Turnbull, 2006; O'Shea, O'Shea, Algozzine, & Hammitte, 2001; Ward, Mallett, Heslop, & Simons, 2003). 많은 청소년들과 부모들은 학교 프로그램이 제공하는 안정성에서 벗어나, 낯설고 변동이 많으며 이용이 쉽지 않은 성인 서비스 체계로 옮겨 가는 것에 어려움을 느낀다(Greene, Power, & Lopez-Vasquez, 2005). 취업, 주거, 여가, 결혼 등 학교를 떠난 후 직면해야 할 과제들이 하나같이 불투명하게 느껴지는 이 시기에 장애 청소년과 그 부모들은 많은 정보와 지원을 필요로 한다. 성인기로의 전환은 단기간에 이루어지는 것이 아니므로, 올바른 습관을 기르고, 원만한 대인관계를 위한 사회성 기술을 배우는 등 생애 초기 단계부터 서서히 준비해 가는 것이 바람직하다(Gillan & Coughlan, 2010; Sitlington, Neubert, & Clark, 2010). 더불어 학교 체계를 떠나기 1~2년 전부터는 좀 더 강도 높은 전환 지원이 제공되어야 한다.

성인기로의 전환을 위한 계획에서 장애인 본인의 자기 결정이 갖는 중요성이나 장애 청소년의 개별화 전환 계획 참여의 유익을 강조하는 많은 문헌들(Agran & Hughes, 2008; Agran, Wehmeyer, Cavin, & Palmer, 2008)이 있지만, 이것이 가족의 참여는 상대적으로 줄어들어도 무방하다는 의미는 아니다. 특히, 중도장애를 가진 청소년의 경우에는 대부분의 전환 관련 결정을 부모와 함께하게 된다(Kim & Turnbull, 2006).[1] 즉, 중도장애 청소년의 전환에는 가족이 주요 변인으로 고려되어야 하는데, 이는 중도장애를 가진 성인들이 경도장애를 가진 성인에 비해 고등학교 졸업 후의 취업, 여가 활동, 사교 활동 등이 쉽지 않고, 따라서 가정에서 가족과 함께 많은 시간을 보낼 가능성이 크기 때문이다. 그러므로 중도장애 청소년의 전환에서는 장애인 개인의 장기적인 삶의 질뿐만 아니라, 돌봄과 지원을 제공할 가족의 삶의 질을 함께 고려하여 계획을 세울 필요가 있다.

이러한 의미에서, 전환이란 가족 전체의 통합된 삶의 질을 성취하기 위해 부모 삶의 세부 사항과 자녀 삶의 세부 사항 간 균형을 잡는 작업이라 할 수 있다(Ankeny & Spain, 2009). 가족이 장애 청소년과 함께 적절한 전환 계획을 세우고, 중요한 결정을 현명하게 내리기 위해서는, 복잡한 전환 과정에 효과적으로 참여하는 데 필요한 기술과 지식이 제공되어야 한다(조인수, 2009; Caldwell, 2006; Defur, Todd-Allen, & Getzel, 2001). Ankeny와 Spain(2009)은 성인기로의 전환을 앞둔 가족을 지원할 때 고려할 사항을 〈표 3-4〉와 같이 제시하였다.

---

1. Kim과 Turnbull(2006)은 이와 같이 중도장애인의 전환 계획에 장애인 본인과 가족이 함께 주도적인 역할을 하는 접근을 명명하기 위해서 '개인 중심 접근(person-centered approach)'과 '가족 중심 접근(family-centered approach)'을 통합한 '개인-가족 상호 의존적 접근(person-family interdependent approach)'이라는 용어를 사용하고 있다.

표 3-4 성인기로의 전환을 준비하는 학생과 가족을 돕는 사례관리자와 교사를 위한 제언

영 역	제 언
취업	• 학생과 가족에게 직업 선택 범위를 설명하라. • 직장을 찾고 취업을 하는 것과 관련하여 부모가 의견을 내도록 격려하라. • 직업재활 전문가의 역할을 부모에게 알리라. • 의도적인 진로 탐색과 진로 계획의 기회를 만들고, 다양한 취업 기회에 대한 구체적인 정보를 제공하라. • 직업을 탐색할 때, 자존감 확립, 경제적 독립, 또래 집단에의 접근성 등과 같은 삶의 질적인 이슈를 고려하라. • 기술 진단, 진로 상담, 구직을 포함한 다양한 서비스를 제공하라. • 여러 프로그램을 통해 응집력 있는 목표를 성취할 수 있도록 기관 간 협력을 도모하라.
고교 졸업 이후의 생활	• 가족이 활용할 수 있는 지원 제공자(예: 기관, 전문가, 지역사회 사람들)에 대해 알려 주라. • 부모에게 옹호 집단에 참여하고, 다른 부모들과 관계를 맺도록 격려하라. • 필요할 경우, 부모를 대신하여 지역사회 자원과 접촉하라. • 가족이 장애 성인을 위한 기관의 서비스 담당자와 접촉하도록 도우라. • 통합된 일련의 서비스를 제공하는 지원 고용 프로그램에 대한 정보를 제공하라. • 정부와 지방자치단체에서 장애 성인에게 제공되는 재정적 지원과 수혜 기준에 대한 정보를 부모에게 제공하라. • 다양한 성인 서비스 제공자에게 어떻게 접근할 수 있는지에 대한 정보를 부모에게 제공하라.

출처: Ankeny, E. M., Wilkins, J., & Spain, J. (2009). Mothers' experiences of transition planning for their children with disabilities. *Teaching Exceptional Children, 41*(6), 31 수정 발췌.

Brotherson, Berdine과 Sartini(1993)는 성인기로의 전환 과정에서 가족을 지원하는 전략을 다음의 다섯 가지로 제시하였다.

- 지역사회 생활을 일찍부터 기대하고 예상하도록 격려하기
- 전환 과정에서 부모 역할의 중요성을 인식하도록 돕기
- 자녀의 선택을 존중하도록 지지하기
- 장애 청소년과 그 가족이 성인기로 무사히 전환하도록 지원해 줄 수 있는 사회적 지원망을 찾아내고, 그 역할을 확대하기
- 취업에 관련된 부모의 걱정을 다루기

정지희, 박지연(2010)은 지적장애 혹은 자폐성장애를 가진 고등학생과 그 학부모를 대상으로 총 13회기에 걸친 '가족 중심의 전환교육 프로그램'을 실시하였는데, 이 프로그램 내용은 〈표 3-5〉에 요약되어 있다. 연구 결과, 실험에 참여한 장애 학생들의 자기 결정 변화 정도가 통제집단에 비해 유의하게 컸으며, 실험에 참여한 학부모들의 가족 역량 강화 변화 정도도 통제집단에 비해 유의하게 큰 것으로 나타났다.

표 3-5 가족 중심의 전환교육 프로그램

회기	대상	영역	내용	장소
1	가족	가족 이해하기	• 가족 신문 만들기 • 우리 가족과 다른 가족의 차이 알기 • 서로를 알기 위한 활동	G 학교 회의실

2	학생	자기점검표 만들기	• 매일 해야 하는 일과에 대해 알기 • 일과 중 자신이 해야 할 일과 결정하기 • 자기점검표 만들기	G 학교 회의실
	가족	장애인의 취업 현황 및 전망	• 취업 현황 및 전망에 관한 전반적인 소개 • 고용 및 취업 사례 발표 • 취업에 관한 질의응답	
3	가족	사업체 견학	• 사업체 시설 탐방하기 • 함께 일하는 분들의 이야기 듣기 • 고용된 장애인의 이야기 듣기	G시 장애인 근로복지센터, G시 장애인 복지관 보호작업장
4	학생	나의 감정 표현하기	• 상황에 따른 감정 알기 • 감정 표현을 적절하게 하는 방법 알기	G 학교 시청각실
	가족	웃음 치료	• 웃음 치료	
5	학생	나의 장단점 알기	• '나는 누구인가' 활동지 작성하기 • 나의 장단점 발표하기	G 학교 회의실
	가족	장애인의 법적 지위 및 권리	• 장애인 관련 법 소개하기 • 장애인의 실생활에서의 인권 침해 사례	
6	학생	거절하기	• 거절해야 하는 상황 알기 • 적절하게 거절하는 방법 알기	G 학교 시청각실
	가족	이성 교제와 결혼	• 장애인의 이성 교제와 결혼	

7	학생	체중 조절하기	• 체중 조절하기 • 건강한 식습관 알기	G 학교 회의실
	가족	장애인의 주거	• 다양한 주거 형태 • 공동생활가정(그룹홈)에 대한 이해	
8	가족	공동생활가정 방문	• 공동생활가정(그룹홈) 방문하기	G시 장애인 복지관 그룹홈
9	학생	상황에 따라 대처하기	• 여러 가지 상황 알기 • 여러 가지 상황에서의 대처법 알기	G 학교 회의실
	가족	고등교육 및 특별전형제도 알기	• 고등교육 및 특별전형제도에 대한 이해 • 장애인의 대학 입학 사례	
10	학생	중요한 약속과 행사 기록하기	• 중요한 약속과 행사 알기 • 달력이나 수첩에 메모하기	G 학교 회의실
	가족	형제자매 지원	• 형제자매의 요구 및 어려움 이해하기 • 장애인 형제자매를 둔 비장애 형제자매 성인의 사례 발표	
11	가족	여가 활동	• 공연 관람하기 • 가족들끼리 시간 갖기	대학로
12	학생	어울리는 옷차림	• 상황에 어울리는 옷차림 알기	G 학교 시청각실
	가족	가족 창업	• 소자본 창업과 소상공인 지원 제도	

13	학생	자기평가 하기	• 자기점검표를 보며 자기평가하기	G 학교 제과제빵실, 교내 카페
	가족	쿠키 만들기	• 쿠키 만들기 • 정리 및 평가	

출처: 정지희, 박지연(2010). 가족 중심의 전환교육 프로그램이 고등학교 장애 학생의 자기결정과 부모의 스트레스, 양육효능감, 가족역량 강화에 미치는 영향. 특수교육저널: 이론과 실천, 11(3), 84-86.

2 장애 아동 및 청소년 가족지원의 실제

1) 가족이 참여하는 긍정적 행동 지원

맥락적 적합성(contextual fit)을 강조하는 긍정적 행동 지원의 특성상, 장애 학생의 자연스러운 환경 중 하나라고 할 수 있는 가정에서 행동 지원을 실시하고, 그 효과를 알아보는 연구가 2000년대 이후 꾸준히 증가하고 있다. 그중 하나로 한 명의 자폐성장애 여학생을 대상으로 가족이 실행하는 긍정적 행동 지원의 효과를 살펴본 Lucyshyn 등(2007)의 연구를 소개하고자 한다.

이 연구는 상황(가족 일과) 간 중다기초선 설계를 이용하여 기능평가에 기초한 긍정적 행동 지원 계획(〈표 3-6〉 참조)을 저녁식사, 취침, 외식, 장보기 일과에 순차적으로 적용하였는데, 그 결과 문제행동이 현저하게 감소되었으며 6개월, 18개월, 36개월, 86개월 후에 측정된 유지 검사에서도 중재 효과가 유지된 것으로 나타났다. 문제행동의 감소와 함께 지역사회 활동의 참여가 증가되었으며, 가족들은 이 중재가 가족의 상황에 매우 적합했다고 평정하였다.

표 3-6 가족이 실행하는 긍정적 행동 지원 계획

배경 사건 중재	선행 사건 중재	교수전략	후속 결과 중재
• 의미 있는 성과와 강화가 포함된 과제와 활동 제시하기 • 활동 일과와 활동 간 전이를 예상하게 해 주는 그림 일정표나 그림판 사용하기 • 비장애 또래와의 우정 강화하기 • 몸이 아플 때 요구 수준을 낮추고, 긍정적 사건을 증가시키기	• 과제, 변화, 전이, 혼자 있기에 대한 불안을 감소시키기 위해 미리 이를 말해 주기 • 협력을 촉진하기 위해 자연스러운 정적 강화 사용하기 • 기다려야 할 때 선호하는 상호작용, 물건, 활동을 제공하기 • 학습 스타일에 맞는 교수를 제공하여 성공 기회 높이기 • 피곤해 보일 때는 휴식을 요청하는 신호를 사용하도록 하기	• 요구를 표현하는 말이나 보완대체 의사소통 지도하기(요구 진단, 촉진과 시범, 시도할 때마다 강화하기 등) • 집단활동 참여, 기다리기 기술, '그만하라'는 지시와 '이리 오라'는 단서에 순응하기 등을 지도하기	• 언어 사용, 독립적 노력, 기다리기, 변화를 잘 수용하는 행동 등을 칭찬하기 • 문제행동이 아닌, 언어로 원하는 것을 표현할 때 원하는 것을 바로 제공해 주기 • 회피, 구체물 획득, 관심 끌기 기능의 문제행동에 대한 강화 최소화하기

이 연구를 Horner 등(2005)의 질적 지표에 의거하여 분석한 결과는 다음과 같다.

- **대상자와 환경에 대한 기술** 연구 대상, 연구 대상의 선정 과정, 물리적 환경에 대한 설명이 모두 자세하게 제시되어 있어 반복 연구가 가능하다. 이 연구는 86개월 후에도 유지 여부를 측정했다는 점에서 매우 장기간의 연구라 할 수 있는데, 이 정도의 연구 일정을 확보하여 반복 연구를 하기가 현실적으로 쉬운 것은 아니다.
- **종속변인** 종속변인이 조작적으로 정의되어 있고, 타당하게 측정되었다. 이 연구는 관찰자 간 신뢰도를 조건별 총 회기의 30~55%에 걸쳐 PCS(Portable Computer System) 관찰 소프트웨어를 이용하여 산출하였는데, 문제행동에 대한 관찰자 간 신뢰도의 총 평균은 87%로 보고하고 있다.
- **독립변인** 본 연구에서는 기능평가와 긍정적 행동 지원 계획의 수립 과정을 자세히 기술하고 있다. 독립변인의 충실한 실행을 위해 일과별로 실행 체크리스트를 사용한 것으로 되어 있으나, 실행 충실도의 수치는 보고하지 않았다.
- **기초선** 본 연구는 장기간에 걸친 연구인 만큼 기초선 자료가 매우 간헐적으로 수집되었다는 제한점을 가지고 있다.
- **실험적 통제와 내적 타당도** 이 연구의 연구자들은 연구의 시작부터 종료 시까지 동일한 역할 분담(가족과의 협력, 기능평가, 관찰 등) 체계를 유지함으로써 상황(가족 일과) 간 일관성을 확보하고

자 노력하였다. 그러나 실험적 통제에 관한 그 이외의 내용은 제시되어 있지 않다.

- **외적 타당도** 상황(가족 일과) 간 효과가 반복하여 입증되었다.
- **사회적 타당도** 본 연구에서는 두 가지 방법으로 사회적 타당도를 측정하였다. 첫째, 12문항으로 구성된 5점 척도의 설문지를 이용하여 부모에게 중재의 수용도와 중요도를 평정하게 하였다(중재기에 2회, 유지기에 2회 실시). 평정의 총 평균은 4.7점으로, 부모는 이 중재를 수용 가능하며, 중요하다고 인식하고 있었다. 둘째, 20문항으로 구성된 적합성 설문지를 이용하여 긍정적 행동 지원 계획이 가족의 여건과 잘 맞는지를 부모가 평정하게 하였다(중재기에 4회, 유지기에 5회 실시). 중재기 평균은 4.8점, 유지기 평균은 4.6점으로, 부모는 이 중재가 가족의 전반적인 삶에 잘 맞는다고 인식한 것으로 나타났다.

국내에서는 이화영, 이소현(2004)이 특수학교 초등부 저학년에 재학 중인 지적장애 아동 3명의 부모에게 긍정적 행동 지원 내용을 교육한 후, 부모와 함께 기능평가를 실시하고 그 결과에 기초한 긍정적 행동 지원 계획을 세워 문제행동이 가장 심각한 가정에서의 일과 시에 부모가 중재를 실행하게 하였다. 연구 결과, 긍정적 행동 지원이 진행됨에 따라 세 학생 모두 문제행동이 급격하게 감소하였으며, 이 변화는 가족의 다른 일과에 일반화되고, 중재 종료 후에도 유지된 것으로 나타났다.

2) 지역사회 이용 기술 교수

장애 학생의 지역사회 이용 기술은 현재뿐 아니라 미래의 삶의 질을 확보하는 기초 작업이라 할 수 있다. 장애 학생이 성공적으로 지역사회에 적응하고 지역사회에서 문제행동을 보이지 않을 때, 가족들은 걱정 없이 지역사회 활동에 참여할 수 있게 되고, 이는 가족의 삶의 질을 증진시킬 것이다. DiPipi-Hoy와 Jitendra(2004)는 장애인의 자립생활에 필수적이라 할 수 있는 돈 이용하기 기술에 심각한 어려움을 가지고 있으며, 수년 이내에 성인기로 전환할 청소년기 장애 여학생과 그 어머니 세 쌍을 대상으로 부모가 실행하는 물건 사기 기술 교수의 중재를 고안하였다. 이 연구에서는 중다 간헐 기초선 설계를 이용하여, 각 가족이 자주 이용하는 지역사회 내 여러 종류의 가게에서 어머니가 고정시간 지연(constant time delay) 중재를 실시하게 하고, 이것이 딸의 물건 사기 기술에 미치는 영향을 살펴보았다. 중재 적용 단계는 다음과 같다.

1단계: 가정에서 어머니와 계획 수립하기

- 고정시간 지연법의 장점 및 방법 소개하기(언어 지시, 언어 촉진, 2초 기다리기, 피드백 등)
- 부모가 자녀에게 사용할 사회적 강화 선택하기
- 중재 전에 결정한 과제 분석이 적절한지 검토하기

2단계: 어머니 교육하기

- 어머니가 딸의 역할을 하고, 연구자가 어머니의 역할을 맡아 중

재 시범을 보인 후 역할을 바꾸어 연습하기

- 촉진 절차에 대한 모델링
- 촉진 의존성을 줄이는 방법에 대해 논의하기

3단계: 어머니의 자녀 지도하기

- 자녀가 기술을 80% 이상 습득하면, 구어 지시를 줄이거나 간접적 지시만 사용하기(예: "먼저 유제품 코너에 가서 우유를 사자."라고 지시하는 대신에 "마실 것을 사자."라고 지시하기)
- 묘사적 칭찬(행동 특정적 칭찬) 사용하기

연구 결과, 어머니는 고정시간 지연 절차를 충실하게 적용할 수 있었고, 자녀는 어머니에게 배운 물건 사기 기술을 성공적으로 습득하였으며, 이러한 모녀의 변화는 중재가 종료된 지 3주 및 8주가 지난 후에도 유지된 것으로 나타났다. Horner 등(2005)의 질적 지표에 의거하여 이 연구를 분석한 결과는 다음과 같다.

- **대상자와 환경에 대한 기술** 연구 대상, 연구 대상 선택 과정, 물리적 환경에 대한 설명이 모두 자세하게 제시되어 있어 반복 연구가 가능하다. 특히 모녀가 중재의 단위인 연구이므로, 어머니 선정 기준과 자녀 선정 기준을 모두 분명하게 제시하고 있다.
- **종속변인** 종속변인이 조작적으로 정의되어 있고, 타당하게 측정되었다. 관찰을 위해 이 연구의 제1연구자와 보조연구자는 모녀와 함께 마트에 가서 모녀로부터 약간의 거리를 두고 자료를 측정하였다. 각 조건마다 최소한 30%의 회기에서 제2관찰자

를 두었으며, 여학생들의 행동 측정에 대한 관찰자 간 신뢰도의 평균은 96%, 어머니들의 행동 측정에 대한 관찰자 간 신뢰도의 평균은 98%라고 보고되었다.

- **독립변인** 본 연구에서는 어머니에게 고정시간 지연 절차를 교육하여 어머니가 딸을 지도하게 한 중재의 내용을 상세히 설명하고 있다. '실행 충실도'라는 용어를 쓰고 있지는 않지만, 본 연구의 종속변인 중 하나가 어머니의 중재전략 사용 정도이므로, 이 자료가 어머니의 '중재 실행 충실도'라 할 수 있다. 세 어머니 모두 중재 종료 전 최소한 세 회기 연속으로 100%의 실행 충실도에 이르렀다. 이 연구에서는 또한 연구자가 어머니들에게 중재 절차에 대한 교육을 제공하고, 모녀와 함께 지역사회에 나가 어머니의 물건 사기 중재를 관리하는 등의 절차를 충실하게 실행했는지도 측정하였다. 이러한 절차 충실도는 별도의 체크리스트를 이용하여 측정하였는데, 총 회기의 30%에 대해 측정된 절차 충실도의 평균은 90%였다.

- **실험적 통제와 내적 타당도** 각 가족이 주로 이용하는 마트에서 중재가 실시되었으므로, 세 모녀는 서로 다른 마트에서 물건 사기를 연습하였다. 또 어머니들이 선정한 마트의 개수도 달랐다. 이 연구 자체에서 마트 간 조건의 차이가 크다고 밝히고 있으나, 이를 통제하기 위한 절차는 따로 밝히고 있지 않다. 또한 장보기는 매일 발생하는 기회가 아니므로, 본 연구에서 중재 일정의 통일성을 기하기는 매우 어려웠다. 그러나 연구자들은 인위적으로 장보기를 하게 하지 않고, 가족의 일과에 따라 장보기를 해야 할 경우에 중재를 적용하도록 하였다.

- **외적 타당도** 대상(딸, 어머니) 간 효과가 반복하여 입증되었다.
- **사회적 타당도** 5점 척도 설문지를 이용하여, 어머니에게는 중재의 효과, 실행의 용이성, 중재에 소요된 시간, 타인에게 이 중재를 권할지의 여부, 중재가 자녀와의 관계에 미친 영향 등을 알아보았고, 자녀에게는 새로운 기술을 배웠다고 생각하는지, 이 기술을 배운 결과로 좀 더 독립적이 되었는지, 어머니에게 배우는 것이 즐거웠는지, 이 기술을 다른 가족에게도 권하겠는지 등을 알아보았다. 세 모녀 모두 한두 개의 일부 항목만 3점으로 평정하였고, 그 이외의 모든 항목에 4점 또는 5점으로 평정하였다.

장애 성인의 가족

마라톤에는 페이스맨이 있다. 선수가 너무 빨리 뛰거나 처지지 않도록 완급을 조절해 주며, 끝까지 달리도록 도와주는 것이 그들의 역할이다. 우리 아들에게 있어 나와 내 아내는 바로 그런 사람이 될 것이다.

사랑하는 아들의 옆과 뒤에서, 호흡이 다하는 그 순간까지 그림자처럼 함께 뛸 것이다. 눈부신 태양의 푸른 하늘 아래 홀로 자유롭게 달리는 그 순간까지, 조금 늦더라도 완주할 수 있도록 때론 한 걸음 옆에서, 때론 한 걸음 뒤에서, 앞서거니 뒤서거니 하며 함께 발맞춰 가 줄 것이다.

바람을 가르며 홀로 호흡 조절하며 달리게 될 그날까지! 행복이 눈부시게 꽃을 피우고 열매 맺는 그날까지!

그러면 언젠가는 내 사랑하는 아들도 세상과 푸르게 호흡하며, 남들에게 강한 볕을 가려 주며, 그늘을 내주기도 하고, 때가 되면 튼실한 삶의 열매를 거둬들여 자신처럼 도움을 필요로 하는 또 다른 이웃들에게 아낌없이 나눠 줄 줄 아는, 아름다운 한 그루 나무가 되리라 믿는다.

정창교(2004). 마이너리티의 희망노래. 한울림. pp. 227-228.

특수교육 분야에서 장애 성인을 대상으로 한 연구의 수는 성인이 되기 전의 장애 유아, 장애 아동, 장애 청소년을 주 대상으로 하는 연구에 비해 매우 적다. 이에 따라 장애 성인의 가족을 대상으로 한 연구도 지극히 부족한 실정이다. 고등학교 과정 또는 전공과를 마친 장애인은 더 이상 규칙적으로 학교에 오지 않는다. 대신 가정이나 시설에서 생활하면서 낮 시간에는 직장이나 복지관 또는 단기보호 센터에 다니게 되므로, 교육 장면을 중심으로 연구하는 특수교육 학자들이 장애 성인과 그 가족을 대상으로 연구를 계획하고 수행하기가 쉽지 않다. 장애 성인의 가족은 장기간에 걸쳐 장애인을 보호하고 옹호하는 역할을 감당해야 하는 존재로서, 오히려 이전보다 더 많은 지원을 필요로 한다. 자녀의 취업 여부에 따라, 주거 형태에 따라, 자립 능력 정도에 따라 가족의 요구는 다르겠지만, 상당수의 장애 성인 부모들은 학교를 대신하여 자녀의 일과를 조정하고, 자녀의 신체적 · 정신적 요구를 충족시키기 위해 자신의 시간과 에너지를 쏟아야 한다. 이러한 돌봄의 부담으로 인해 가족의 역할과 일과가 수정되기도 하며, 일차적으로 돌봄의 책임을 맡은 성원(주로 어머니)이 육체적 에너지의 소진과 사회적 고립을 경험하기도 한다. 이 시기는 장애 성인의 부모 역시 신체적으로 쇠약해지는 시기이고, 시간이 흐를수록 부모 역시 타인의 도움을 받아야 하는 상황이 된다. 이와 관련하여 부모와 비장애 형제들은 장애 성인이 장기적으로 어디에서 누구와 살아야 할지에 대한 고민을 하게 되며, 그와 관련된 정보와 자원을 필요로 한다.

2008년부터 시행된 「장애인 등에 대한 특수교육법」에 장애인 평생교육과 고등교육이 포함되면서 앞으로는 특수교육 및 관련 서비스 전문가들이 장애 성인 및 그 가족과 함께 일하게 될 장면도 많아

지고, 장애 성인과 그 가족에 대한 연구도 더욱 활발해질 것으로 기대된다. 이 장에서는 장애 성인의 가족을 지원하는 전문가가 알아두어야 할 가족의 요구와 지원의 실제를 살펴보고자 한다.

1 장애 성인 가족의 요구와 관심사

일반적으로 성인기는 한 개인이 미성년의 위치에서 벗어나 자신에 대한 결정을 스스로 할 수 있는 법적 지위를 획득하는 시기로, 부모가 담당하던 역할과 책임을 스스로 맡게 되는 시기이기도 하다. 대부분의 비장애인들은 성년이 되면서 결혼, 주거, 취업 등과 같은 인생의 중요한 결정을 위해 적극적인 준비와 계획을 시작하며 30~40대에 이르면 어느 정도 자립을 하게 된다. 그 이후의 시기에는 자신의 삶을 꾸려 나갈 뿐 아니라 연로한 부모님을 보살피는 역할까지 해내게 된다.

그러나 장애 성인은 성년이 된 이후에도 오랜 기간 부모의 돌봄을 필요로 하며, 성인으로서 독립적인 생활 방식을 수립하는 데 많은 시간을 필요로 한다. 비교적 경도의 장애를 가진 성인, 특히 학업과 관련된 어려움 외에 특별히 어려움이 없는 장애인들은 학교를 떠난 후의 삶에 어느 정도 잘 적응할 수 있으며 자립 가능성도 높다. 그러나 건강상의 문제, 인지적 어려움, 문제행동, 사회성 부족 등의 문제를 복합적으로 가지고 있는 중증장애인의 경우에는 고용, 주거, 여가 등과 같은 삶의 측면에 가족이 깊이 관여하지 않을 수 없을 뿐 아니라 돌봄(caring) 자체가 가족에게 큰 부담이 될 수 있다.

학교 시스템이 많은 서비스를 관리하고 조정하는 역할을 대신해 주는 데 익숙해져 있던 장애인 가족들은 여러 개의 성인 서비스 기관으로부터 각기 다른 서비스를 따로따로 받는 데서 오는 불편을 감수해야 하며, 특수교육 대상자라면 당연히 서비스를 받을 수 있었던 이전과는 달리 신청을 해야만 서비스를 받을 수 있을 뿐 아니라 대기자가 너무나 많다는 사실에 놀라게 된다(Gillan & Coughlan, 2010). 또 자녀가 필요로 하는 다양한 서비스를 확보하게 된 후에는, 그 서비스의 내용과 일정을 조정하는 역할까지 감당해야 한다. 이러한 상황은 장애 성인을 돌보는 가족의 스트레스를 높이고, 삶의 질에 부정적인 영향을 미칠 수 있다.

장애 성인의 가족지원에서는 장애 성인의 현재 생활을 지원하는 가족의 정서적 · 신체적 부담을 완화시키는 것도 중요하지만, 가족들이 부모의 사후를 대비한 미래 계획(future planning)을 차근차근 수립해 나가도록 지원하는 것이 그에 못지않게 중요하다. 이 계획에 포함되어야 할 내용은 대부분 가족들이 당장은 피하고 싶은 민감한 문제지만, 이 질문들에 대한 답이 즉각 결정되지 않더라도 이에 대한 고민을 빨리 시작할수록 장애 성인을 위한 안정적인 미래가 준비될 수 있다. 〈표 4-1〉은 미래 계획을 수립할 때 가족들이 고려해야 할 질문들을 요약한 것이다(Davis, 2003).

다음에서는 장애 성인의 가족에게 가장 큰 관심사라 할 수 있는 장애 성인의 취업, 여가와 일상생활, 돌봄 및 후견제도를 살펴보고자 한다.

표 4-1 미래 계획 수립 시 고려할 사항

영 역	고려할 질문
개인적 영역	• 부모가 더 이상 돌봐 줄 수 없을 때 어디서 누구와 함께 살 것인가? 혼자 살 것인가, 룸메이트와 살 것인가, 또는 지원 주거(supported living) 환경에 살 것인가? • 취업을 위한 직업교육 프로그램이 필요한가? • 여가, 직업, 다른 가족들과의 연락, 필요한 의료 서비스나 치료 등을 어떻게 계획할 것인가? • 장애 자녀가 필요로 할 기타 서비스와 지원은 무엇인가?
법적 보호	• 나의 자녀는 중요한 결정을 할 수 있는 판단력을 가지고 있는가? 만약 아니라면, 법적 또는 그 외의 영역에서 내 자녀를 보호할 적절한 방안을 어떻게 마련할 것인가? • 후견제도를 고려할 것인가? 그렇다면 어떤 유형의 후견제도가 적절한가? • 후견제도에 대한 대안이 있는가? • 유언장이 필요할 것인가? 유언장에 무슨 내용을 포함시켜야 하는가? • 유언장이 없이 부모가 죽게 된다면 어떻게 되는가? 이때의 상속은 어떻게 이루어지는가? • 이와 관련된 문제를 도와줄 좋은 변호사를 어떻게 찾을 것인가? 법적 서비스를 받는 데 드는 비용은 어느 정도인가? 변호사가 일을 잘 처리하는지 어떻게 알 수 있는가? 변호사가 필요한 기간은 얼마 동안인가?
재정적 조치	• 나의 자녀가 정부 차원의 재정적 보조(예: 연금, 장애인 수당)를 받을 수 있는가? • 나의 자녀는 정기적으로 급여를 받는 일에 종사할 것인가? 만약 아니라면 자녀에게 필요한 재정을 어떻게 충당할 것인가? 부모가 어느 정도의 비용을 주는 것이 적절한가? • 나의 자녀의 재정 관리를 내가 더 이상 할 수 없을 때 누구에게 이를 위탁할 것인가?

출처: Davis, S. (2003). *A family handbook on futures planning.* Washington, DC: The Arc and the Rehabilitation Research and Training Center(RRTC) on Aging with Developmental Disabilities, 4-5 수정 발췌.

1) 취 업

취업은 성인기에 진입하는 장애인과 그 가족의 가장 큰 관심사 중 하나다. 장애를 가졌는지의 여부를 떠나 청년기에 이른 자녀의 취업 결정에 미치는 부모의 영향력은 무시할 수 없다. 즉, 특정 직업에 대한 부모의 견해, 취업과 관련하여 부모가 보유한 정보, 취업을 위해 부모가 제공할 수 있는 재정적 · 정서적 자원 등은 자녀의 취업을 좌우하는 주요 변인이다. 성인기를 앞둔 청소년이 진로를 정하는 데 영향을 미치는 가족 요인은 크게 가족 구조 변인과 가족 과정 변인으로 나눌 수 있는데(Whiston & Keller, 2004), 그중에서도 양육 방식과 양육 태도, 자녀에 대한 가족의 기대, 가족 간 상호작용 등을 포함하는 가족 과정 변인이 부모의 교육 수준이나 직업, 사회 · 경제적 지위 등을 포함하는 가족 구조 변인에 비해 결정적인 영향을 미치는 것으로 알려져 있다.

Lindstrom, Doren, Metheny, Johnson과 Zane(2007)은 이러한 가족 구조 변인과 가족 과정 변인의 영향력이 장애 성인의 가족에서도 동일하게 작용하는지를 알아보기 위해 학습장애 성인과 그 가족을 대상으로 다중 사례 연구를 실시하였는데, 이 연구 결과를 요약해 보면 다음과 같다.

첫째, 가족의 사회 · 경제적 지위는 학습장애 성인의 진로 결정과 초기 직업 정체성과 밀접한 관련이 있지만, 가족의 사회 · 경제적 지위가 낮다는 사실이 장애인에게 부정적으로 작용한다는 선행 연구와는 달리, 빨리 취업을 하여 가족에게 도움을 주고 싶은 열망을 갖게 하고, 안정적인 직업생활을 통해 낮은 사회 · 경제적 지위에 있었던 과거에서 벗어나려고 노력하게 함으로써 오히려 취업에 긍정적인 영향을 미치는 것으로 나타났다.

둘째, 사회 · 경제적 지위라는 가족 구조 요인이 초기 진로 결정의 맥락을 제공해 주기는 하지만, 고등학교 이후의 취업 패턴을 결정하는 데 가장 핵심적인 영향을 미치는 것은 가족 과정 요인과 가족의 상호작용 방식이었다.

셋째, 학습장애 성인의 취업에는 가족 구조 요인과 가족 과정 요인이 독립적으로 영향을 미치는 것이 아니라 두 요인이 상호작용하여 영향을 미치는 것으로 나타났다. 예를 들어, 부모의 사회 · 경제적 지위가 낮을 경우(가족 구조 요인), 자녀에게 미래에 대한 구체적인 비전과 희망을 제시하는 데 어려움이 있고, 충분한 돈과 시간을 투자하여 자녀와 함께 직업 탐색 활동을 하기가 곤란하므로(가족 과정 요인), 자녀는 선택의 범위나 정보 면에서 제한을 받게 되는 것이다.

연구자들은 이러한 연구 결과를 토대로, 고등부 장애 학생을 담당하는 전문가들이 사회 · 경제적 지위가 낮은 부모들에게 다양한 직종, 고등학교 이후의 교육 기회, 직업 훈련 프로그램, 취업 실습 프로그램 등에 관한 정보를 제공하고, 고등학교를 졸업하기 전에 학교 주도로 시작되는 전환계획 수립 과정에 부모를 적극적으로 참여시킬 것을 제안하고 있다.

2) 여가와 일상생활

장애의 여부와 관계없이 모든 개인은 자신이 원하는 여가 활동을 하며 기쁨을 누릴 권리가 있다. 여가 활동이 신체적 · 정신적 건강 증진, 대인관계의 발전, 지역사회의 통합, 성공적인 성인으로서의 삶에 중요한 요소이자, 장애인의 전반적인 삶의 질을 구성하는 주요 요소라는 점이 강조되고 있음에도, 많은 장애 성인과 그 가족들은 비장애 성인의 삶에서 자연스러운 일상의 한 부분으로 고려되는 여가 활동에 접근하는 데 어려움을 경험한다(Modell, & Valdez, 2002; O'Reilly, Lancioni, & Kierans, 2000). 그러나 사실 여가 활동의 종류가 제한되어 있다거나 여가 활동을 위한 시설이 장애인에게 불편하게 설계되어 있다는 것보다 더 큰 문제는 장애 성인들과 그 활동을 함께할 친구들이 많지 않다는 점이다(Berry & Hardman, 1998; Buttimer & Tierney, 2005). 혼자서 하는 여가 활동을 선호하는 사람도 있겠지만, 선택이 아니라 어쩔 수 없이 혼자 하는 여가 활동은 여가로서의 의미를 잃게 되며, 수동적인 것에 국한될 가능성이 크다. 가족은 친구를 대신하여 장애 성인과 함께 여가 활동을 하는 대표적인 사람들이다.

여가와 관련하여 전문가들이 장애 성인의 가족을 지원하는 방법으로는, 장애인이 쉽게 접근할 수 있는 여가 활동 관련 정보를 가족에게 제공하거나 가족을 도와 여가 활동을 함께할 수 있는 자원봉사자를 연결해 주는 것을 생각해 볼 수 있다. 또한 장애 성인에게는 즐거움과 재미를 주는 여가 활동이라 하더라도 가족들에게는 육체적, 정신적으로 소진되는 활동일 수 있으므로, 가족에게 레스핏 서비스를 연결하여 가족이 휴식을 취하는 동안 장애 성인이 여가 활동을 하게 할 수도 있을 것이다.

3) 돌봄을 위한 장기 계획

그룹홈, 단기보호센터, 자립생활(independent living) 등 장애 성인이 집을 떠나 지역사회에서 생활하는 주거 형태에는 여러 가지가 있지만, 여전히 많은 장애 성인들이 가족과 함께 살고 있다. 또 한편으로는 가족이 살고 있는 지역사회를 떠나 시설에 거주하는 장애 성인도 있다.

장애 성인을 가정에서 돌보기로 선택한 경우, 부모는 성인이 된 장애 자녀를 돌보느라 사회적 교류의 기회를 제대로 갖지 못하고, 육체적으로도 소진될 수 있다. 장애 성인을 돌보는 부모들은 또래의 노인들이 누리는 여유 있는 생활과는 매우 다른 일과를 감당해야 하는 자신의 상황으로 인해 자유에 대한 상실감, 슬픔, 분노 등을 경험할 수 있으며(Rapanaro, Bartu, & Lee, 2008), 개인적인 성취나 여가를 위해 사용할 시간이 현저히 부족한 데서 오는 우울함을 느끼기도 한다. 또 장애 성인을 돌보는 데 소요되는 비용이 가계에 부담을 주기도 하는데, 이는 부모가 은퇴하여 이전보다 수입이 줄어든 가족의 경우 더욱 그러하다. 한편 평균 수명의 연장으로 인해 부모가 성인이 된 자녀와 함께 지내는 기간이 길어지고 있으며, 연로한 부모를 대신하여 비장애 형제가 돌봄의 부담을 이어 받기도 한다(Jokinen & Brown, 2005).

가정에서 장애 성인을 돌보고 있는 가족들을 대상으로 실시된 여러 연구에서 가족들은 이 일이 가족이 당연히 해야 할 사명이며, 자신들은 장애 성인을 돌보는 것이 아니라 그저 함께 살아가는 것이라고 말하고 있다. 또한 장애 성인과 함께 보낼 수 있는 시간이 연장된 것에 대해 감사와 만족을 표현하고 있다(Gillan & Coughlan, 2010; Jokinen & Brown, 2005; Know & Bigby, 2007). 장애 성인을 돌보는 일에 대한 가족들의 이와 같은 긍정적인 인식이 유지되기 위해서는 레스핏 서비스, 활동보조인, 부모를 위한 상담 등의 지원이 제공될 필요가 있다(Berry & Harman, 1989). 레스핏 서비스와 활동보조인 서비스를 통해 장애 성인의 가족들이 돌봄 스트레스를 줄이고, 휴식을 취하며, 사회 활동을 할 기회가 허락되고, 상담을 통해 돌봄의 과정에서 발생하는 문제들을 해결해 나간다면, 장애 성인의 가족이 건강한 삶을 유지하는 데 많은 도움이 될 것이다.

가정에서 장애 성인을 돌보는 가족들도 더 이상 가족 내 돌봄이 불가능해질 시기를 대비하여 장애 성인이 어디에서, 누구와 함께 살 것인가에 대한 계획을 세워 두어야 한다. 더불어 전문가는 가족이 선택할 수 있는 주거의 형태에는 어떤 것이 있으며, 각 형태별 비용과 장단점 등의 정보를 가족에게 제공함으로써 이 과정을 지원할 수 있다(Sileo & Prater, 2012). 한편 일시적인 위기 상황을 맞아 장애 성인을 돌볼 수 없게 된 가족들에게는 단기간 장애 성인의 돌봄을 의뢰할 수 있는 주단기 보호시설에 대한 정보가 제공되어야 할 것이다.

Botsford와 Rule(2004)은 장애 성인을 돌보고 있는 연로한 부모들에게 장기 계획에 관련된 집단 중재를 실시하고, 그 효과를 살펴보는 연구를 수행하였다. 연구자들은 23세 이상의 지적장애 자녀와 함께 살고 있지만, 아직 미래 계획을 세워 놓지 않은 27명의 부모를 선정하여 실험집단(13명)과 대기자 통제집단(14명)에 무작위로 배치하였다. 실험집단에는 주 1회 2시간씩 6회기의 집단 중재를 제공하였다. 중재 요소는 ① 자녀의 미래에 대한 고민을 표현할 기회의 제공, ② 자녀의 미래와 관련하여 어떤 선택이 가능한지와 어떤 자원을 활용할 수 있는지에 대한 정보의 제공, ③ 장기 계획을 세우는 데 방해가 되는 요소의 판별과 이에 대한 문제 해결, ④ 장기 계획을 세우는 데 도움을 받을 수 있는 전문가와의 관계 강화, ⑤ 다른 부모들과의 교류를 통한 정서적·정보적 지원의 교환, ⑥ 경험과 지식을 갖춘 사회복지사로부터의 지원 등이었다. 6회기의 집단 중재는 장애 성인 및 그 가족을 지원한 경험과 장애 성인 서비스에 대한 지식이 풍부한 사회복지사들이 진행하였다. 1, 2, 6회기에서는 외부 강사 없이 부모들 간의 교류와 사회복지사들과의 토론을 통해 장기 계획에 대한 부모들의 인식과 이해를 높이는 데 주력하였다. 3, 4, 5회기에서는 장애 성인의 주거, 재정, 법적 권리에 정통한 외부 전문가를 초청하여 강의를 들은 후, 사회복지사가 이끄는 토론 시간을 가졌다. 연구 결과, 장기 계획에 대한 지식과 자각, 장기 계획에 대한 자신감, 주거와 재정 계획의 진행 정도에서 실험집단이 통제집단에 비해 유의한 향상 정도를 보여 주었다.

4) 후견제도

성년후견제도란 치매 노인, 지적장애인, 정신장애인 등 판단 능력이 불충분한 성인이 후견인의 도움과 지원을 받아 법적 행위, 재산의 관리, 사회복지서비스의 이용, 신상 보호, 기타 사회생활에 긴요한 사무를 처리할 수 있게 하기 위한 제도로(김태훈, 2011), 우리나라의 경우 7년에 걸친 '성년후견제 추진연대'의 입법운동에 힘입어 2011년 2월 새로운 성년후견제도의 도입을 주요 내용으로 하는 민법의 일부 개정안이 국회 본회의를 통과하게 되었다. 장애 성인의 자기 결정권 증진에 주요 역할을 하게 될 이 법은 2013년 7월부터 시행될 예정이며, 구체적인 개정 내용은 다음과 같다.

• 제9조(성년후견 개시의 심판) ① 가정법원은 질병, 장애, 노령, 그 밖의 사유로 인한 정신적 제약으로 사무를 처리할 능력이 지속적으로 결여된 사람에 대하여 본인, 배우자, 4촌 이내의 친족, 미성년후견인, 미성년

후견감독인, 한정후견인, 한정후견감독인, 특정후견인, 특정후견감독인, 검사 또는 지방자치단체의 장의 청구에 의하여 성년후견 개시의 심판을 한다. ② 가정법원은 성년후견 개시의 심판을 할 때 본인의 의사를 고려하여야 한다.

- 제10조(피성년후견인의 행위와 취소) ① 피성년후견인의 법률행위는 취소할 수 있다. ② 제1항에도 불구하고 가정법원은 취소할 수 없는 피성년후견인의 법률행위의 범위를 정할 수 있다. ③ 가정법원은 본인, 배우자, 4촌 이내의 친족, 성년후견인, 성년후견감독인, 검사 또는 지방자치단체의 장의 청구에 의하여 제2항의 범위를 변경할 수 있다. ④ 제1항에도 불구하고 일용품의 구입 등 일상생활에 필요하고 그 대가가 과도하지 아니한 법률행위는 성년후견인이 취소할 수 없다.

- 제11조(성년후견 종료의 심판) 성년후견 개시의 원인이 소멸된 경우에 가정법원은 본인, 배우자, 4촌 이내의 친족, 성년후견인, 성년후견감독인, 검사 또는 지방자치단체의 장의 청구에 의하여 성년후견 종료의 심판을 한다.

- 제12조(한정후견 개시의 심판) ① 가정법원은 질병, 장애, 노령, 그 밖의 사유로 인한 정신적 제약으로 사무를 처리할 능력이 부족한 사람에 대하여 본인, 배우자, 4촌 이내의 친족, 미성년후견인, 미성년후견감독인, 성년후견인, 성년후견감독인, 특정후견인, 특정후견감독인, 검사 또는 지방자치단체의 장의 청구에 의하여 한정후견 개시의 심판을 한다. ② 한정후견 개시의 경우에 제9조 제2항을 준용한다.

- 제13조(피한정후견인의 행위와 동의) ① 가정법원은 피한정후견인이 한정후견인의 동의를 받아야 하는 행위의 범위를 정할 수 있다. ② 가정법원은 본인, 배우자, 4촌 이내의 친족, 한정후견인, 한정후견감독인, 검사 또는 지방자치단체의 장의 청구에 의하여 제1항에 따른 한정후견인의 동의를 받아야만 할 수 있는 행위의 범위를 변경할 수 있다. ③ 한정후견인의 동의를 필요로 하는 행위에 대하여 한정후견인이 피한정후견인의 이익이 침해될 염려가 있음에도 그 동의를 하지 아니하는 때는 가정법원은 피한정후견인의 청구에 의하여 한정후견인의 동의를 갈음하는 허가를 할 수 있다. ④ 한정후견인의 동의가 필요한 법률행위를 피한정후견인이 한정후견인의 동의 없이 하였을 때는 그 법률행위

를 취소할 수 있다. 다만, 일용품의 구입 등 일상생활에 필요하고 그 대가가 과도하지 아니한 법률행위에 대하여는 그러하지 아니한다.

- 제14조(한정후견 종료의 심판) 한정후견 개시의 원인이 소멸된 경우에 가정법원은 본인, 배우자, 4촌 이내의 친족, 한정후견인, 한정후견감독인, 검사 또는 지방자치단체의 장의 청구에 의하여 한정후견 종료의 심판을 한다.

- 제14조의 2(특정후견의 심판) ① 가정법원은 질병, 장애, 노령, 그 밖의 사유로 인한 정신적 제약으로 일시적 후원 또는 특정한 사무에 관한 후원이 필요한 사람에 대하여 본인, 배우자, 4촌 이내의 친족, 미성년후견인, 미성년후견감독인, 검사 또는 지방자치단체의 장의 청구에 의하여 특정후견의 심판을 한다. ② 특정후견은 본인의 의사에 반하여 할 수 없다. ③ 특정후견의 심판을 하는 경우에는 특정후견의 기간 또는 사무의 범위를 정하여야 한다.

- 제14조의 3(심판 사이의 관계) ① 가정법원이 피한정후견인 또는 피특정후견인에 대하여 성년후견 개시의 심판을 할 때는 종전의 한정후견 또는 특정후견의 종료 심판을 한다. ② 가정법원이 피성년후견인 또는 피특정후견인에 대하여 한정후견 개시의 심판을 할 때는 종전의 성년후견 또는 특정후견의 종료 심판을 한다.

- 제15조(제한능력자의 상대방의 확답을 촉구할 권리) ① 제한능력자의 상대방은 제한능력자가 능력자가 된 후에 그에게 1개월 이상의 기간을 정하여 그 취소할 수 있는 행위를 추인할 것인지 여부의 확답을 촉구할 수 있다. 능력자로 된 사람이 그 기간 내에 확답을 발송하지 아니하면 그 행위를 추인한 것으로 본다. ② 제한능력자가 아직 능력자가 되지 못한 경우에는 그의 법정대리인에게 제1항의 촉구를 할 수 있고, 법정대리인이 그 정해진 기간 내에 확답을 발송하지 아니한 경우에는 그 행위를 추인한 것으로 본다. ③ 특별한 절차가 필요한 행위는 그 정해진 기간 내에 그 절차를 밟은 확답을 발송하지 아니하면 취소한 것으로 본다.

- 제16조(제한능력자의 상대방의 철회권과 거절권) ① 제한능력자가 맺은 계약은 추인이 있을 때까지 상대방이 그 의사 표시를 철회할 수 있다. 다만, 상대방이 계약 당시에 제한능력자임을 알았을 경우에는 그러하

지 아니한다. ② 제한능력자의 단독 행위는 추인이 있을 때까지 상대방이 거절할 수 있다. ③ 제1항의 철회나 제2항의 거절의 의사 표시는 제한능력자에게도 할 수 있다.

- 제17조(제한능력자의 속임수) ① 제한능력자가 속임수로써 자기를 능력자로 믿게 한 경우에는 그 행위를 취소할 수 없다. ② 미성년자나 피한정후견인이 속임수로써 법정대리인의 동의가 있는 것으로 믿게 한 경우에도 제1항과 같다.

이상에서 살펴본 민법 일부 개정안의 의의를 요약해 보면 다음과 같다(이영규, 2011).

- 금치산, 한정치산 등의 부정적 낙인을 부여할 뿐 아니라, 개인의 의사나 장애 정도에 대한 고려 없이 행위 능력을 일률적으로 제한 또는 박탈하는 현행 한정치산, 금치산 제도를 폐지함
- 가정법원에서 피후견인(예: 장애인)의 잔존 능력을 고려하여 성년후견, 한정후견, 특정후견 제도를 채택함
- 성년후견, 한정후견, 특정후견 중 어떤 후견을 받는지에 따라 법률 행위의 인정 범위를 달리함(성년후견을 받는 사람의 법률 행위 중 일용품 구입 등 일상생활에 필요한 행위는 인정, 한정후견을 받는 사람의 법률 행위는 가정법원에서 한정후견인의 동의 사항으로 결정한 것이 아닌 이상 유효한 법률행위로 인정, 특정후견을 받는 사람의 법률 행위에는 법적 제약을 두지 않음)
- 피후견인의 복리, 치료 행위, 주거의 자유 등에 관한 신상보호 규정을 도입하여 피후견인의 자기 결정과 의사를 존중받게 함
- 후견인의 법정 순위를 폐지하고, 가정법원이 피후견인의 의사

등을 고려하여 후견인과 그 대리권, 동의권의 범위 등을 개별적으로 결정하게 함

- 복수후견인, 법인후견인 제도를 도입함
- 후견감독인제도를 신설하여 후견인이 임무를 게을리하거나 권한을 남용하는 것에 대한 실질적 견제를 가능하게 함

장애 분야의 오랜 숙원이었던 성년후견제도가 우리나라에서도 입법화된 것은 장애 성인의 가족에게 환영할 만한 일임에 틀림없다. 그러나 이 제도가 성공적으로 정착되어 장애인 가족에게 실제적인 유익을 미치기 위해서는 여전히 많은 과제들이 남아 있다(김태훈, 2011). 특히, 성년후견에 드는 비용이 본인 부담이기 때문에 경제적으로 어려운 사람들에게는 이 제도가 실효성이 없다는 점을 보완하기 위해 이를 위한 국가와 지방자치단체의 지원체계 구축이 필요하며, 후견인의 양성, 공급, 관리 감독 등을 포함하여 이 제도를 효율적으로 운영하기 위한 전달체계가 마련되어야 한다. 또한 후견제도 이용 시 발생할 수 있는 문제를 충분히 예상하여(예: 금전적 피해) 이를 위한 사회적 안전장치(예: 보험, 신탁)를 마련함으로써 피후견인에게 미칠 피해나 위험을 최소화하려는 노력도 필요하다.

외국의 여러 나라에 비해 성년후견제의 입법이 늦어졌기 때문에 성년후견제는 우리나라에서 아직 생소한 개념이다. 전문가들은 장애 성인의 가족들이 후견에 대한 결정을 내릴 때 점검해 보아야 할 사항의 목록을 제공함으로써 장애 성인의 가족들을 지원할 수 있다. 〈표 4-2〉는 이러한 목록의 예를 제시한 것이다.

표 4-2 후견 관련 결정을 하기 전에 부모가 고려할 사항

영 역	고려할 사항
개인적 요구	• 내 자녀가 자신을 대신하여 동의해 줄 사람을 필요로 하는 결정에는 어떤 것이 있는가? • 내 자녀는 의사결정 과정 중 어떤 단계에서 자신을 대신하여 동의해 줄 사람을 필요로 하는가? • 내 자녀는 의사결정의 복잡성이 어느 정도일 때 자신을 대신하여 동의해 줄 사람을 필요로 하는가? • 내 자녀의 의사결정 능력은 안정적인 편인가, 아니면 더 힘든 시기와 그렇지 않은 시기가 따로 있는가? • 누군가가 자신을 대신하여 동의하는 방식과 관련하여 내 자녀가 선호하는 것은 무엇인가?
대안 모색	• 내 자녀의 일상생활과 관련된 결정에서 (후견인 없이) 보호서비스가 내 자녀를 대신하여 동의하는 것으로 충분하지 않을까? • (후견인이 없어도) 내 자녀가 갑작스럽게 문제를 보이면 응급서비스를 받는 데는 충분하지 않을까? • 금융 관리를 위해 내 자녀를 대신하여 동의할 대리 수취인을 지정하는 것으로 충분하지 않을까? • 내 자녀의 금융 관리를 위해 신탁을 설정하는 것으로 충분하지 않을까?
서비스 관련	• 후견인이 없어도 내 자녀가 필요한 서비스에 접근할 수 있는가? • 필요한 서비스에 접근하기 위해 내 자녀가 후견인을 필요로 하는 상황에는 어떤 것이 있는가? • 후견인이 없을 경우, 서비스 제공자가 내 자녀에게 공인되지 않은 통제를 가하게 되는 상황에는 어떤 것이 있는가?
가족 관련	• 비공식적 후견인으로서 그리고 공식적 후견인으로서 내 자녀와 공동으로, 또는 내 자녀를 대신하여 동의를 해 줄 가족과 친구가 있는가? 그 가족과 친구들은 기꺼이 이 일을 해 줄 의향과 능력이 있는가?

	• 비공식적 후견인으로서, 그리고 공식적 후견인으로서 내 자녀와 공동으로, 또는 내 자녀를 대신하여 동의를 해 줄 가족과 친구의 기대 수명과 건강은 어떠한가? • 금융 관리를 목적으로 공동 또는 대리 동의를 필요로 하는 내 자녀의 재정적 자원으로는 무엇이 있는가?
이념 관련	• 부모와 전문가 조직은 후견제도에 대해 어떤 이념(ideology)을 가지고 있는가? • 지방법원은 후견제도에 대해 어떤 이념을 가지고 있는가?
기 타	• 이 결정에서 고려할 필요가 있는 우리 가족 고유의 상황이나 여건이 있는가? • 이 문제에 대해 자문을 구해야 할 사람들이 있는가?

출처: Turnbull, H. R., III, Turnbull, A. P., Bronicki, G. J., Summers, J. A., & Roeder-Gordon, C. (1989). *Disability and the family: A guide to decisions for adulthood.* Baltimore: Brookes 수정 발췌.

2 장애 성인 가족지원의 실제

1) 장애 성인의 신체 구속에 관한 부모의 경험

가정에서 장애 성인을 돌볼 때 가족을 가장 힘들게 하는 것 중 하나는 장애 성인의 문제행동이다. 처벌 중심의 행동 수정보다는 예방과 교수를 강조하는 긍정적인 행동 지원이 강조되고 있음에도 일부 행동은 장애인 본인과 타인의 안전을 위협할 수 있는데, 이때 가족들은 문제행동을 제지할 마지막 수단으로 신체적 구속을 고려하지 않을 수 없다. Elford, Beail과 Clarke(2010)는 이와 같이 신체적 구속

(예: 일시적으로 움직이지 못하게 붙잡기, 안전벨트나 부목 등의 도구 사용하기, 격리하기)을 사용해 본 적이 있는 21~34세의 지적장애 성인의 부모 7명을 대상으로 면담을 실시하였다. 면담에 대한 분석 결과는 신체적 구속의 결정 기준을 중심으로 분석되었는데, 부모들은 신체적 구속을 할 것인가의 여부를 결정하는 일이 매우 미묘한 사안임을 토로하면서 그러한 결정은 다음과 같은 고민과 가족 간 협의를 통해 이루어진다고 답하였다.

- 옳고 그름: 신체적 구속을 사용했을 때의 효과와 신체적 구속의 오용 가능성
- 안전: 사용하고자 하는 신체적 구속 방법이 얼마나 안전한가를 기반으로 결정
- 존엄성: 신체적 구속이 자녀의 존엄성과 삶의 질에 미치는 영향
- 점검: 신체적 구속에 사용되는 도구가 더 이상 효과를 발휘하지 못하는 것은 아닌지 정기적으로 점검
- 전문가의 태도: 전문가와의 협력 정도에 따라 신체적 구속이 효과적인 결과를 낳을 수도 있고, 가족에게 힘든 시간이 될 수도 있음
- 필요한 지원의 정도: 신체적 구속을 사용하는 데 필요한 지원(예: 절차를 적용할 때 함께 있어 줄 전문가)이 얼마나 되는지에 따라 신체적 구속의 사용 여부를 결정
- 결정권의 소재: 전문가가 일방적으로 신체적 구속을 결정하는 것이 아니라 가족에게 정보를 제공하여 함께 결정할 필요가 있음

이 연구는 양적 연구로는 접근하기 어려운 민감한 주제를 질적으로 고찰하였다는 점에서 그 의의가 있으며, 자료 수집 절차와 분석

절차 등을 자세히 제시하고 있다. 그러나 연구의 신뢰도 확보를 위한 장치가 제시되어 있지 않고, 면담 이외의 자료를 통한 연구 결과의 확인 과정이 없는 점 등은 질적 지표를 충족시키기 어려운 제한점이라 할 수 있다.

2) 장애 자녀의 자립을 모색하는 어머니의 인식

중등교육이 끝난 이후에도 장애 청년과 함께 살기로 한 가족들의 경우, 가족 성원 중 한 사람(주로 어머니)이 이전보다 더 많은 시간을 장애 청년을 돌보는 데 할애하게 된다.

Docherty와 Reid(2009)는 다운증후군 성인의 어머니들이 가진 가치, 목표, 기대를 알아보기 위한 질적 연구를 실시하였다. 이들은 19~29세의 다운증후군 성인의 어머니 8명(50~61세)의 가정을 방문하여 반구조화된 질문을 통해 장애 성인과 함께 살아가는 어머니의 경험에 관련된 감정과 믿음, 생각 등을 알아보았다. 면담 결과를 질적 분석한 결과 4개의 주제가 도출되었으며, 이를 간단히 요약하면 다음과 같다.

- 다음 단계에 대한 갈망
  - 자녀가 성인이 되었지만 여전히 어머니들의 손이 닿아야 자녀가 생활할 수 있다는 점에서 어머니들은 자녀가 그다음 단계의 성숙에 이르기를 바람
- 성인으로서의 정체성 고취
  - 어머니들은 자녀에게 성인으로서의 정체성을 점진적으로 불

어넣고자 노력함

- 혼자 지내는 것을 연습시키고, 적절한 성인의 행동이 중요함을 지도하면서 성인으로서의 정체성을 갖게 하고자 노력함

● 성인으로 가는 길의 안내자이자 촉진자의 역할

- 자녀가 일상생활을 독립적으로 할 수 있게 도울 수 있는 자원을 찾기 위해 노력함
- 자녀를 위해 외부 세계와 연결하는 역할을 계속함

● 가치, 목표, 문화 규준으로서의 자립

- 모든 어머니들은 자신이 늙어 가고 있으므로, 자녀의 자립이 반드시 필요함을 강조함
- 자립은 단순히 어떤 시설이나 환경을 조성하는 것이 아니라 점진적으로 이루어 가야 할 가치로서 강조되어야 함
- 자녀가 따로 살게 되면 지금보다 더 많이 발전하고, 삶의 질을 높일 기회가 생길 것으로 기대함
- 돌봄의 책임이 지금보다 줄어든 상태에서 어머니의 역할을 할 수 있기를 기대함
- 지금까지 장애 자녀가 비장애 자녀와 좋은 관계를 맺어 왔지만, 비장애 자녀가 자신을 대신하여 장애 자녀를 맡게 되어서는 안 된다는 의견을 표명함

이 연구는 결과 분석을 통해 주제가 도출된 후, 연구 결과를 연구 참여자들과 다시 공유하여 내용을 확인받았다는 점과 연구자들이 질적 연구를 실시하는 동안 반성적 일지를 작성하여 질적 연구의 신뢰도를 높이고자 노력했다는 점에서 질적 연구의 질적 지표 중 일부

를 충족시킨다고 할 수 있다. 그러나 전사의 과정이나 자료 분석 절차에 대한 설명이 매우 미비한 점은 이 연구의 제한점이라 할 수 있다.

가족 성원별 지원

평범한 가정에서의 나의 모험은 끝나고 있었다. 앞으로 나는 친구들을 집으로 초대할 때 그들이 큰오빠를 다룰 수 있는지 믿음직한 예지력을 갖춰야 할 것이다. 큰오빠가 기분이 좋은 날에는 보통 사람들을 대하듯이 대하고, 만약 큰오빠가 흥분하면 알아서 도망칠 수 있을 정도로 똑똑하고 몸이 재빠른 친구들인지 알아야 할 것이다. 또 그들이 나를 얼마나 좋아하는지도 알아야 할 것이다. 만약 날 좋아하지 않는 친구들이라면, 그들이 우리 집에서 나간 후에 내가 없는 자리에서 큰오빠에 대해서나 또는 상상하고 싶지도 않은 일이지만 상상했을 때 죽이고 싶을 정도로 화나게 만드는 일들에 대해서 말을 할 친구인지 아닌지 알아야 할 것이다. 나는 큰오빠를 보호해야 했다. 우리 모두가 그랬다. 우리는 아주 충성스럽고 믿음직한 사람들만 우리의 친구로 삼을 수 있었다. 오직 내부자들만.

나는 이제부터 사소한 일들에 너그러워져야 했다. 내가 양보해야 할 그 사소한 일들은 나에게 가슴이 쓰리고 제일 어려운 일일지도 모른다. 마지막 파이 조각을 먹지 않고 큰오빠에게 주는 것, 큰오빠가 하고 싶을 때마다 하는 쇼나 그 쇼에 수반되는 소음에 신경을 끊는 것, 어디를 가든 버스를 타지 않고 그냥 걸어서 다니는 것.

권경희 역(2004). 조금 특별하게 조금 다르게 함께 살아가기. 양철북. p. 100.

1 부모

1) 가족지원의 실제에서 아버지 존재의 중요성

수많은 연구 보고서, 논문, 책에서는 물론이고, 일선 교육 현장에서도 장애 학생 부모는 곧 어머니를 뜻하는 경우가 많다. '가족지원'이라는 용어가 포함되는 대부분의 장면에서도 이 지원은 어머니의 요구에 초점을 두는 경우가 많으며, 어머니에 비해 아버지가 갖는 지원 요구는 간과되곤 한다(Carpenter & Towers, 2008; Flippin & Crais, 2011). 아버지가 부재하거나 아버지가 자녀의 교육에 전혀 관여하지 않는 가정이든, 아버지의 지지와 관심이 높은 가정이든 관계없이 학교에 가거나 교사를 비롯한 전문가들과 상호작용하는 일은 주로 어머니의 몫이다. 가정 내 역할 분담이나 아버지의 직장 업무상 아버지가 어머니와 똑같은 정도의 참여를 하기는 어려운 경우도 많이 있지만, 자녀의 교육에 부부가 함께 참여해야 한다는 필요성에 공감하는 부모가 많아지고 있고, 아버지의 자녀 교육에 대한 참여가 증가하는 현대 가족의 특징을 고려할 때, 특수교육에서도 아버지의 위상과 역할에 관심을 기울일 필요가 있다.

장애 아동의 어머니에 대한 연구에 비해 아버지에 대한 연구의 수가 매우 부족하기 때문에 '가족 중심의 실제'를 강조하는 조기 개입과 유아특수교육에서조차 아버지의 지원에 대한 이론 정립과 실제의 개발은 아직 미미한 단계다. 어머니들의 지원 요구나 장애에 대한 정서적 수용 과정이 아버지들에게도 동일하게 적용되는 것은 아니므로, 아버지의 심리적 적응과 자녀와의 상호작용, 가정 내 역할 등에 중점을 둔 연구가 필요하지만, 이에 대한 연구자와 현장의 관심은 아직 충분하지 못한 실정이다(MacDonald, Hastings, & Fitzsimons, 2010).

Carpenter와 Towers(2008)는 11세 이하의 장애 아동 아버지 21명을 대상으로 한 질적 연구를 통해 장애 자녀를 둔 아버지의 경험과 지원 요구를 고찰하였는데, 이 연구의 결과는 부분적으로나마 우리가 평소에 접하기 어려운 아버지들의 심정과 경험을 잘 보여 주고 있다. 그 결과를 간략히 살펴보면 다음과 같다.

자녀의 장애가 아버지에게 미치는 정서적 영향

남성들은 자신의 감정에 대해 말하기를 주저한다는 일반적인 통념과 달리, 이 연구에 참여한 아버지들은 장애 자녀와의 친밀한 정서적 유대와 자녀와의 관계에서 누리는 기쁨을 자유롭게 표현하였다. 참여자의 1/3 이상의 아버지들이 자녀의 장애로 인해 자녀에 대한 자신의 헌신이 더 커졌다고 하였다. 한편 자녀로 인한 기쁨의 이면에는 장애로 인해 상호작용이 어려운 데서 오는 안타까움이 있다고 하였다. 거의 모든 아버지들이 자녀의 장애를 알게 된 직후에 얼마나 힘들었는지에 대해 이야기하였고, 그러나 자신들이 상당히 빠르게 이 감정을 뛰어넘어 가족을 지원하기로 결심하였다고 하였다.

아버지로서의 역할과 책임

전통적으로 어머니는 자녀의 주 양육자로서 아동의 복지에서 중심 역할을 하고, 아버지는 주변적 역할을 하는 것으로 간주되어 왔다. 그러나 이 연구에 참여한 아버지들은 가족별로 역할의 유형이나 정도는 다르겠지만, 자신들이 일상적인 자녀 양육에 상당한 참여를 하고 있다고 하였다. 아버지들은 자녀와 많은 시간을 보내야 하는 배우자들이 얼마나 힘들어하는지 이해하고 있었고, 퇴근 후 어떻게든 아내를 도우려고 노력하고 있었다. 그러나 연구에 참여한 아버지들은, 자신들이 이러한 역할을 수행하는 것이 주로 퇴근 후의 일이다 보니 전문가들은 아버지가 장애 자녀의 양육에 적극적으로 관여하지 않는다고 인식하는 것 같다고 하였다. 아버지들은 자녀에게 책 읽어 주기, 학습 활동 제공하기, 숙제 도와주기 등을 통해 가정에서 아동의 학습을 지원하고 있었다.

자녀의 장애가 아버지의 직장생활에 미치는 영향

이 연구에 참여한 아버지들에 따르면, 자녀의 장애는 어머니의 직장생활에 영향을 미칠 뿐 아니라 아버지의 직업 선택, 기회와 수입의 상실, 직장과 가정생활을 융통성 있게 조화시키기 위한 노력 등에 영향을 미치는 것으로 나타났다. 자신의 시간을 자유롭게 사용할 수 있는 높은 사회 · 경제적 위치에 있는 아버지들을 제외한 아버지들은 직장 업무 중에 자녀의 병원 및 상담 예약이 있을 때나 응급 상황이 발생했을 때, 직장에서 양해를 구할 수 있는 공식적 지원을 거의 받지 못하고 있었다. 낮은 급여의 단순 노동에 종사하는 아버지일수록 수입을 유지하면서도 자녀 양육에 더 많이 참여하기 위해 고군분투하는 것으로 나타났다.

아버지 지원 관련 경험

연구 참여자 중 절반에 해당하는 아버지들은 자신에게 필요한 지원이 무엇인지 질문을 받은 적도 없고, 지원을 받아 본 적도 없다고 답했다. 그러나 아내가 아프거나 아내와의 관계에 어려움이 있을 때 아버지도 지원이 필요하다고 하였다. 아버지들이 밝힌 자신들의 지원망은 상당히 제한되어 있었다. 대부분 대화를 나눌 가족 성원이나 친구는 있었지만, 가족, 친구, 이웃을 아우르는 포괄적인 지원망을 가진 아버지는 극소수였다. 아버지들을 지원하는 가장 주요한 사람은 배우자였고, 배우자는 대화하기, 걱정과 생각 나누기, 서로 신뢰하기 등을 통해 남편을 지원하는 것으로 나타났다.

아버지와 전문가의 상호작용

아버지들은 직장 근무 시간으로 인해 비공식적 장면에서 전문가를 만나기보다는 주로 공식적 회의나 예약된 상담을 통해 전문가를 만난다고 하였다. 아버지들은 회의나 전문가와의 약속에 참석하는 것이 쉽지는 않지만, 참석을 최우선으로 둔다고 하였다. 그러나 자녀가 특수교육을 받게 된 초기에는 회의의 횟수가 많아 모두 참석하기는 힘들었다고 하였다. 연구에 참여한 아버지들은, 자녀가 특수교육을 받기 시작한 후 어느 정도의 시간이 지나자 중요한 결정을 내려야 하는 회의와 일상적이거나 간단한 선별을 위한 회의를 구분할 수 있게 되어 아내와 협의하여 부부 중 한 사람만 참석할지 아니면 함께 갈지를 정했다고 하였다. 전문가와의 상호작용 경험은 아버지들마다 서로 달랐는데, 일부 아버지들은 전문가들이 자신을 가족의 구성원으로 잘 포용하였다고 느낀 데 반해, 다른 아버지들은 전문가가 어머니와만 집중적으로 대화하고 자신에게는 충분한 정보를 주지 않는 것으로 느꼈다고 하였다.

앞에서 소개한 연구에서도 나타나듯이 방관적이고 수동적인 2차 양육자로서의 아버지 이미지는 최근의 문헌에서는 찾아보기 어렵다. 자유 민주 사회의 성숙과 함께 남녀평등이 당연한 가치로 수용되면서 기혼 여성의 사회 활동이 활발해지고, 가사와 양육을 여성이 전담하기보다 부부가 역할을 분담하는 경향이 높아졌다. 이러한 전반적인 사회 분위기가 장애 학생의 가정에도 영향을 미치는 것으로 생각되며, 출산율이 떨어지면서 소수의 자녀에 대한 부모의 관심과 열의가 집중된 것도 자녀 양육에서 아버지의 자리가 커지는 데 기여하였을 것이다. 일반교육과 특수교육 및 심리학 분야의 문헌들은 아버지가 자녀의 양육과 교육에 참여할 때, 자녀뿐 아니라 가족 전체에 미치는 긍정적인 영향이 크다는 데 동의한다. 특히, 장애 학생 가정에서 아버지의 참여는 가족 전체의 기능을 향상시켜 가족이 어려움을 이겨 내는 데 결정적인 역할을 한다(Gavin & Wysocki, 2006). 아버지 참여의 유익을 가족 성원별로 살펴보면 다음과 같다.

아버지의 참여가 자녀에게 미치는 영향

생애 초기에 아버지와 자녀가 주고받는 상호작용의 양과 질은 아동의 미래에 있어 긍정적인 성과와 유의한 상관관계가 있는 것으로 나타났다. 아버지의 적극적인 개입은 자녀의 사회성 발달, 언어 발달, 인지 발달, 정서적 자기 조절력을 촉진하고(Gauvain, Fagot, Leve, & Kavanagh, 2002; Magill-Evans & Harrison, 2001; Roggman, Boyce, Cook, Christiansen, &

Jones, 2004; Shannon, Tamis-LeMonda, London, & Cabrera, 2002; Tamis-LeMonda, Shannon, Cabrera, & Lamb, 2004; Updegraff, McHale, Crouter, & Kupanoff, 2001), 학교 출석율과 학업 성적을 높이며, 문제행동, 우울, 범죄 가능성, 학업 중단 가능성을 낮추고, 원하는 직업을 갖게 할 가능성을 높인다(박승희, 박현숙, 박지연, 이숙향, 2012; Furstneberg & Harris, 1993; Jaffee, Moffitt, Caspi, & Taylor, 2003).

아버지의 참여가 어머니에게 미치는 영향

아버지가 적극적으로 양육에 참여하는 가정의 어머니들은 아버지의 참여가 적은 가정의 어머니들에 비해 우울과 심리적 스트레스가 낮고, 결혼 만족도는 높은 것으로 나타났다(Simmerman, Blacher, & Baker, 2001). 특별히 아버지와 함께 부모교육에 참여한 어머니는 혼자 부모교육에 참여한 어머니보다 부모교육의 장기적 효과 면에서 더욱 긍정적인 결과를 보였다(Bagner & Eyberg, 2003).

아버지의 참여가 자신에게 미치는 영향

연구들은 자녀를 돌보고 가르치는 일에 참여하는 아버지는 부모로서의 자신감과 결혼 만족도가 높은 것으로 보고하고 있다(Hoffman, 1983; Lamb, Pleck, & Levine, 1985; Russell & Radin, 1983; Willoughby & Glidden, 1995). 아버지의 기여를 인정하고 지지하는 것은 아버지로 하여금 자신의 역할이 가치 있다고 느끼게 하고, 앞으로도 계속 자녀 양육에 참여하려는 동기를 부여한다(Carpenter & Tower, 2008).

이상에서 살펴본 바와 같이 아버지 참여의 유익에 대한 많은 증거에도 불구하고, '아버지 친화적 학교(father-friendly school)'의 조성은 아직도 요원한 과제다. 장애 학생 아버지의 학교 참여를 증진시키기 위해 학교와 교직원들은 다음과 같은 노력을 기울여 볼 수 있다(Carpenter & Tower, 2008; Flippin & Crais, 2011).

- 교직원과의 비공식적 만남과 다른 부모들과의 편안한 만남에 아버지가 참여하도록 격려한다.
- 아버지가 자녀에 대한 회의에 참여할 수 있도록 시간과 장소를 배려한다.
- 면 대 면 또는 인터넷을 통해 다른 아버지들과 교류할 기회를 제공한다.
- 성인 남성의 학습 스타일에 대한 연구를 통해 아버지들에게 좀 더 적절한 부모교육 형식을 고려한다.

최근 장애 학생의 아버지를 주요 중재자로 자녀의 교육에 참여시키고, 그 효과를 살펴보는 연구가 조금씩 증가하고 있는 것은 고무적인 일이라 할 수 있으며(Elder, Valcante, Yarandi, White, & Elder, 2005; Fabiano et al., 2009; Turbiville & Marquis 2001), 이와 같은 아버지들의 참여는 장애 학생을 위한 특수교육과 관련된 노력을 더욱 풍성하게 하고, 장애 학생의 장·단기 성과를 향상시키는 데 기여할 것으로 생각된다.

2) 부모 간 상호 지지

비슷한 어려움을 경험하고 있는 사람들이 만나 서로의 경험을 공유하는 것은 그 어려움으로 인한 스트레스를 해소하는 데 많은 도움이 된다. 자조집단(self-help group)을 이용한 사회적 지원의 유용성을 주장한 Thoits(1986)의 이론을 요약하면 다음과 같다. 첫째, 어려운 상황에 대처하려는 개인의 노력은 자조집단의 다른 성원들이 제공하는 모델링과 실제적 조언을 통해 발전하고 개선될 수 있다. 둘째, 일상에서 경험하는 특별한 삶의 여건이 유사하다는 인식은 자조집단 선배의 조언이 갖는 신뢰성을 증진시킨다. 이러한 경험의 유사성으로 인해 도움을 받는 쪽은 도움을 주는 쪽이 자신의 마음을 잘 이해할 것이라고 믿는다. 셋째, 유사한 어려움을 긍정적 태도로 겪어 낸 자조집단의 선배는 이러한 삶의 태도를 신뢰할 수 있는 방식으로 모델링할 수 있다.

부모 간 상호 지지를 통한 가족지원은 전문가가 제공하는 부모교육을 통해 부모의 지식과 기술을 향상시키는 데 초점을 두는 접근과는 달리, 부모를 위한 정서적 지지에 중점을 두는 접근이라 할 수 있다. 물론 부모들이 서로 교류하는 과정에서 자녀를 양육하는 데 유용한 기술을 가르치고 배우는 경우도 있지만(Mueller, Milian, & Lopez, 2009), 본질적으로는 정서적 교류가 주를 이룬다고 할 수 있다. 부모 간 상호 지지를 통한 가족지원은 유사한 조건의 부모들끼리 상호 지지하는 자조집단 활동과 선배 부모가 후배 부모를 지원하는 부모 결연으로 나눌 수 있다. 전자의 경우 집단 형태로 활동이 진행되는 반면, 후자의 경우에는 일대일로 진행되는 경우가 많다.

(1) 부모 결연 프로그램의 효과성 연구

Singer와 그의 동료들(1999)은 미국 내 5개 주(캔자스, 뉴햄프셔, 노스캐롤라이나, 사우스캐롤라이나, 버몬트)에서 이전에 유사한 프로그램에 참여해 본 적이 없는 장애 아동의 양육자를 모집한 후, 모집된 부모를 실험집단(56명)과 통제집단(72명)에 무작위 배치하여 부모 결연 프로그램(Parent-to-Parent Program)에 참여한 실험집단과 대기자였던 통제집단의 대처, 수용 태도, 가족의 주요 요구 해결 정도, 역량 강화 간에 차이가 있는지를 살펴보았다.

실험집단에는 거주지에서 가장 가까운 부모 결연 프로그램의 전화번호를 주고 전화를 하게 하여, 부모 결연 프로그램 코디네이터의 초기 면담을 받게 하였다. 코디네이터는 부모 결연 프로그램이 제공하는 서비스를 설명하고, 부모의 질문에 답하며, 결연 짝을 찾기 위해 필요한 가족 정보를 질문하였다. 그런 다음 연구 참여자들은 초기 면담에서 자신들이 제공한 정보에 근거하여 정해진 결연 짝의 이름과 전화번호를 받았다. 지원을 제공하는 부모들에게는 2개월간 4회의 전화를 연구 참여자들에게 해 주도록 부탁하였다. 지원을 제공하는 부모들은 연구 참여자를 지원하기에 앞서 8~10시간에 걸친 집단 강의 형식의 교육을 받았는데, 주요 내용은 의사소통 기술, 서비스에 관한 정보, 가족의 옹호와 지지에 관한 정보 등이었다.

앞에서 나열한 네 가지 종속변인의 측정을 위한 설문지는 무작위 배치를 하기 전과 실험집단 부모들이 부모 결연 프로그램에 참여한 지 2개월이 지난 시점에 실험집단과 통제집단 모두의 가정으로 우송되었다. 부모들이 스스로 지각하는 대처 효과성의 측정을 위해 부모 대처 효과성 척도[1]를, 장애 자녀에 대한 긍정적 수용 태도를 측정하

---

1. Parent Coping Efficacy Scale(PCES)(Blanchard, Powers, Ginsberg, Marquis, & Singer, 1996)

기 위해 캔자스 부모 인식 척도[2]의 하위 척도 중 하나인 강점과 가족 친밀함의 근원(source of strength and family closeness) 척도를, 가족의 주요 요구 해결 정도를 측정하기 위해 연구자들이 제작한 2개의 질문[3]을, 역량 강화를 측정하기 위해 가족 역량 강화 척도[4]를 사용하였다.

연구 결과, 역량 강화를 제외한 나머지 세 변인 모두에서 실험집단이 통제집단에 비해 긍정적인 변화를 경험한 것으로 나타났다. 실험집단의 사후 검사가 끝난 후에는 통제집단도 동일한 부모 결연 프로그램에 참여하였고, 두 집단 모두 2개월이 지난 후 이 프로그램이 전반적으로 얼마나 도움이 되었는지를 4점 척도(1점=전혀 도움이 안 됨, 4점=매우 도움이 됨)로 평가하였다. 평가를 수합한 결과, 참여한 부모의 89%가 '도움이 된다'고 응답하였다.

이 연구에서는 이와 같은 양적 연구에 더하여 질적 연구를 실시하였다. 프로그램이 얼마나 도움이 되었는지를 묻는 질문에 '도움이 되었다'고 답한 부모 12명과 '도움이 되지 않았다'고 말한 부모 12명을 대상으로 한 시간가량의 전화 면담을 실시하였다. 면담에서는 부모 결연 프로그램에의 참여 경험이 어떠했는지, 어떤 점에서 도움이 되었는지(또는 되지 않았는지), 지원을 제공한 부모와의 연결이 어떠했는지(즉, 경험이 얼마나 유사했는지, 연락을 주고받기가 편리했는지, 긴장이 있었는지 등) 등을 질문하였다. 질적 자료의 분석 결과, 연구 참

2. Kansas Inventory of Parental Perceptions(KIPP)(Behr, Murphy, & Summers, 1992)

3. 첫 번째 질문은 '부모 결연 프로그램에 참여하게 만든 주요한 구체적 요구는 무엇인가요?', 두 번째 질문은 '그 요구가 어느 정도 해결되었나요?'였다. 두 번째 질문에 대해서는 4점 척도(1점 = 전혀 도움이 안 됨, 4점 = 매우 도움이 됨)로 응답하게 하였다.

4. Family Empowerment Scale(Koren, DeChillo, & Friesen, 1992)

여자들은 지원을 제공한 부모가 자신과 매우 비슷한 경험을 겪으면서 현재와 같은 긍정적인 태도를 갖게 된 것을 보고, 자신도 태도를 변화시킬 수 있었던 것이 이 프로그램의 가장 유익했던 점이라고 응답하였다. 이 프로그램이 도움이 되지 않은 이유로는 지원을 제공한 부모와 자신의 차이가 더 크게 부각된 것, 지원을 제공한 부모의 지배적인 태도, 연락을 주고받는 과정에서 발생한 현실적 문제 등이 거론되었다.

부모 결연 프로그램은 최근 국내에서도 몇 차례에 걸쳐 양적 연구 및 질적 연구 논문이 발표된 바 있는데(김미영, 박지연, 2007; 전혜인, 2005; 전혜인, 박지연, 2005, 2006), 이 연구들에서 주목할 점은 부모 결연 프로그램 운영자의 결연 촉진 노력이다. 미국에서 발표된 연구들의 경우, 부모 결연 프로그램 코디네이터의 역할이 지원을 제공하는 부모 대상 교육, 초기 면담과 결연할 짝을 결정하는 것에 국한된 데 반해, 우리나라에서 발표된 연구들은 부모 간 결연이 원활하게 유지되기 위한 프로그램 운영자의 추가 지원이 제공되었다는 특징이 있다. 이는 외국의 선행 연구들이 지원을 제공하는 선배 부모의 재량에만 프로그램을 의존할 경우, 결연 과정에서 발생된 문제가 신속히 해결되지 않아 프로그램의 효과가 상쇄될 수 있다는 제한점을 보완한 것으로, 부모 결연 프로그램의 성과를 최대화하기 위해 필요한 노력이라 생각된다. 부모 결연 프로그램의 원활한 운영을 위해 전문가가 제공할 수 있는 지원의 예는 다음과 같다(김미영, 박지연, 2007; 전혜인, 2005).

- 여러 결연 짝이 함께 모이는 전체 모임의 기회 제공
- 지원을 제공하는 어머니에게 전화를 하여 결연 활동에서 발생

한 문제가 있는지, 추가로 필요한 지원이 있는지 질문하고 필요한 상담과 도움을 제공

- 문자 메시지 등을 통한 활동 참여 격려
- 온라인상으로도 경험과 고민을 나누고, 각 결연 짝의 활동을 게시할 수 있는 홈페이지의 운영

(2) 자조집단 프로그램의 효과성 연구

어떤 모임에서 여성들의 출산 경험담이나 남성들의 군대 경험담이 한 번 시작되면, 그날의 모임은 상당히 늦게 끝날 것을 각오해야 한다. 하지만 이러한 경험담을 나눈 모임 구성원들은 그 모임을 계기로 서로 더 친해졌다고 느낄 가능성이 크다. 자조집단은 이와 같이 유사한 경험을 가진 개인들이 상호 지지를 위해 모인 집단을 말하는데, 자녀와 가족의 미래에 대한 걱정이 많은 장애 학생의 가족들에게 유익한 효과가 있다는 것이 여러 문헌을 통해 주장되었다(Allen 1992; Solomon, Pistrang, & Barker, 2001). 그러나 자조집단 프로그램의 효과를 실험설계의 형태로 고찰한 연구는 거의 전무한 실정이다. 이는 자조집단이 자발적 참여에 근거한 것이어서 실험집단 멤버십의 유지가 용이하지 않고, 자조집단을 통해 개인 간에 주고받는 정보와 지원의 유형이 매우 다양하여 실험적 통제가 쉽지 않기 때문인 것으로 생각된다. 이러한 이유로, 자조집단에 관련된 연구들은 대부분 질적 연구로 실시되어, 이미 자조집단을 경험해 본 부모들을 대상으로 하여 그 경험을 회상하는 형태를 띠는 경우가 많다(Kerr & McIntosh, 2000; Lo, 2010; McCabe, 2008; Mueller et al., 2010; Solomon et al., 2001).

Solomon 등(2001)은 영국 내 6개의 부모 자조집단 참여자 56명(52명의 어머니와 4명의 아버지)을 대상으로 자조집단의 유익에 대한 설문조사와 포커스 그룹 면담을 실시하였다. 설문조사 결과, 부모들은 자조집단의 유익함에 대해 평균 8.1점(9점 만점)으로, 자조집단에 대한 만족도를 평균 3.6점(4점 만점)으로 평정하였고, 이 두 변인 간에는 유의한 상관관계가 있었다. 포커스 그룹 면담을 통해 부모들이 보고한 자조집단 프로그램의 유익은 〈표 5-1〉에 요약하였다.

표 5-1 장애아 부모 자조집단 프로그램의 유익

영 역	세부 내용
통제감 (sense of control) 증진	• 자조집단으로부터 얻게 된 정보는 상황에 대한 불확실성과 일이 어떻게 되고 있는지 모르는 것 같은 느낌을 감소시킴 • 전문가와 의사소통할 때 필요한 장애와 관련된 지식이나 새로운 용어를 배우게 됨 • 자조집단에 참여하기 전에는 개인 단위로 쟁취해야 했던 서비스를 일종의 압력 집단인 자조집단이 행하는 캠페인을 통해 받게 되면서 통제감을 회복함 • 참여 초기에는 주로 도움을 받는 입장이지만, 차츰 다른 사람을 도울 수 있게 되면서 삶에 대한 통제감을 증진시킴
소속감 증진	• 장애 아동의 부모로서 느꼈던 외로움, 고립감, 죄책감, 낙인 대신 자신의 어려움에 공감해 줄 수 있는 타인들로부터 이해와 수용을 경험함 • 자신과 같은 문제를 가진 사람들을 만나 서로의 경험이 유사함을 발견한 후, 이전의 부정적 정서가 경감됨 • 자조집단에의 참여로 인해 사회적 관계망과 새로운 우정이 형성됨. 가족끼리 친구가 되는 경험은 장애 자녀와 비장애 자녀 모두에게 사회적 교류의 기회를 제공함

	• 분노, 고통, 슬픔 등을 솔직히 나눌 수 있는 안전한 환경을 제공함. 난처한 순간을 나누며 함께 웃을 수 있고, 장애 자녀의 성취를 마음 편하게 자랑할 수 있는 환경을 제공함 • 부모의 개인적 경험을 공유된 사회적 경험으로 전환시켜 줌으로써 부모의 경험과 정체성이 갖는 본질과 의미를 변화시킴
자아의 변화 경험	• 자조집단에 참여한 결과, 부모 스스로에 대해, 자신과 자녀와의 관계에 대해 내적 변화를 경험함 • 사람들을 대할 때 자신감이 높아졌고, 자기주장이 강해졌으며, 수줍어하거나 위축되는 일이 감소함 • 우울, 좌절, 긴장, 죄책감 등이 줄고, 자신을 좀 더 수용하게 됨 • 자녀의 장애를 더 잘 수용하게 되고, 자녀의 행동이 크게 이상한 것은 아님을 알게 됨 • 자녀에게 교육적 자극을 제공하고, 행동을 개선시키는 등의 양육 행동이 발전함

국내에서는 장애 자녀의 양육에 어려움을 겪는 부모들을 모집하여 품앗이 소모임을 구성한 후, 서로의 자녀를 함께 양육하는 부모 자조 활동을 실시하고, 그 효과를 알아본 연구가 실시되었다(김예리, 박지연, 2010). 이 연구에는 취학 전과 초등학교에 재학 중인 장애 자녀를 둔 26가정이 참여하였으며, 이 중 13가정이 실험집단으로, 나머지 13가정이 대기자 통제집단으로 배치되었다. 실험집단 13가정은 다시 4개의 품앗이 소모임으로 나누어 각 소모임별로 6개월 동안 자녀를 돌보기 위한 양육 프로그램을 계획하고 실행하는 자조 모임을 진행하였다([그림 5-1] 참조). 품앗이 부모 자조 활동의 효과를 알아보기 위해 선택된 종속변인은 양육 스트레스와 가족 역량 강화 및

품앗이 진행 단계	품앗이 부모 자조 활동	내 용	횟 수
품앗이 소모임 구성	3~4개 가정으로 소모임 구성	장애 자녀의 연령, 거주지, 장애 유형별 특성, 가족별 유대 관계 고려	총 1회
품앗이 부모 자조 활동 준비	소모임별 자기 개방 프로그램 진행/기초교육	품앗이 소모임으로 구성된 가족들 간 라포 형성 및 친목 도모를 위한 시간/기초교육	총 2회
	소모임별 대표자 선출	소모임에 속한 어머니 중 전체적인 소모임 운영 및 관리 책임, 정기적인 대표자 회의에 참석할 대표자 선출	총 1회
품앗이 부모 자조 활동 실시	소모임별 품앗이 부모 자조 활동 계획	각 회기별 부모 자조 활동 주제, 내용, 목표, 일시, 장소, 주 진행자(2인), 예산 등 계획	월 3회, 총 18회
	소모임별 품앗이 부모 자조 활동 실행	계획에 따라 부모 자조 활동 진행	월 3회, 총 18회
	소모임별 품앗이 부모 자조 활동 평가	각 회기별 계획 대비 부모 자조 활동 내용, 참석자, 활동 평가 진행	월 3회, 총 18회
	품앗이 가족 전체 모임	주 양육자인 어머니 외에 다른 가족 구성원이 참여할 수 있는 품앗이 가족 전체 모임 진행(아버지 나들이, 가족 연합 나들이 등)	총 2회
	품앗이 대표자 회의	각 소모임별 부모 자조 활동 진행 상황 점검 및 전체 운영 논의	월 1회, 총 7회

그림 5-1 품앗이 부모 자조 활동 진행 단계

출처: 김예리, 박지연(2010). p. 451.

가족의 삶의 질이었고, 두 집단 간 사전과 사후의 점수 차이를 분석한 결과, 실험집단의 어머니와 통제집단의 어머니의 양육 스트레스와 가족 역량 강화의 변화 정도 간에 유의한 차이가 있는 것으로 나타났다. 가족의 삶의 질의 변화 정도에서는 집단 간 차이가 나타나지 않았다.

3) 자녀의 발달을 촉진하는 부모의 역량 강화를 목적으로 한 연구

Russell과 Matson(1998)은 장애 아동의 어머니가 아동의 발달을 위한 중재자 역할을 한 연구에 비해 아버지가 아동을 위한 중재에 적극적으로 개입한 연구는 매우 제한적이라는 점에 근거하여, 아버지들에게 아동의 행동 지도방법을 교육하여 이것이 아버지들의 행동 변화를 가져오는지 고찰하였다. 이 연구에는 34~53개월의 발달지체 남아와 그 아버지 세 쌍이 참여하였으며, 행동(아버지의 행동) 간 중다기초선 설계가 적용되었다.

아버지들은 주 2회 각자의 가정에서 연구자가 제공하는 부모교육을 받았고, 부모교육이 끝난 후 자녀와 아버지의 상호작용에 대한 관찰이 실시되었다. 아버지들은 연구 초기 면담에서 자신의 아들에게 잘 가르치고 싶은 자조 기술을 판별하였고, 이 자조 기술은 중재 기간 동안 아버지들이 연구자로부터 배운 기법을 적용하는 예시로 사용되었다. 아버지 교육은 명확한 지시어 사용하기(1단계), 긍정적 관심을 적절하게 사용하기(2단계), 후속 결과를 적절하게 적용하기(3단계)의 3단계로 진행되었는데, 아버지 교육을 맡은 연구자는 자녀를 지도하는 방법을 구두로 설명하는 동시에 문서 자료를 활용하였고, 그 외에 역할극, 연습, 피드백 등의 전략이 사용되었다.

실험 설계상, 정기적으로 가정을 방문하는 전문가로부터 교육을 받아야 할 뿐 아니라, 배운 전략을 바로 연습하고 피드백을 받아야 하는 것이 아버지들에게는 부담스러울 수도 있었지만, 이 연구에서는 아버지가 아들에게 효과적으로 지도하고 싶어 하는 자조 기술에 초점을 맞추어 행동 지도 전략을 교육하였고, 각 가정의 상황에 맞는 예를 들어 주고, 각 가정에서 일상적으로 발생하는 상황에 대해 실제적인 피드백을 제공함으로써 아버지들의 적극적인 참여를 촉진하였다. 이와 같이 가정에서 일상적으로 하는 활동을 목표로 하여 아버지에게 주어지는 부담을 줄이려는 노력은 향후 아버지를 대상으로 한 부모교육 중재 연구에서 반드시 고려되어야 할 점이라 생각된다.

이 연구는 아버지 교육을 통해 아버지와 자녀의 행동 변화를 다양한 측면에서 살펴보았는데, 이를 요약하면 〈표 5-2〉와 같다.

종속변인에 대한 측정은 어머니가 없는 상황에서 아버지가 유아에게 자조 기술을 가르치는 장면에 대한 관찰을 통해 이루어졌으며, 10분간 전간 기록법을 이용하였다. 5명의 학부생과 한 명의 대학원생에게 관찰 훈련을 제공하여 종속변인의 측정을 담당하게 하였다. 관찰로 수집된 자료를 보충하기 위해 아버지들에게 Abidin(1995)의 양육 스트레스 척도 단축형(Parenting Stress Index—Short Form)을 실시하였다.

관찰자 간 신뢰도는 전체 회기의 약 37%에 대해 측정되었으며, 각 부자(父子)의 행동에 대한 관찰자 간 신뢰도는 96%, 97%, 97%였다. 사회적 타당도는 Forehand와 McMahon(1981)의 부모 소비자 만족도 질문지(Parent's Consumer Satisfaction Questionnaire: PCSQ)를 사용

표 5-2 아버지 교육의 효과 연구에 사용된 종속변인

구 분	세부 유형	행동의 예
아버지의 행동 (선행 자극)	잘못된 지시어의 사용	• 질문형("……할까?") • 반복 지시 • 금지형("……하지 마!") • 제안형("우리 ……하자.")
	적절한 촉진의 사용	• 구어 촉진(명확하고 정확한 지시) • 구어/몸짓 촉진(지시 내용을 몸짓으로 보여 주는 동시에 명확한 구어 지시) • 구어/신체적 촉진(유아의 손을 잡고 지시 내용을 함께하는 동시에 명확한 구어 지시)
아버지의 행동 (후속 결과)	긍정적 관심 보이기	아동이 적절한 행동을 한 지 5초 이내에 몸짓이나 말로 이에 대해 언급하기
	부적절한 관심 보이기	문제행동을 보이는 유아에게 미소나 대화 등으로 관심 보이기, 신체적 촉진을 받아 성취한 것에 대해 긍정적 관심 보이기
	적절한 결과의 적용	계획된 무시하기, 필요할 경우 문제행동이 발생했다고 해서 교수를 중지하지 않고 계속 이어 가기, 타임아웃
유아의 행동*	지시에 따르기	아버지의 구어나 몸짓으로 요구된 말이나 행동을 바르게 완수하기(신체적 촉진을 받아 완수하는 것은 제외)
	부적절한 행동	각 유아별로 정의된 문제행동(자해행동, 공격행동, 방해행동 등)

* 유아의 행동은 이 연구의 직접적인 종속변인으로 측정된 것은 아니고, 아버지의 변화에 따라 아동에게도 동시에 변화가 일어나는지 알아보기 위해 측정한 것임

하여 전반적 프로그램, 부모교육 제공자, 부모교육 형식의 난이도와 유용성에 대한 아버지의 만족도를 측정하였다.

연구 결과, 아버지 교육이 실시된 직후 아버지의 전략 사용이 증가하였고, 세 아버지 모두 80% 이상으로 향상되었다. 특히, 직장에서 퇴직하여 자녀교육에 시간과 관심을 많이 쏟았던 아버지의 경우, 교육 내용을 완료하는 데 소요된 시간이 다른 아버지들에 비해 한 달이나 적었다. 이와 동시에 유아들의 지시 따르기 행동도 소폭이지만 증가세를 보였다. 그러나 아버지들이 작성한 양육 스트레스 검사에서는 유의한 변화가 나타나지 않았다.

4) 부모의 심리적 지원을 목적으로 한 연구

부모교육에 관한 대부분의 연구들은 인지행동주의에 근거하여 자녀의 행동을 변화시키기 위한 선행 사건과 후속 결과 위주의 행동전략을 부모가 학습하게 하는 데 중점을 두고 있다. 이러한 부모교육은 전문가들이 학교에서 행하던 행동 지도 기법을 부모도 가정과 지역사회에서 적용하게 함으로써 장애 학생이 새롭게 배운 기술을 일반화하고 유지하는 데 기여한다. 그러나 자녀의 문제행동을 예측하여 미리 개입해야 하는 중재의 성격상 부모는 항상 긴장하고 있어야 하는데, 이는 양육과 돌봄만으로도 충분히 피곤한 부모들을 더욱 소진시킨다. 또한 자녀의 행동을 바람직한 방향으로 형성해 가기 위해 물리적 · 인적 환경을 조성하는 것, 자녀가 자신에게 기대되는 바를 명확히 알 수 있도록 구체적인 지시어를 사용하고 적절한 반응을 보였을 때 즉각 강화하는 것 등에 신경을 쓰다 보면 자녀의 존재 자체를 기뻐하거나, 자녀와 함께하는 시간을 최대한 즐기기가 어려워진다.

이러한 한계가 지적됨에 따라, 마음 챙김 양육(Mindful Parenting)이나 수용 중심 접근(Dumas, 2005; Coyne & Wilson 2004; Murrell, Coyne,

& Wilson, 2004; Tiwari, Podell, Martin, Mychailyszyn, Furr, & Kendall, 2008)이 등장하게 되었는데, 이러한 접근은 인지행동주의적 접근과는 완전히 다른 이론에서 출발한다. 즉, 인지나 행동을 바꾸는 데 초점을 두는 대신 바로 지금 이 순간에 집중하여 불편한 마음과 생각을 회피하지 않고 묵묵히 수용하도록 격려한다. 이 접근은 아직 반복 연구가 충분히 이루어지지는 못했지만, 다음과 같은 연구를 통해 효과성을 검증한 바 있다. 다만 이 연구들은 모두 한정된 연구 팀에 의해 수행된 것이어서 다른 연구진들에 의해서도 같은 결과가 반복하여 입증되어야 증거기반 실제로 인정될 수 있을 것이다.

- 중도장애인 양육자에게 마음 챙김 양육을 교육한 결과, 중도장애인이 느끼는 행복의 수준이 증가하였다(Singh et al., 2004).
- 그룹홈 스태프에게 마음 챙김 양육을 교육한 결과, 그룹홈 거주자의 공격행동에 대한 신체적 구속의 사용이 감소하였고, 그룹홈 거주자가 완료한 학습 과제의 수가 증가하였다(Singh, Lancioni, Winton, Curtis, et al., 2006).
- 자폐 아동 어머니에게 마음 챙김 양육의 철학과 실제를 12주간 교육한 후 아동의 공격행동, 불순응행동, 자해행동이 감소하였고, 어머니가 스스로의 양육 기술과 자녀와의 상호작용에 대해 갖는 만족도가 증가되었다(Singh, Lancioni, Winton, Fisher, et al., 2006).
- 발달장애 아동의 부모에게 마음 챙김 양육을 실시한 결과, 자녀의 공격행동이 감소하고, 사회성 기술이 증가하였으며, 부모의 양육 만족도와 자녀와의 상호작용이 증가하고, 양육 스트레스가 감소하였다(Singh, Lancioni, Winton, Singh, Curtis, Wahler, & McAleavey, 2007).

이상에서 부모교육 위주의 가족지원을 크게 두 가지 흐름으로 살펴보았는데, 전자가 부모에게 행동 지도 기법이라는 특별한 기술을 학습하게 하는 데 중점을 둔 반면, 후자의 경우 부모의 심리적 적응에 초점을 두고 있음을 알 수 있다. 최근에는 이 두 가지를 병행하는(행동 관련 부모교육에 상담 지원을 추가한) 연구도 시도되고 있다. 효과적인 두 가지 접근을 통합하면 시너지 효과가 발생할 것이라는 예상과 달리, 두 접근을 병행한 부모교육의 효과에 대한 연구들은 상반된 결과를 보이고 있다. 즉, 두 접근의 병행이 한 가지만 적용한 경우보다 더 좋은 성과를 가져온 연구도 있고, 아무 차이가 없거나 오히려 더 낮은 성과를 가져온 연구도 있다. 따라서 이 부분은 앞으로 더 많은 후속 연구를 통해 탐구해야 할 주제라 할 수 있는데(MacDonald et al., 2010; Plant & Sanders, 2007; Singer, Ethridge, & Aldana, 2007), 이와 같은 후속 연구의 결과에 따라 부모교육의 패러다임이 재정립될 것으로 생각된다.

2 비장애 형제자매

어머니 중심의 장애인 가족 연구가 아버지에게로 관심의 범위를 확장하면서 비장애 형제자매에 대한 연구도 그 수가 증가되었다. 비장애 형제자매 연구의 대부분은 장애인의 형제자매로서 살아가는 경험의 특징을 알아보는 현상학적 연구와 장애 형제와 비장애 형제 간의 관계가 일반적인 가정의 형제자매 관계와 다른 점을 알아보는 상관관계 연구다. 전자의 경우, 장애인의 형제이기 때문에 경험하게 된 부정적 영향과 긍정적 영향에 관한 많은 연구들이 공존하고 있으며, 후자의 경우 장애인 가정과 비장애인 가정 간에 유의한 차이가 없다는 연구에서부터 유의한 차이를 발견한 연구에 이르기까지 다양한 연구들이 실행되어 왔다. 비장애 형제로서의 경험이나 일반적 형제자매 관계와의 비교는 이미 여러 문헌에서 논의된 바 있으므로, 이 책에서는 비장애 형제가 참여한 실험연구를 소개하고, 후속 연구를 통해 고찰되어야 할 형제 관련 쟁점을 알아보고자 한다.

비장애 형제가 참여한 연구는 크게 두 가지로 분류할 수 있다. 첫 번째 유형은 장애를 가진 형제의 사회성 · 행동 · 언어 발달을 위한 실험에 비장애 형제가 참여하는 형태다. 이러한 연구에서 비장애 형제는 직접 중재를 행하는 역할을 맡기도 하고, 부모나 전문가가 실시하는 중재를 장애 형제와 함께 받는 입장이 되기도 한다. 두 번째 유형은 비장애 형제가 가진 고유한 요구를 충족시키기 위해 비장애 형제 지원 프로그램을 실시하고 그 효과를 살펴보는 형태다. 다음에서는 이를 각각 보여 주는 실험을 소개하고자 한다.

1) 장애 형제의 발달과 학습을 위한 실험에 비장애 형제가 참여한 연구

(1) 비장애 형제가 중재자 역할을 맡은 연구

비장애 형제가 중재자로서 장애 형제의 문제행동을 개선하거나 바람직한 행동을 습득하게 하는 실험은 앞서 설명한 부모 매개의 실험과 유사한 형식을 띠게 된다. 즉, 중재자의 자리에 부모 대신 비장애 형제를 대입하면 전체적인 실험 설계는 유사하다고 볼 수 있다. 그러나 비장애 형제가 중재의 실행자 역할을 할 때는 중재자도 아직 발달 과정에 있는 아동이나 청소년인 셈이므로, 중재자 훈련을 할 때 중재자(비장애 형제)의 발달연령에 맞는 교수전략이 고려되어야 한다. 또한 부모나 다른 가족들이 중재자의 역할을 잘 해내는 비장애 형제의 수고를 인정하고, 중재의 결과로 나타난 장애 형제의 변화를 다 함께 축하하는 과정을 통해 비장애 형제를 격려하는 것도 중요하다.

Trent-Stainbrook, Kaiser와 Frey(2007)는 다운증후군 동생을 둔 세 명의 손위 형제에게 반응적 상호작용 전략(responsive interaction strategies)을 교수하고, 이것이 형제간 놀이 상황에서 손위 형제의 전략의 사용과 장애를 가진 동생의 의도적 의사소통 행동에 영향을 미치는지 알아보는 연구를 실시하였다. 연구자들은 반응적 상호작용 전략 중에서도 동작 모방(mirroring, 동생이 보인 비구어적 행동을 바로 따라 하기)과 구어 반응(verbal responding, 동생이 말이나 행동을 한 직후에 그에 대해 구어로 답하거나 설명하기)을 비장애 형제가 장애 형제에게 지도할 중재로 선택하였는데, 이는 이 두 가지가 호혜적 상호작용을 증진시키는 데 기초가 되는 행동이기 때문이다. 이 연구는 2005년에 발표된 Trent, Kaiser와 Wolery의 연구에 대한 반복 연구로서, 2005년의 연구에서도 다운증후군 아동의 손위 형제에게 반응적 상호작용 전략을 지도했을 때 긍정적 성과가 보고된 바 있다.[5]

---

5. 2007년 연구는 2005년 연구와 제1저자와 제2저자가 동일하며, 독립변인과 종속변인에 거의 차이가 없는 반복 연구다. 그러나 2005년 연구에서는 다운증후군 아동에게 중재를 제공하는 손위 형제가 가정당 2명이었고(2007년 연구는 1명의 동생과 1명의 손위 형제가 참여함), 연구에 참여한 가정의 수도 두 가정(2007년 연구에서는 세 가정)이었다.

연구에 참여한 아동들은 10세 · 6세의 자매, 9세 · 8세의 형제, 9세 · 5세의 자매였고, 다운증후군 동생들은 모두 심각한 언어 지체를 가지고 있었다. 연구자는 매주 각 형제의 가정을 방문하여 30~60분간 손위 형제 교육을 실시하였고, 교육이 끝난 후 10분 동안 형제간 놀이를 녹화하였다(그중 앞부분 5분만 자료로 사용함). 일반화는 부엌에서 갖는 간식 시간의 형제간 상호작용을 10분간 녹화하여 측정하였다.

이 연구는 행동 간 중다기초선 설계를 세 가정에 반복적으로 적용하였다. 실험은 기초선, 동작 모방 교육 단계, 구어 반응 교육 단계, 유지의 순으로 진행되었고, 일반화는 대략 4회기마다 측정되었다. 비장애 형제 교육 절차는 지난 시간의 복습, 연구자의 설명, 비장애 형제의 질문 시간, 연구자의 모델링과 비장애 형제와의 역할극 및 연습 시간, 연습 후 질문과 토의 시간, 동생과의 실제 놀이, 연구자의 피드백 순으로 진행되었다.

비장애 형제의 동작 모방전략 사용은 시간 표집법으로, 구어 반응 전략 사용은 빈도 기록법으로 측정하였으며, 장애 형제의 의도적 의사소통 행동(언급하기, 요구하기)은 빈도 기록법으로 측정하였다.

연구 결과, 모든 종속변인이 중재가 도입된 후부터 증가세를 보였고, 중재 종료 한 달 후에 측정된 유지 검사에서는 기초선보다 높은 수행이 유지된 것으로 나타났다. 그러나 이러한 변화는 간식 시간으로 일반화되지는 않았다.

이 연구를 Horner 등(2005)의 질적 지표에 의거하여 분석해 보면 다음과 같다.

- **대상자와 환경에 대한 기술** 연구 대상, 연구 대상 선택 기준, 물

리적 환경에 대한 설명이 모두 자세하게 제시되어 있어 반복 연구가 가능하다. 그러나 세 쌍의 형제자매를 어떤 과정을 통해 모집하였는지는 밝히고 있지 않다.

- **종속변인** 종속변인이 조작적으로 정의되어 있고, 타당하게 측정되었다. 관찰자 간 신뢰도는 전체 회기의 25%에 대해 측정되었고, 관찰자 간 신뢰도의 평균은 종속변인별로 80~100%의 범위였다.

- **독립변인** 본 연구에서는 비장애 형제에게 교육을 실시한 과정이 자세히 기술되어 있으며, 중재 절차를 14개 문항으로 이루어진 체크리스트로 만들어 실행 충실도를 측정하였다. 실행 충실도는 전체 회기의 25%에 대해 측정하였고, 충실도의 총 평균은 96%(범위 86~100%)였다. 이 연구에서 중재 충실도는 비장애 형제가 전략을 실시한 정도가 아닌, 연구자가 비장애 형제에게 교육을 실시하는 과정에 대한 충실도를 말한다.

- **기초선** 이 연구는 행동 간 중다기초선 설계라고 밝히고 있으나, 중재의 목표로 선택된 행동이 두 가지(비장애 형제의 종속변인도 두 가지, 장애 형제의 종속변인도 두 가지)여서 일반적으로 세 가지 이상의 행동이나 상황 간에 독립변인-종속변인 간 기능적 관계를 입증하는 것을 원칙으로 하는 단일대상연구의 조건을 지키지 못한 것으로 판단된다.

- **실험적 통제와 내적 타당도** 이 연구에서는 실험적 통제와 내적 타당도를 높이기 위한 노력을 제시하지 않고 있다.

- **외적 타당도** 행동 간 효과가 반복하여 입증되었다.

- **사회적 타당도** 본 연구에서는 두 가지 방법으로 사회적 타당도를 측정하였다. 첫째, 10명의 대학원생들에게 기초선과 중재 조건을 녹화한 형제간 놀이 장면을 보여 주고 사회적 타당도 평정지를 작성하게 하였다(가능한 점수 범위 0~48점). 대학원생들에게는 시청한 비디오 클립이 기초선에 측정된 것인지, 중재 시기에 측정된 것인지를 알려 주지 않았다. 평정 결과, 기초선에 해당하는 비디오 클립은 평균 28.8점, 중재기에 해당하는 비디오 클립은 평균 41.5점으로 평정되었다. 둘째, 연구에 참여한 손위 형제와 그 어머니들에게 비공식적 면담을 실시하였다. 이들은 연구에 참여하는 것이 즐거웠으며, 중재가 유익한 학습 경험이었다고 답했다.

다운증후군 아동의 손위 형제를 중재자로 참여시킨 이상의 두 연구 외에 자폐 아동의 형제자매를 매개로 하여 사회적 상호작용 중재를 실시한 Tsao와 Odom(2006)의 연구도 주목할 만하다. 이 연구에서는 네 쌍의 형제자매가 참여하였는데, 그중 비장애 형제가 손위인 경우가 두 쌍, 비장애 형제가 손아래인 경우가 두 쌍이었다. 이 연구는 대상자 간 중다기초선 설계를 적용하였으며, 비장애 형제에게 Goldstein, English와 shafer(1997)가 개발한 '가까이 있기-놀기-이야기하기(Stay-Play-Talk)'에 기초를 둔 사회적 상호작용 촉진 기술(물리적으로 가까이 있기, 형제의 관심 끌기, 대화 주제 찾기, 물건이나 장난감을 교환할 기회 만들기, 번갈아 할 수 있는 활동 찾기, 무엇을 하고 놀지 아이디어 주기, 놀이 아이디어 타협하기, 놀이 주제에 대한 질문하기, 자폐 형제가 원하는 것 이해하기, 구어 피드백 제공하기)을 교육하였다. 연구 결과, 장애 형제의 공동 관심(joint attention) 행동과 사회적 행동이 긍정적으로 변화하였다. 그러나 이러한 변화는 집 밖의 비구조화된 놀이 환경(공원, 놀이터 등)에 일반화되지는 않았다.

이상의 연구들은 장애 아동의 학습과 발달을 촉진하는 데 비장애 형제가 중요한 역할을 할 수 있음을 시사한다. 이러한 중재를 통해 비장애 형제와 장애 형제가 서로를 이해하고 수용하며 증가된 상호작용을 통해 즐거운 시간을 함께 보내게 된다면 가족 전체의 삶의 질이 증진될 것이다(Trent-Stainbrook et al., 2007). 그러나 이러한 연구에서 주의할 점은 평상시의 생활을 통해서도 이미 장애 형제를 돌보고 가르치는 등의 역할을 해 온 비장애 형제가 실험 과정을 통해 더욱 지배적인 태도를 갖게 되어 비장애 형제와의 상호작용이 더 이상 장애 형제에게 즐겁지 않을 수도 있다는 사실이다. 따라서 연구자들은 부모와의 협력을 통해 형제 매개의 중재 과정을 주의 깊게 점검하고, 발견되는 위험 요소에 효과적으로 대처할 수 있어야 한다.

(2) 비장애 형제가 장애 형제와 함께 중재를 받는 연구

부모나 전문가가 가정이라는 자연스러운 환경에서 중재를 실시하고 그 효과를 알아보는 대부분의 연구들은 '실험적 통제(experimental control)'를 높이기 위한 목적으로 실험 환경의 물리적 · 시간적 · 인적 특징을 최대한 동질적으로 유지하고자 노력하게 되는데, 이는 연구의 엄격성(rigor) 측면에서 바람직한 일이다. 그러나 이러한 실험적 통제가 엄격할수록 실제로 장애 아동과 가장 많은 시간을 보내는 비장애 형제는 중재 상황에의 접근을 금지당할 수밖에 없다. 가족의 특성, 특히 출생 순위, 형제자매의 성별과 터울, 형제자매의 수 등은 무선으로 배치할 수 있는 것이 아니므로, 실험에 참여한 모든 가정의 비장애 형제의 수를 동일하게 유지하는 방법은 어머니(또는 전문가)와 장애 아동만을 거실(또는 가정 내 특정 장소)에 두는 수밖에 없는 것이다. Duda, Clarke, Fox와 Dunlap(2008)은 가정에서 실시된 모든 연구가 한 명의 중재자와 한 명의 아동이 만나는 형태로 이루어졌다는 것과, 한 가정 안에서 둘 이상의 아동이 문제를 보이는 경우가 드물지 않음에도, 이를 위한 중재가 실시된 연구는 한 편도 없다는 것을 발견하였다. 이러한 문제의식에 기초하여 연구자들은 3명의 자녀가 모두 문제행동을 보이는 한 가정을 대상으로 긍정적 행동지원을 실시하여 그 효과를 알아보았다.

연구에 참여한 가족은 5명(부모와 5세의 누나, 34개월의 이란성쌍둥이 남동생)으로 구성되어 있으며, 쌍둥이 중 한 명이 조기 개입이 필요하다고 진단된 발달장애를 가지고 있었고, 탠트럼, 때리기, 물기, 던지기, 불순응 등의 심각한 문제행동을 보였다. 그러나 특수교육에 의뢰된 적이 없는 다른 두 자녀 역시 유사한 문제행동을 보이고 있어 세 자녀를 돌보는 어머니의 양육 스트레스가 매우 심한 상태였다.

연구 팀과 가족의 협력하에 어머니가 가장 문제라고 선택한 가정 내 일과를 중심으로 기능평가가 실시되었고, 이를 바탕으로 긍정적 행동 지원 계획이 수립되었다. 이 연구는 일과 간 중다기초선 설계를 적용하여 긍정적 행동 지원 계획을 네 가지의 일과(놀이 후 정리하기, 쌍둥이끼리 노는 시간, 다 함께 노는 시간, 식사 시간) 시간에 순차적으로 적용하였다. 쌍둥이끼리 노는 시간은 누나에게 해당되지 않으므로, 누나의 경우 다 함께 노는 시간과 식사 시간에 반전 설계를 적용하였다. 이 연구는 네 가지 일과에 적용할 긍정적 행동 지원 계획의 내용을 자세하게 제시하고 있는데, 그중 놀이 후 정리하기에 해당하는 부분만을 예로 살펴보면 다음과 같다.

- 어머니는 놀이가 끝나기 4분 전에 각 자녀에게 사진을 이용하여 경고를 주고, 1분 전에 다시 한 번 경고를 한다(이 활동이 끝나 간다는 단서를 제공하기 위함).
- 지금 하고 있는 놀이가 다 끝났으며, 정리할 시간이라는 것을 명확하게 서술한다(활동의 종료와 기대행동에 대한 단서를 제공하기 위함).
- 어머니는 쌍둥이 중 한 명에게 정리할 동안 들을 음악을 선택하게 한다(회피를 줄이고 정리하는 활동의 가치를 강화하기 위해 선호도와 선택을 이용함).
- 정리하는 동안 어머니는 두 아들이 상자에 넣은 장난감의 개수를 센다(기대행동을 촉진하기 위함).
- 장난감을 정리한 것에 대해 칭찬하고, 노래가 끝나기 전에 정리하기가 끝났다면 이를 칭찬이나 하이파이브 등으로 자축한다(기대행동을 수행한 것에 대해 관심을 제공하기 위함).
- 어머니는 정리하기가 다 끝났다는 구어 단서(예: "끝!")를 제공한다(활동의 종료에 대한 단서를 제공하기 위함).
- 쌍둥이들에게 강화제를 선택할 기회를 준다(기대행동을 수행한 것에 대해 강화를 제공하기 위함).

본 연구의 종속변인은 각 자녀들의 일과 참여행동과 문제행동으로, 녹화된 내용에 대해 10초 전간 기록법으로 측정하였다. 연구 결과, 긍정적 행동 지원이 적용되기 시작한 직후부터 각 일과에서 세 자녀의 문제행동이 현저하게 감소되었고, 일과 참여행동이 증가되었다. 4개월 후 측정된 유지 검사에서도 이러한 긍정적인 변화는 유지된 것으로 나타났다. Duda 등(2008)의 연구는 지원이 필요한 자녀가 두 명 이상인 가족을 지원하는 연구 설계의 기초를 제공했다는 의의와 함께, 심각한 문제행동을 보이는 장애 형제와 함께 자라나는 비장애 형제에게도 행동 지원이 필요할 수 있음을 시사한다.

이상의 연구 결과와 달리, 비장애 형제의 연구 참여가 긍정적인 성과로 이어지지 않은 연구도 있다. Castorina와 Negri(2011)는 아스퍼거 장애를 가진 소년들을 대상으로 사회성 기술 훈련을 실시하였는데, 연구 대상인 21명의 소년들을 세 집단(비장애 형제와 함께 중재를 받는 실험집단, 비장애 형제 없이 중재를 받는 실험집단, 대기자 통제집단)으로 구성하였다(각 가정마다 비장애 형제가 있거나 없는 경우로 상황이 달라서 무선 배치를 하지는 못함). 연구자들은 아스퍼거 장애 아동과 일상생활에서 많은 시간을 함께 보내는 비장애 형제를 사회성 기술 훈련에 함께 참여하게 하면, 형제간 상호작용이 더욱 증진되어 아스퍼거 장애 아동이 새롭게 배운 기술을 더 잘 일반화할 것이라는 가설을 세웠다. 그러나 실험 결과, 종속변인인 사회적 단서 판별하기, 감정 해석하기에서 두 실험집단의 수행 간에 차이가 없었고, 추후 유지 검사에서는 비장애 형제 없이 혼자 사회성 기술 훈련에 참여한 아스퍼거 장애 아동들이 조금 더 높은 수행을 보였다. 국내에서는 황보명(2003)이 언어장애 아동 10명을 형제 참여 언어 중재 집단과 형제 비참여 언어 중재 집단에 각각 5명씩 배치하여 언어 중재를 실시한 연구가 있다. 이 연구는 두 집단 모두의 그림 어휘 능력에서 유사한 향상이 나타나 비장애 형제의 참여가 추가의 향상을 이끌어 내지는 못한 것으로 나타났다.

2) 비장애 형제 지원 프로그램의 효과를 고찰하는 연구

앞서 살펴본 연구들은 장애를 가진 아동이 주가 되고, 장애 아동을 위해 어떤 프로그램이나 중재를 실시할 때 비장애 형제가 참여한 경우다. 그러나 장애인 가족지원에서 비장애 형제를 장애 아동의 발달과 학습을 위한 보조자로서만 바라보는 것은 바람직한 처사가 아니다. 이러한 시각은, 가족 전체의 삶의 질을 증진시키면 그 가족에 속한 장애 성원의 학습과 발달도 증진된다는 가족 중심적 철학에도 대치된다. 비장애 형제들은 장애를 가진 형제로 인해 다른 또래들이 경험하지 못하는 여러 가지 심리적 과정을 거친다. 자신의 발달과업을 성취하기에도 벅찬 나이에 장애 형제로 인한 심적 부담, 양가감정, 넘쳐 나는 질문들로 혼란스러워한다. 따라서 장애 형제에게 쏠린 부모의 관심에 목말라하는 이 아동들에게는 중재의 보조자로서 받게 되는 관심과 지원 이상의 그 무엇이 필요하다. 그러나 장애 아동의 부모를 위한 심리교육적 접근에 비해 비장애 형제를 위한 심리교육적 중재는 그 역사가 짧기 때문에, 비장애 형제 지원 프로그램의 효과를 살펴본 연구는 극히 소수다.

비장애 형제들이 가지는 고유한 요구를 지지하기 위한 대표적인 프로그램은 미국에서 시작된 Sibshop(sibling workshop의 축약어)이라 할 수 있다. Sibshop은 Don Meyer가 개발한 형제 지원 모델로서 (Meyer & Vadasy, 1994), 8~13세의 비장애 형제가 한곳에 모여 다른 비장애 형제와 정보를 나누고 즐거운 시간을 갖는 집단 프로그램이다. Sipshop은 1982년 10월 23일에 시애틀에 있는 워싱턴 대학교에서 처음 열렸고, 그 이후 30여 년간 미국 전역에 보급되었다. 또한 세계의 여러 나라들(예: 캐나다, 영국,[6] 아일랜드, 아이슬란드, 일본, 뉴

6. 영국에서는 Sunfield라는 특수학교에서 Sunsib이라는 이름으로 Sibshop을 운영하고 있다(Conway & Meyer, 2008).

질랜드, 과테말라, 멕시코, 아르헨티나)은 Sibshop을 각 나라의 실정에 맞게 응용하여 적용하고 있다. Sibshop을 개발한 Meyer와 그의 동료들은 당시 비장애 형제자매들의 모임을 다룬 대부분의 문헌에 나타난 형제 모임의 성격이 장애 형제로 인해 무엇이 힘든지를 토로하는 우울한 성격이었다는 점을 염려하면서 비장애 형제들이 모여 함께 즐거운 시간, 장애 형제를 가진 것에 대해 긍정적인 면을 함께 나누는 시간을 갖게 하려는 목적으로 이 모델을 개발하였다.

Sibshop은 학교에 가지 않는 토요일 오전의 2~3시간을 이용하거나 1박 2일의 캠프로 진행되며, 장애 형제를 둔 비장애 형제나 부모와의 패널 토의, 지역사회에 있는 성인 그룹홈 탐방, 비장애 형제들 간의 정보 교류 및 여가 활동(요리, 스포츠, 게임 등) 등을 내용으로 하되, 진행하는 전문가의 창의적인 아이디어에 따라 얼마든지 응용될 수 있다. 개발자들이 제시한 Sibshop의 목표는 다음과 같다(Meyer, Vadasy, & Fewell, 1985).

- 비장애 형제자매들에게 편안한 여가 상황에서 다른 형제자매들을 만날 기회를 제공한다.
- 비장애 형제자매들이 다른 장애 아동의 비장애 형제자매들과 체험이나 감정을 공유하는 기쁨과 걱정에 대해 토론할 기회를 제공한다.
- 장애를 가진 형제들로 인해 발생한 상황에 대해 다른 비장애 형제들은 어떻게 대처하는지 배울 기회를 제공한다.
- 비장애 형제들에게 형제의 장애가 갖는 함의(장애로 인해 장애 형제의 삶, 학교생활, 미래에 어떤 영향을 받을지)에 대해 배울 기회를 제공한다.

- 부모와 전문가들에게 비장애 형제가 가진 고민을 이해할 기회를 제공한다.

30년에 가까운 Sibshop의 역사를 고려할 때, Sibshop이 비장애 형제 또는 장애 형제에게 미치는 영향에 대한 학술 논문이 거의 없다는 점은 다소 놀랍다. Meyer는 Sibshop을 운영한 경험을 포함하여 장애인의 비장애 형제자매에 대한 5권의 책[7]을 저술하였으나, Sibshop을 실험 논문의 형태로 학술지에 발표한 적은 없다.

워싱턴 대학교의 Amanda Johnson과 Susan Sandall(2005)은 과거에 Sibshop에 참여해 본 경험이 있는 Sibshop 수료자들[8]을 대상으로 설문조사를 실시하였는데, 응답자의 90% 이상이 Sibshop이 장애인의 형제로서 가졌던 감정에 긍정적인 영향을 미친 경험이 되었다고 답하였다. 또한 응답자의 2/3가 Sibshop을 통해 대처 전략을 배웠고, 응답자의 3/4이 Sibshop이 성인으로서의 삶에 영향을 주었다고 답했다. 또한 응답자의 94%가 이 프로그램을 다른 이들에게 권하겠다고 답하였다. 그러나 이 설문은 온라인으로 시행되었고, 모집단의 수를 모르는 상태에서 설문에 참여한(즉, Sibshop에 대해 좀 더 애정을 가지고 있을 가능성이 높은) 응답자들의 답변만으로 보고서를 작성하였기 때문에 엄격한 의미에서 효과를 검증한 연구라고 보기는 어렵다.

---

7. 이 5권의 책 제목은 다음과 같다. *Sibshops: Workshops for brothers and sisters of children with special needs, Living with a brother or sister with special needs: A book for sibs, Views from our shoes: Growing up with a brother or sister with special needs, The sibling slam book, Thicker than water: Essays by adult siblings of people with disabilities.*
8. 이 연구에 응답한 수료자들은 18~30세로 성장한 상태였고, 평균 연령은 30세였다.

D'Arcy, Flynn, McCarthy, O'Connor와 Tierney(2005)는 아일랜드에서 실시되고 있는 Sibshop의 효과를 알아보기 위해 양적 연구방법과 질적 연구방법을 병행한 연구를 실시하였다. 아일랜드의 남부에 위치한 Cork 지역에서 실시되고 있는 이 Sibshop은 월 1회 토요일 오전 10시부터 오후 1시까지 총 4회기에 걸쳐 진행되었다(즉, Sibshop을 수료하는 데 4개월이 소요됨). 이 연구의 참여자는 Sibshop에 참여한 16명의 비장애 형제들이며, 통제집단 없이 사전-사후 설계를 적용하였다. 연구 결과, Sibshop에 참여한 이후와 참여 이전의 비장애 형제의 자아 개념 간에는 유의한 차이가 발견되지 않았다. 그러나 질적 연구 결과를 통해 비장애 형제자매들의 대부분이 Sipshop에서 즐거움과 유익을 얻었다고 답하였고, 부모들도 비장애 자녀들이 Sibshop을 통해 유익을 얻었다고 답하였다. 그러나 이 연구는 통제집단을 두지 않았을 뿐 아니라, Sibshop의 목표에 포함되지 않은 변인인 자아 개념을 종속변인으로 측정했다는 한계를 갖는다.

국내에서 비장애 형제를 위한 심리교육적 프로그램을 적용한 예로는 전혜인, 박은혜(1998), 김수희(2004), 임금비, 박지연(2011) 등이 있다. 김수희(2004)의 연구에는 경기도 부천 지역 장애 아동의 비장애 형제 22명이 참여하였는데, 이들 중 참여를 희망하는 10명이 실험집단, 희망하지 않는 12명이 통제집단에 배치되었다. 형제 지원 프로그램은 매주 1회씩 총 6회기에 걸쳐 실시되었으며, 회기별 프로그램 내용은 다음과 같다.

- 1회기-자기 개방 및 친화감 형성: 프로그램 소개, 별칭 짓기, 콜라주로 자기광고 하기
- 2~3회기-우울감 다루기: 자화상 그리기, 우리 집 이야기, 내가 보

는 나와 남이 보는 나, 스무고개 게임을 통한 장애 형제와의 경험 나누기

- 4~6회기-장애 형제와의 관계 다루기: 장애 형제와 관련된 상반된 토막 이야기 짓기, 장애 체험, 점토 작업, 장애와 관련된 긍정적·부정적 어휘를 사용하여 단어로 초상화 그리기, 장애 형제와 자신의 같은 점과 다른 점, 장애 형제와 자신의 강점과 약점, 프로그램 마무리하기

연구 결과, 실험집단의 우울감이 통제집단에 비해 유의하게 감소되었고, 장애 형제를 대하는 행동 역시 실험집단의 변화 정도가 통제집단보다 유의하게 큰 것으로 나타났다.

임금비, 박지연(2011)의 연구에서는 서울시에 위치한 특수학교에 재학 중인 중도·중복장애 학생의 형제자매를 대상으로 스트레스 관리 중심의 형제 지원 프로그램을 실시하였다. 총 20명의 비장애 형제가 이 연구에 참여하였으며, 이 중 10명은 실험집단, 나머지 10명은 통제집단에 배치되었다. 실험집단에 제공된 형제 지원 프로그램 10회기의 내용은 다음과 같다.

- 1회기-소개: 프로그램 및 참가자 소개하기
- 2, 3회기-스트레스 이해하기: 스트레스 관련 정보, 스트레스 대처 전략, 스트레스 경험 공유하기
- 4회기-부모님과 마음 나누기: 부모님께 편지 쓰기, 편지 쓴 후 소감 나누기
- 5회기-긍정적 사고 촉진하기: 형제의 긍정적인 측면 찾기, 타인에게 장애 형제 소개하기

- 6회기-외부 강사 초청: 성인이 된 비장애 형제를 초청하여 경험을 듣고 질문하기
- 7회기-취미 활동: 요리하기
- 8회기-장애 이해 교육: 장애에 대한 정보와 지식 배우기, 장애 형제를 도와주는 다양한 방법 익히기
- 9회기-여가 활동: 놀이공원 가기
- 10회기-마무리: 프로그램 첫날에 비해 달라진 점에 대해 이야기하기, 활동 마무리하기

연구 결과, 프로그램에 참여한 형제자매의 스트레스 대처행동 중 적극적 대처행동, 회피적 대처행동, 사회 지지 추구적 대처행동이 증가하였고, 소극적 대처행동은 감소된 것으로 나타났으며, 공격적 대처행동에는 변화가 없었다. 그에 반해 통제집단은 소극적 대처행동, 공격적 대처행동, 회피적 대처행동이 증가하고, 적극적 대처행동, 사회 지지 추구적 대처행동은 감소하였다. 자기효능감의 변화 정도는 두 집단 간에 차이가 없는 것으로 나타났다.

Sibshop의 내용과 형식을 이용한 형제 지원 프로그램이 우리나라에서도 시도되기 시작한 것은 매우 고무적인 일이라고 할 수 있다. 그러나 국내외 연구 모두 Sibshop을 찾아온 비장애 형제들을 대기자 통제집단으로 두는 것에 대한 현실적 어려움 때문에 무선 배치를 하지 못하고, 참여 희망자를 실험집단에 배치하고, 참여에 관심이 없는 비장애 형제를 통제집단에 배치하는 경향이 있어 이러한 변인이 결과에 미치는 영향을 우려하지 않을 수 없다.

이와 같은 프로그램 외에 비장애 형제를 위한 심리교육적 접근으로는 개별 상담이 있다. Gallagher, Powell과 Rhodes(2006)가 제시

한 비장애 형제의 상담 절차를 요약하면 다음과 같다.

- 1단계–관계 수립하기
- 2단계–형제의 감정과 요구 이해하기: 장애 형제, 친구, 부모에 대한 자신의 감정을 판별하고 표현하기, 충족되지 못한 요구 설명하기, 상담자와 형제는 감정과 문제를 함께 검토하고, 최선의 행동을 계획하기
- 3단계–다양한 가능성 모색하기: 대안 탐색하기, 상담자는 옵션만 제공하기, 각 결정에 따르는 시간, 노력, 비용, 위험, 희생 등을 논의하기
- 4단계–전략 세우기: 상담자가 하는 조언을 받아들이기만 하는 방식이 아니라 형제 자신이 '선택'하도록 하기, 서면으로 계획을 작성할 수도 있음
- 5단계–새로운 기술 연습하기: 역할놀이 등을 통해 상담자에게 새롭게 배운 기술을 연습하기, 현실적 상황을 가정하고 그 상황에서 제기되는 문제에 대한 다양한 역할과 행동을 연습하기
- 6단계–세션 종료하기: 상담을 시작한 초기에 종료 시기를 대략 의논해 두기, 하지만 서로 동의되는 시점에서 종료하기, 상담이 도움이 되었다고 느끼면서 종료되는 것이 중요함, 상담 기간 중에 했던 그간의 노력, 새로 숙달시킨 기술, 성취 등에 대해 칭찬하고 인정하기
- 7단계–추후 지도하기: 추후 지도는 상담 초기부터 미리 계획되어야 하는 중요한 단계임, 정기적 지원이 계속 제공되어야 상담에서 배운 것을 유지할 수 있음. 전화, 짧은 만남, 편지, 이메일 등의 방식으로 제공될 수 있음

이상에서 장애 형제 관련 연구를 살펴보았다. 비장애 형제와 관련해서는 아직도 많은 연구 과제가 남아 있다고 할 수 있으며, 이미 수행된 연구들도 좀 더 정밀한 설계를 통해 연구의 엄격성을 확보할 필요가 있다. 이와 관련하여 Stoneman(2005)은 앞으로 수행될 장애인의 형제 관련 연구에서 탐구해야 할 쟁점을 다음과 같이 제안하였다.

- 장애 형제로 인해 매우 힘들어하는 비장애 형제도 있지만, 이와는 반대로 더욱 올곧게 자라는 비장애 형제도 있다. 이러한 차이를 만드는 것이 무엇인지 알아보기 위해 이러한 형제와 가족을 연구할 필요가 있다.
- 그간의 연구는 비장애 형제를 동질적 집단으로 가정하고 진행되는 경우가 많았으나, 비장애 형제들은 성별, 터울, 출생 순위 등이 매우 다양하고, 이들의 장애 형제들 역시 장애 특성이 상이하다. 따라서 앞으로의 연구에서는 다양한 장애를 가진 형제의 다양한 비장애 형제들을 동일한 집단으로 묶어서 보는 대신, 특정 변인을 공통적으로 가지고 있는 연구 참여자를 중심으로 연구가 실행될 필요가 있다.
- 장애 형제와 비장애 형제가 속한 가족 역시 가족 형태, 사회・경제적 지위, 종교, 가족 수 등에서 동질적인 집단이 아니다. 그러므로 가족이 처한 특별한 상황을 고려하여 형제를 지원하는 방안에 대한 연구가 필요하며, 한 가정에 속한 여러 비장애 형제들을 포함하는 연구 설계도 고안되어야 한다.
- 가족이 속한 지역사회가 장애에 대해 가지는 태도나 복지에 투입하는 재정 등은 그 지역에 살고 있는 장애인 가족의 삶에 영향을 미친다. 따라서 형제 관련 연구는 부모와 자녀라는 미시적

범위를 넘어서 지역사회, 문화라는 거시적 범위에서도 실행되어야 한다.

- 장애 형제의 존재가 비장애 형제에게 미치는 영향의 정도에는 다양한 매개 변인과 조절 변인이 작용할 수 있다. 후속 연구에서는 이와 같은 매개 변인과 조절 변인에 대한 심도 있는 고찰이 필요하다.

3 조부모

맞벌이 부부가 증가하는 현대사회의 특성상, 일반 가정에서도 조부모로부터 양육에 관련된 도움을 받는 일이 증가하고 있지만, 장애인 가정에서는 더욱더 그러하다(Glass & Huneycutt, 2002; Lee & Gardner, 2010). 조부모의 양육 참여는 장애 아동의 부모가 맞벌이거나, 어머니 혼자서 양육을 감당하기가 어려워서 시작될 수도 있지만, 최근에는 여러 가지 이유로 부모 없이 조부모가 장애 아동의 양육을 담당하는 조손가정도 증가하고 있다. 여러 문헌들에서는 조부모가 장애 손주를 양육하게 된 배경으로 ① 학대와 방임 가정의 증가, ② 부모로서의 준비가 되지 않았거나 학업이나 취업 등의 과제를 마치지 못한 미성년 부모의 증가, ③ AIDS를 포함한 부모의 질병이나 약물중독, 부모의 노숙(homeless) 생활, 범죄로 인한 부모의 수감 등 자녀를 양육할 수 없는 상황에 처한 부모 수의 증가 등을 제시하고 있다(Lee & Gardner, 2010; McCallion, Janicki, & Kolomer, 2004). 하지만 이와 같은 문제를 갖지 않은 가정이라 하더라도 조부모를 포함한 친척, 친구들로부터 제공되는 격려, 지지, 정보 등은 장애아 부모의 대처와 전반적인 가족 기능에 긍정적인 영향을 미친다는 것이 선행 연구를 통해 입증되어 왔다(Hastings, 1997; Mayes, Llewellyn, & McConnell, 2008; Trute, 2003).

Miller, Buys와 Woodbridge(2012)는 장애 아동의 조부모 22명(17명의 할머니와 5명의 할아버지)을 대상으로 질적 연구를 실시하여 조부모가 인식하는 가족 내 자신의 역할에 대해 알아보았다. 이들보다 약 10년 정도 먼저 Katz와 Kessel(2002)은 16명의 조부모(7쌍의 조부모와 2명의 할머니)를 대상으로 유사한 질적 연구를 실시하였다. 조부모들이 이 두 연구에서 언급한 장애 아동 조부모의 가족 내 역할을 종합해 보면 다음과 같다.

- 손주의 장애 진단이 놀랍고 충격적이지만, 자녀(장애 아동의 부모)를 위해 자신의 감정을 빨리 추스르고, 가족 전체를 위해 긍정적 태도를 취하기로 결심함. 장애 아동의 부모인 자녀에게 정서적 강인함과 회복력을 불어넣어 가족의 역동성에 긍정적인 영향을 미치고자 노력함
- 하고 싶었던 일들(예: 은퇴 후 여행)을 유보하고, 자녀의 집 가까이로 이사를 오거나 직장 일을 줄여 장애 아동의 양육을 도움으로써 장애 아동의 부모가 휴식을 취하거나 직장생활을 계속할 수 있게 지원함
- 다른 친척들과 장애 아동을 매개하는 역할을 맡아 장애 아동이 부모뿐 아니라 확대가족 안에서도 수용되고 이해받도록 지원함
- 당장은 일상생활의 많은 부분에서 도움을 주고 있지만, 건강이

점점 나빠지고 있어 자신이 더 이상 도움을 줄 수 없는 미래에는 어떻게 해야 할지에 대한 많은 걱정을 하고 있음

- 장애 아동의 상태에 관계없이 무조건적 수용과 사랑을 주는 존재로서 가족 모두에게 정서적 지원을 제공함
- 아동에게 약을 챙겨 주거나 병원에 데려가기, 장애 아동과 놀아 주면서 부모에게 휴식을 제공하기, 중요한 의사 결정에 참여하기, 경제적 도움 주기 등 실제적인 지원을 제공하기

장애 아동의 양육을 전담하거나 부분적으로 지원하는 많은 조부모들이 장애 손주를 돌보는 경험에서 얻는 기쁨과 보람을 이야기하고 있다(Katz & Kessel, 2002). 그러나 한편으로는 본인의 신체적 · 정신적 노쇠함으로 인해 나이가 들수록 양육을 감당하기 어렵다는 점과 공식적 지원체계를 이해하고, 이를 효과적으로 이용하는 데 미숙하다는 점을 토로하기도 한다(McCallion et al., 2004). 이러한 과정에서 장애 아동의 조부모들은 신체적 피로뿐 아니라 정신적 우울, 사회적 고립감 등으로 고통받기도 한다(Janicki, McCallion, Grant-Griffin, & Kolomer, 2000; Miller et al., 2012).

장애 아동의 조부모가 갖는 요구를 바탕으로 조부모가 손주의 삶에 긍정적으로 참여하도록 지원하는 방안을 정리해 보면 다음과 같다(이미숙, 2008; Lee & Gardner, 2010).

손주의 장애에 관한 정확한 정보를 제공한다.

이는 조부모가 손주의 장애를 이해하고 수용하는 과정을 도우며, 손주가 받는 특수교육 관련 중재와 이를 제공하는 전문가들을 알 수

있게 하기 위한 것이다.

장애 아동의 교육과 지원에 적극적으로 참여할 수 있는 기회를 제공한다.

개별화 교육지원 팀을 비롯하여 학교의 여러 행사에 조부모가 참여할 수 있도록 시간과 장소 그리고 회의나 모임 진행 방식 등을 배려하고, 이를 통해 손주의 학습과 발달에 가정과 학교가 협력적으로 일할 수 있게 한다.

조부모와의 원활한 의사소통에 힘쓴다.

전문가들은 조부모가 가진 다양한 질문들에 답할 수 있도록 준비되어야 하며, 장애 아동에 대해 조부모가 제공하는 의견과 정보를 경청해야 한다.

조부모들 간의 모임 기회를 제공한다.

이 모임을 통해 장애 아동의 조부모들이 비슷한 연령의 다른 조부모들과 정보를 주고받을 뿐 아니라 정서적으로도 도움을 받을 수 있게 하기 위한 것이다.

장애 아동의 조부모를 위한 지원을 실시하고 그 효과를 알아본 연구는 거의 전무하지만, McCallion 등(2004)의 연구는 그러한 극소수의 연구 중 하나이면서 동시에 무작위 통제실험이어서 주목할 만하다. 이 연구에는 발달지체나 발달장애 아동 한 명 이상을 돌보는 97명의 조부모(91명의 조모와 6명의 조부)가 참여하였다. 연구자들은 교회, 미장원, 편의점 등에 공지문을 게시하고, 장애 관련 기관에 프로그램을 홍보하여 15개월에 걸쳐 참여자를 모집하였다. 실험에 지원한 조부모는 실험집단 또는 대기자 통제집단에 무작위 배치하였다.

본 연구의 독립변인은 조부모 지지집단이며, 먼저 실험집단 조부모를 대상으로 3개월간 중재가 제공되었고, 중재가 종료된 후 다시 통제집단에 3개월간 중재를 제공하였다. 실험집단에 대한 3개월간의 중재가 끝난 후, 실험집단과 통제집단 간의 차이를 살펴보고, 다시 3개월이 지난 후에 통제집단의 사후 검사와 3개월 전에 측정된 실험집단의 사후 검사 수치도 비교하였다(부분교차설계).

연구자들은 실험에 참여한 모든 조부모들에게 사례관리(case management)를 제공하여 통제집단도 사례관리자의 개별 지원에서 배제되지 않도록 하였다. 본 연구의 중재인 '조부모 지지집단' 활동을 제공하기 위해 적용된 절차는 다음과 같다.

조부모 지지집단을 이끌 리더 교육

리더들은 장애 아동을 양육하는 조부모 지지집단을 이끌기 위한 집단 교육과 개별 교수를 받았고, 이 논문의 제1저자로부터 슈퍼비전을 받았다. 리더 교육에서 다룬 주제는 발달지체와 발달장애, 서비스 신청하기, 손주의 교육, 십 대의 문제, 발달장애 기관에서 제공하는 서비스, 양육 기술, 문제행동, 장애 아동 돕기, 양육권과 후견제도, 장애 아동의 부모, 미래 계획 등이었다.

지지집단의 구성 및 모임 운영

한 집단은 8~10명의 조부모로 이루어졌으며, 3개월 동안 격주로 모임을 가지는 것을 기본으로 하였다(최소 6회의 모임). 한 회기에 소요된 시간은 90분 정도였다. 조부모들이 모임에 참여하는 동안 조부모들의 가정에서 또는 지지집단 활동 장소에서 탁아 서비스를 제공하였고, 지지집단에 오가는 길에 교통편을 제공하였다. 리더는 리더 교육에서 배운 내용 중 집단 구성원들과 함께 의논하여 이들이 가장 관심 있어 하는 6개의 주제를 선택하여 각 회기마다 하나의 주제를 다루었다. 조부모들이 스스로를 돌볼 수 있도록 돕는 내용(예: 스트레스 감소, 이완, 영양, 건강을 위한 노력)은 매 회기마다 다루었다.

본 연구의 종속변인은 우울, 역량 강화 정도, 양육 기술 숙련도였으며, 연구 결과를 요약하면 다음과 같다.

- 실험집단의 우울 증상은 유의하게 감소한 데 반해 통제집단의 우울 증상은 증가하였다. 실험집단의 역량 강화 정도와 양육 기술 숙련도는 유의하게 증가하였지만, 통제집단에서는 감소하였다.
- 대기자 통제집단까지 모두 중재를 받은 후에 측정한 사후 검사 결과와 3개월 전에 중재가 종료된 실험집단의 사후 검사를 비교해 본 결과, 대기자 통제집단은 실험집단과 마찬가지로 우울 증상이 유의하게 감소되고, 역량 강화 정도와 양육 기술 숙련도가 유의하게 향상되었다. 한 가지 특이한 점은 통제집단의 우울 증상 감소 정도가 실험집단의 감소 정도에 비해 유의하게 컸다는 점이다.

이 연구를 Gersten 등(2005)의 질적 지표에 의거하여 분석해 본 결과는 다음과 같다.

- **연구 참여자에 대한 기술** 연구 참여자에 대한 정보가 자세히 제시되어 있으며, 중재인 '조부모 지지집단'을 이끈 리더가 어떤 교육과 모니터링을 받았는지에 대해 자세히 밝히고 있다. 아동이나 청소년을 대상으로 한 연구와 달리 조부모는 모집하기가 쉽지 않은 집단이므로, 어떻게 그 많은 연구 참여자를 모집하였는지를 자세히 밝히고 있는 점도 주목할 만하다. 연구 참여자 모집에만 15개월이나 소요되었다는 사실은 조부모 연구 참여자 모집이 얼마나 어려운지를 보여 주는 단적인 예라 할 수 있다.

- **중재 실행과 통제집단에 대한 기술** 조부모 지지집단 리더가 받은 교육을 제시하고, 지지집단 운영의 세부 사항을 자세히 밝히고 있다. 리더 교육의 구체적인 내용(이 중 6회기를 선택하여 지지집단에서 다루기 때문에, 이 교육 내용은 지지집단의 활동 내용이기도 함)은 매뉴얼에 따랐다고 되어 있어서 구체적인 세부 교육 내용을 이 논문만으로 알기는 어렵지만, 중재의 핵심 부분은 일목요연하게 모두 제시되었다고 판단된다. 모든 회기는 녹화되었고, 그중 일부 샘플에 대해 모니터링을 하여 중재 충실도를 확인하였다. 녹화된 자료가 중재 충실도의 계산뿐 아니라, 지지집단 리더에 대한 피드백 제공의 목적으로 사용된 점은 주목할 만하다. 그러나 중재 실행 충실도 수치는 제시되지 않았다. 본 연구는 통제집단에도 사례 관리를 제공함으로써 통제집단을 '아무것도 하지 않은 집단'이 아니라, 최소한의 지원은 받은 상태에서 지지집단의 참여 여부만 부재한 집단으로 설정하였다.

- **성과 측정** 본 연구는 세 가지 종속변인을 사용하였고, 추가로 비공식적 면담을 통해 참여자들의 인식 변화도 함께 살펴보았

다. 성과의 측정은 중재 종료 직후라는 기준을 정하여 일관성 있게 실시되었다.

- **자료 분석** 본 연구의 자료 분석 결과에서는 효과 크기가 보고되지 않았다.

- **연구 참여 중단율** 본 연구에서는 97명의 참여자 중 3명만이 연구 참여를 중단하였다. 이는 Gertsen 등(2005)의 질적 지표에서 적정 중단율로 제시된 30%에 비해 매우 긍정적인 수치다. 또한 참여자의 90% 이상이 모든 회기에 개근했음을 밝히고 있는데, 이러한 높은 중재 참여율은 종속변인의 변화가 독립변인이 아닌 다른 변인에 의한 것일 가능성을 줄여 주었다.

- **성과 측정의 신뢰도** 본 연구에서는 사용된 측정도구의 내적 일관성 신뢰도를 제시하고 있다.

- **유지의 측정** 본 연구는 중재 종료 직후에만 사후 검사를 실시하고, 유지는 측정하지 않았다. 연구진도 이를 연구의 제한점으로 제시하고 있는데, 특히 본 연구의 경우 대기자 통제집단까지 중재를 받은 후 그 결과를 논문에 포함하였기 때문에, 통제집단의 중재 종료 시기에 실험집단의 유지 검사를 할 수 있는 가능성이 있었음에도 이를 실시하지 못한 것은 아쉬운 점이라 할 수 있다.[9] 대기자 통제집단에도 중재를 제공함으로써 연구의 효과를 반복 입증한 점은 본 연구 설계에서 주목할 만한 점이다.

---

9. 연구자들은 연구에 참여한 조부모들이 반복되는 측정에 대해 막연한 두려움을 보여 유지 검사를 하지 않기로 결정했다고 밝히고 있다.

- **중재 실행의 질** 본 연구에서는 제1저자가 각 지지집단의 활동이 녹화된 테이프를 시청한 후 리더에게 피드백을 제공함으로써 중재 실행의 질을 유지하고자 하였다.

제 6 장

조금 더 특별한 가족들

자신감 있고 교양 있는 학부모와만 친하게 지내려 한다면 우리는 우리의 성채를 떠날 필요가 없습니다. 그러나 중산층의 경계를 넘어, 우리를 신뢰하지 않던 힘없는 학부모에게 손을 내밀어 평등하고 진실한 관계를 맺으려면, '학부모와 격의 없이 만나는 것은 전문가로서의 위신을 잃게 되는 것'이라는 조언(여전히 많은 초임 교사들에게 전해지는 조언)을 받아들여서는 안 됩니다.

김명신 역(2008). **젊은 교사에게 보내는 편지**. 문예출판사.

이 장에 이르기 전까지 다루었던 가족지원에 관한 논의에서 '가족'이 의미하는 바는 어느 정도 일관된 것이었다. 가족 형태, 가족 구성, 양육 방식, 상호작용 패턴 등이 가족에 따라 매우 다양하다는 점이 거듭 강조되었지만, 그럼에도 '장애인 가족'에 대한 전형적인 이미지는 장애를 가진 자녀를 부부 또는 부모 중 한쪽이 돌보는 것이었다. 이 장에서는 지금까지 언급한 장애인 가족들보다 조금 더 특별한 가족들의 지원에 대해 다룰 것이다. 전형적이지 않은 가족의 범위는 열거가 불가능할 만큼 넓겠지만, 이 장에서는 부모가 장애를 가지고 있는 가족, 십 대 부모와 장애 자녀로 구성된 가족, 빈곤과 장애의 문제를 함께 가진 가족에 대해 살펴보고자 한다.

1 부모가 장애를 가지고 있는 가족

앞서 제4장에서는 장애 성인의 가족이 갖는 지원 요구와 관련 쟁점에 대해 살펴보고, 장애 성인의 가족을 대상으로 실시된 연구를 고찰해 보았다. 제4장에서 취업, 주거, 여가, 후견 등 성인기에 진입한 장애 성인과 그 가족이 고민하게 되는 주제를 다루었으나, 장애 성인에 대한 논의는 여기서 멈출 수 있는 것이 아니다. 이들 중 상당수는 배우자를 만나 결혼하고 자녀를 갖게 된다. 그런 의미에서 이 절은 제4장의 연장선이라고도 할 수 있다. 고등학교를 졸업할 때까지 자신의 자립을 위한 다양한 노력을 해 온 장애인들은 이제 '가정 꾸리기'와 '부모 되기'라는 새로운 과목을 배워야 하고, 자신뿐 아니라 배우자나 자녀도 돌볼 줄 알아야 한다. 선행 연구들은 유전적 요인 때문이라고 볼 수 없는 경우인데도 발달장애 부모의 자녀들이 발달지체나 학습 문제를 비장애 부모의 자녀들보다 더 많이 보인다고 보고하고 있다. 이는 발달장애를 가진 부모들이 자녀에게 풍부한 영양을 공급하고, 발달에 도움이 되는 가정환경을 조성하며, 바람직한 행동을 강화하는 적절한 훈육을 제공하는 데 어려움을 보인다는 사실과 무관하지 않다. 결혼, 임신, 출산과 관련하여 장애인에게도 비장애인과 동일한 선택권이 보장되어야 한다는 인식이 증가함에 따라, 연구자들과 현장 전문가들은 장애를 가진 부모들이 가정생활을 원만하게 유지하고, 자녀를 잘 돌보는 데 도움이 되는 프로그램을 개발하고 이를 실행해 왔다. 아직 그러한 연구가 많지는 않지만, 여기서는 부모가 된 장애인을 대상으로 실시된 연구들을 소개하고자 한다.

1) 지적장애를 가진 부모

부모, 특히 어머니가 지적장애를 가지고 있는 대다수의 가정은 빈곤과 실업 등에 관련된 경제적인 문제, 식사와 위생 및 질병 예방이 적절하게 되지 않는 데서 오는 가족 전체의 건강 문제, 사회성의 부족과 지원망의 부족이 야기하는 사회적 고립, 자신감 결여와 의사소통의 부재에서 오는 정서적 스트레스 등으로 인해 매우 복잡한 요구를 가지고 있다. 또한 선행 연구들은 지적장애를 가진 여성의 경우, 배우자로부터의 성폭력, 신체적 폭력과 살인을 경험하는 비율이 비장애 여성에 비해 월등히 높다는 점을 지적하고 있다(McCarthy, 1999; Sobsey, 2000). 따라서 적절한 공식적 · 비공식적 지원이 제공되지 않을 경우, 지적장애를 가진 부모의 가정은 여러 위험과 불리함에 처하게 될 뿐 아니라, 결국에는 자녀를 직접 키우지 못하고 시설이나 다른 친척들에게 보내게 될 가능성이 크다.

지적장애가 있다고 해서 좋은 부모가 될 수 없는 것은 아니다(Tymchuk, 1990; Feldman, 1994). 여러 실험연구를 통해 지적장애를 가진 부모도 적절한 양육 기술을 배우면, 육아, 건강과 안전관리, 자녀와의 상호작용 등을 잘 해낼 수 있다는 것이 입증되어 왔다. 이러한 연구들은 지적장애를 가진 부모에게 제공하는 부모교육이 최대한의 효과를 거두기 위해서는 다음과 같은 요소들이 필수적이라고 제안한다(Feldman, 1994, 1998; Llewellyn, 1997).

- 실제로 그 기술을 사용할 환경에서 그 기술을 지도하기
- 구체적이고 실제적인 자료를 체계적인 순서로 제시하는 교수전략 사용하기
- 설명뿐 아니라 모델링, 연습, 피드백과 같은 수행 능력 기반(competency-based)의 교수방법 사용하기

국내에서는 지적장애를 가진 부모에게 양육 지원을 제공하고, 그 효과를 살펴보는 연구가 아직 활발하게 실행되지 않고 있다. 이 절에서는 지적장애를 가진 부모가 자녀를 잘 양육할 수 있도록 지원한 국외의 실험연구 몇 가지를 소개함으로써 국내에서 유사한 노력을 시작할 수 있는 단초를 제공하고자 한다.

Feldman이 이끄는 연구 팀은 시청각 자료를 활용한 육아 관련 자기주도적 학습 프로그램을 개발하고 이를 지적장애 부모에게 실시한 후, 이것이 부모들의 기본적 육아 기술, 건강과 안전관리 기술에 영

향을 미치는지 살펴보았다(예: Feldman & Case, 1997, 1999; Feldman, Ducharme, & Case, 1999). 이 프로그램은 1981년 캐나다 토론토의 Surrey Place 센터가 개발한 것으로, 기본적인 육아 기술과 건강과 안전관리 기술 및 상호작용 기술을 결정한 후 각 기술을 과제 분석한 체크리스트를 진단 및 중재의 주요 자료로 사용한다. 〈표 6-1〉은 이 프로그램에서 선정한 여러 기술 중 '목욕 준비하기'에 해당하는 체크리스트로, 연구자들은 지적장애를 가진 부모들이 보이는 읽기의 어려움을 고려하여 이 체크리스트의 내용을 그림으로 된 매뉴얼로 제작하였다([그림 6-1] 참조).

표 6-1 체크리스트 예시 '목욕 준비하기'

목욕 준비하기

1. 집안을 따뜻하게 하기 위해 창문을 닫는다.
2. 목욕 도구를 욕조 옆에 놓는다(매뉴얼의 '목욕 도구' 부분 참고)
3. 욕조 바닥에 목욕 매트를 깐다.
4. (엄지손가락이 욕조 바닥에 닿은 상태에서) 부모의 손목 높이에 물이 찰 때까지 따뜻한 물을 받는다.
5. 손목에 물을 묻혀 물의 온도가 적절한지 알아보고, 필요할 경우 수온을 조절한다.
6. 아기의 옷을 벗기고, 필요한 경우 엉덩이를 먼저 씻긴다.

(여기까지 완료하였다면, 매뉴얼의 다음 장인 '욕조 안에서 아기 목욕시키기'를 진행한다.)

출처: Feldman(2004). p. 20.

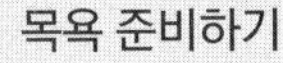

1. 창문을 닫고 실내를 따뜻하게 한다.

2. 목욕 도구를 욕조 옆에 놓는다.

※ 준비할 도구가 무엇인지는 매뉴얼의 '목욕 도구' 부분을 보세요.

|그림 6-1| '목욕 준비하기' 체크리스트의 1, 2단계 그림

출처: Feldman(2004). p. 22.

이 프로그램은 0~5세 자녀를 둔 지적장애 부모들에게 총 25가지의 기본적인 양육 기술을 교육하도록 설계되었는데, 그림 매뉴얼은 이 25가지 기술을 수행하는 절차에 대한 설명을 그림으로 제시하고, 간단한 설명을 그림에 삽입하는 방식으로 구성되어 있다. 그러나 그림에 포함된 간단한 글씨조차 읽을 수 없는 부모를 위하여 각 기술을 수행하는 순서, 즉 그림 배열의 순서를 읽어 주고 부모가 봐야 할 페이지 수와 페이지를 넘길 시점을 알려 주는 오디오테이프를 제작하여 그림 매뉴얼과 함께 제공하였다. Feldman은 이 프로그램의 효과를 1990년대부터 현재까지 여러 지적장애 부모에게 적용하여 그 효과를 검증해 왔는데, 이들 연구에서 지적장애 부모들은 이 프로그램을 통해 비장애인 부모에 버금가는 양육 기술을 습득하였으며, 습득한 기술을 평균 3.5년까지 유지한 것으로 나타났다. 또한 이러한 지원에 대한 소비자 만족도는 모든 연구에서 매우 높게 나타났다.

Llewellyn, McConnell, Honey, Mayes와 Russo(2003)는 5세 이하 자녀를 둔 지적장애 부모에게 자녀의 건강과 안전을 다루는 가정기반 부모교육을 실시하였다. 가정학습 프로그램(Home Learning Program: HLP)이라 명명된 이 부모교육 프로그램은 'UCLA 부모-아동 건강과 복지 프로젝트'(Tymchuk, Groen, & Dolyniuk, 2000)를 호주의 문화와 상황에 맞게 수정한 것으로, 훈련된 부모교육 전문가가 가정을 방문하여 일대일로 제공한다. 부모교육은 총 10회기로 이루어져 있으며(〈표 6-2〉 참조), 부모교육 전문가는 매주 가정을 방문하여 그림과 쉬운 영어로 구성된 책자를 이용하여 한 회기의 내용을 다루는데, 부모가 실제 경험했던 질병이나 사고 등을 소재로 동기를 유발하고 이야기를 이어 나가기도 한다. 각 회기의 마무리 활동으로는 배운 내용을 활동지나 연습 과제를 통해 점검하게 된다. 45명의 지적장애 부모(어머니 40명, 아버지 5명)를 대상으로 이 프로그램을 제공한 결과, 이 부모들이 가정 내 위험을 자각하고 이러한 위험의 해결책을 판별하는 능력이 향상되었고, 부모들이 가정에서 실제로 사용한 예방행동의 수가 유의하게 증가하였다. 또한 건강과 질병의 징후에 대한 이해, 생명이 위급할 정도의 응급 상황에 대처하는 기술, 병원에

표 6-2 가정학습 프로그램(HLP)의 내용

회기	제목	내용
1	질병과 건강 이해하기	• 아이가 아픈지를 알아보는 방법(증상의 5가지 범주) • 일반적인 아동의 건강 문제(가장 흔한 9가지 건강 문제와 그 증상) • 예방접종 • 의사 결정을 잘하기 위한 절차
2	의사	• 의사에게 전화해야 할 상황 • 의사의 지시를 이해하고 따르기 • 의사에게 질문해야 할 내용 • 약통에 부착된 라벨 읽기, 처방전이 있어야 살 수 있는 약과 처방 없이도 살 수 있는 약의 구별 • 안전한 약의 사용
3	체온과 호흡	• 건강할 때와 아플 때의 체온 • 발열에 따른 증상 • 자녀의 체온을 재는 방법 • 호흡 문제를 살펴보는 방법
4	응급 상황	• 생명을 위협하는 대표적인 응급 상황 6가지 • 이러한 응급 상황이 발생하는 이유와 예방법 • 응급 상황 시 행동 수칙
5	가정의 안전의 기본	• 가정에서 발생 가능한 12가지 유형의 위험 • 예방의 중요성 • 위험한 물건과 장소 판별하기 • 사고를 예방하기 위한 일반적 지침
6	화재, 전기 사용 및 요리 시의 안전	• 화재의 위험과 예방책 • 전기 관련 사고와 예방책 • 요리와 관련된 위험과 예방책
7	독극물, 먹으면 안 되는 것, 질식	• 독극물 관련 위험과 예방책 • 질식의 위험과 예방책 • 먹으면 안 되는 것과 관련된 위험과 예방책

8	무거운 물건, 날카로운 물건, 화기(火器)	• 무거운 물건에 관련된 위험과 예방책 • 날카로운 물건에 관련된 위험과 예방책 • 화기를 다룰 때의 위험과 예방책
9	위험한 장난감과 동물, 집 밖에서의 위험	• 장난감 및 동물에 관련된 위험과 예방책 • 야외 활동에서 발생 가능한 위험과 예방책 • 어질러진 집에서 발생할 수 있는 위험
10	가정 안전 계획	• 가정 내 위험과 주의점 체크리스트 만들기 • 가정의 안전 계획 세우기

가야 하는 상황과 전화로 문의해도 되는 상황의 구별, 자녀가 어떻게 아픈지 설명하는 방법과 자녀에 대해 질문하는 방법, 안전하게 약을 복용시키는 방법 면에서 유의한 향상을 보였다. 이러한 결과는 3개월간 유지되었으며, 지적장애 부모의 건강, 읽기 능력, 지능에 관계없이 효과적인 것으로 나타났다.

이상의 연구들은 지적장애 부모의 양육 기술에 중점을 두고 지원한 반면, 또 다른 일군의 학자들은 지적장애 성인이 비장애인에 비해 사회적 고립과 정서적 안녕에서 불리한 처지에 있고, 이러한 상태는 자녀의 양육을 비롯한 원만한 가정생활에 어려움을 야기할 것이라는 점에 주목하여, 지적장애 부모의 사회적 지원과 심리적 안정을 증진시키는 데 초점을 둔 중재를 제공하였다. 그 예로 영국 학자인 McGaw, Ball과 Clark(2002)은 22명의 경도 지적장애 부모를 대상으로 집단 중재의 효과를 살펴보는 실험을 실시하였다. 이들의 실험에서 모집된 22명의 지적장애 부모들은 모두 가정기반의 일대일 지원을 받고 있는 상황이었는데, 연구자들은 이 중 12명의 실험집단 부모들에게 사회적 인식을 높이고, 대인관계에서 의사소통과 경청 기술을 향상시키는 데 초점을 둔 집단 중재를 14주에 걸쳐 제공하였다. 집단 중재에서는 인지행동적 접근을 사용하여 지적장애 부모들이 사회적·정서적 능력과 관련된 기술을 배우게 하였고, 집단 토의를 통해 실제 생활에서 경험한 감정과 생각을 떠올려 보도록 촉진하였다. 지적장애 부모들은 또한 대인관계에서 발생했던 긴장이나 갈등에 관련된 선행 사건, 행동, 후속 결과를 생각해 보는 시간을 가졌으며, 경청하기, 감정 표현하기, 분노 다루기 등과 같은 대인관계 기술을 연습할 시간을 가졌다. 연구 결과, 실험집단 부모들의 자존감이 통제집단 부모들에 비해 유의하게 향상된 것으로 나타났으나, 자녀와의 관계나 자녀에 대한 기대 면에서는 즉각적인 효과가 나타나지 않았다. 그러나 중재 종료 13주 후에 추적 검사를 실시한 결과, 실험집단의 모든 부모들이 친구를 사귀었고, 가족 내 긍정적인 변화가 나타났음을 발견하였다.

호주에서도 이와 유사한 실험이 실시되었다. McConnell, Dalziel, Llewellyn, Laidlaw와 Hindmarsh(2009)는 친구를 사귀고, 지역사회에서 함께 좋은 시간을 보내는 데 어려움이 있는 지적장애 어머니들을 위해 사회적 관계를 강화하고, 심리적 안정을 향상시키는 데 초점을 둔 집단기반 프로그램을 개발하고, 이를 호주 내 6개 지역에 거주하는 32명의 지적장애 어머니들에게 실시하여 그 효과를 살펴보았다. 연구 결과, 대부분의 어머니들이 학습 목표를 성취하였고, 자신에 대해 긍정적으로 느끼게 되었으며, 지역사회 활동에 자신감을 갖게 되었다. 이 연구는 통제집단 없이 실험집단의 변화만 보고한다는 점에서 중재 효과의 입증에 한계가 있지만, 지적장애 어머니가 가사와 육아를 잘 해내는 데 필요한 기술을 지원하는 데 그치지 않고, 한 여성이자 개인으로서 갖는 정서적·사회적 요구를 스스로 충족할 수 있도록 역량을 강화하고자 시도했다는 점에서 그 의의를 찾을 수 있다.

2) 그 밖의 장애를 가진 부모

난독증은 다른 장애에 비해 유전적 요인의 영향을 많이 받는 장애다(Gilger, Pennington, & DeFries, 1991; Scarborough, 1990). 따라서 난독증을 가진 부모의 자녀들에게 읽기 교수를 위주로 한 조기 개입을 제공하여 난독증이 미칠 수 있는 장기적인 영향을 예방하고자 하는 연구들이 실시되어 왔다. 그러한 시도 중 하나로 네덜란드에서는 Otterloo와 그의 동료들(2008)이 부모 중 한쪽이 난독증인 5세와 6세 아동을 대상으로 가정기반 중재를 실시하였다. 이 중재는 음소 인식과 문자 지식의 향상을 목적으로 개발된 프로그램을 부모에게 교육하여 부모가 가정에서 자녀에게 지도하는 방식으로 전개되는데, 부모는 10주에 걸쳐 매일 10분씩 자녀와 함께 이 프로그램에서 부여한 과제를 수행한다. 아동은 노래나 운율을 이용하여 각 음소와 그에 해당하는 글자를 익히고 연습하게 되며, 글자와 소리를 짝지을 수 있게 된 후에는 부모와 함께 그 글씨를 써 보기도 하고, 자신이 아는 사람 중 그 글씨로 시작되는 이름을 가진 사람을 떠올려 본다.

연구 결과, 실험집단 아동들이 통제집단에 비해 음소 인식이 높은 것으로 나타났지만, 초등학교 1학년이 된 후 읽기와 철자에서의 수행을 비교하였을 때 두 집단 간에 유의한 차이가 나타나지 않았다. 하지만 단어 인식에서 10퍼센타일 미만의 심각한 수행을 나타내는 실험집단 아동의 수가 통제집단에 비해 월등히 적은 것으로 나타나, 난독증 부모의 자녀에게 제공한 읽기 관련 조기 개입이 초등학교 진학 후의 부정적인 결과를 예방할 수 있음을 보여 주었다.

한편 부모에게 직접 지원을 제공한 실험연구는 아니지만, 정신장애를 가진 부모에게 어떤 지원이 필요할지에 대해 설문조사를 실시한 연구가 있다. Byrne, Hearle, Plant, Barkla, Jenner와 McGrath (2000)는 조현병, 양극성장애, 우울 등의 정신장애를 가진 부모와 일하고 있는 전문가들을 대상으로, 이 부모들과 이들의 자녀들이 갖는 어려움이 무엇이며, 이 가족들에게 도움이 될 수 있는 지원은 무엇인지 알아보기 위한 설문조사를 실시하였다. 전문가들은 정신장애 부모가 가질 만한 어려움으로 제시된 거의 모든 항목을 높은 점수로 평정하였는데, 그 예로는 양육과 관련된 자신감 부족과 낮은 자존감, 사회적 지지로부터 고립된 상태, 자녀의 미래에 대한 문제, 비효과적인 양육 기술 등이 있었다. 정신장애 부모의 자녀들이 가진 어려움에 대해서는 부모의 병에 대한 지식과 이해의 부족, 슬픔, 상실, 분노, 우울의 감정을 경험하는 것, 부모 역할을 대신해야 하는 것, 미래에 자신도 부모처럼 정신장애를 가질 수 있다는 염려 등을 들었다. 이 가족에게 도움이 될 만한 지원 중에서는 조화로운(coordinated) 서비스의 제공, 이들을 위한 전문성을 가진 전문가의 양성, 이들의 장애를 설명하는 데 도움이 되는 책자나 게임 등의 자료 개발이 가장 높은 점수를 받았다. 연구자들은 정신장애를 가진 부모들의 경우 본인의 요구도 다양하고, 이들의 가족들도 많은 어려움을 갖게 되므로, 여러 기관 간 협력을 통해 조화롭고 포괄적인 지원이 제공되어야 하며, 이를 위한 정책이 뒷받침되어야 함을 강조하였다.

2 십 대 부모와 장애 자녀로 구성된 가족

1) 장애 자녀를 둔 십 대 부모

우리는 주변에서 비장애아를 키우는 성숙한 부모들조차 '아이를 키우는 것이 세상에서 가장 힘들고 조심스러운 일'이라고 말하는 것을 종종 듣는다. 한 가정의 자녀가 자폐성장애로 인해 부모와의 의사소통이 매우 어렵다고 가정해 보자. 또는 생명이 위태로울 정도의 건강장애로 인해 여러 생명유지장치를 몸에 부착한 채 장기 입원 중이라고 가정해 보자. 정신적, 육체적으로 건강하고 인격적으로 성숙한 부모들도 양육이나 간병의 어려움으로 인해 피로와 스트레스를 호소할 것이다. 뿐만 아니라 자녀와 가족의 미래에 대한 불안, 장애 수용 과정에서 느끼게 되는 상실감과 우울, 교육과 치료비에 대한 걱정 등은 꿋꿋하게 이 상황을 직면하기로 용기를 낸 부모에게도 적지 않은 삶의 무게로 다가올 것이다.

이런 부모의 자리에 십 대 청소년을 앉혀 보면 '과연 어디서부터 지원을 시작해야 하는 것일까?' 하는 탄식이 절로 나온다. 모든 십 대 부모는 미숙하다거나 자녀를 돌볼 여건이나 자격이 안 된다는 식의 일반화를 할 수는 없다. 그러나 스스로의 정체성을 확립하고, 진로 및 직업을 비롯한 인생 설계를 하는 것만으로도 힘에 겨운 시기에 장애 자녀의 부모 역할을 해내야 하는 이러한 상황은 이들에게 상당히 위협적인 도전임에 분명하다.

인간의 발달단계에서 가장 격정적이고 불안정한 시기에, 정신적, 육체적으로 큰 변화를 야기하는 임신과 출산을 겪어 내고, 전적인 돌봄과 보호를 요하는 아기의 양육자가 된 청소년들은 신체적 · 정서적 · 심리적 · 사회적 · 교육적 측면에서 부정적인 영향을 받지 않을 수 없다. 박영희(2001)는 십 대 임신의 발생에는 ① 가족 붕괴, 부모와의 관계 문제 등으로 인한 심리적 공허함과 의존 욕구, ② 부모의 감독 부족, ③ 성적 조기 성숙, ④ 성행동 관련 의사결정을 위한 인지 기술의 부족과 추상적 문제해결력 및 미래지향적 사고 능력의 부족, ⑤ 동료의 압력, ⑥ 성적 자극이 만연한 사회 등의 요인이 복합적으로 작용하고 있어 심층적이고 다양한 개입 프로그램이 필요하다고 하였다. 이와 같이 여러 위험 요인에 깊이 노출된 청소년들을 어떻게 지원하고 보호해야 할지는 이들의 부모(아기의 조부모)뿐 아니라 우리 사회 전체의 숙제이기도 하다.

많은 선행 연구들은 십 대의 산모가 이십 대 이후에 임신한 산모에 비해 학업 중단, 사회적 고립, 취업 기회 제한, 만족스럽지 못한 결혼, 낮은 수입, 건강 문제, 낮은 자존감 등에서 유의하게 불리하다고 보고하고 있다(Cooley & Unger, 1991). 십 대의 임신은 이와 같이 산모 본인에게도 심각한 영향을 미치지만, 이들에게서 태어날 아기는 더 큰 위험 요인을 가지게 된다. 너무 이른 임신의 경우, 아기가 저체중으로 태어나거나 출생 시 의학적 문제를 가질 가능성이 높으며(Amini, Catalano, Dierker, & Mann, 1996; Koniak-Griffin & Turner-Pluta, 2001), 그 결과로 이 아기들 중 상당수는 질병 또는 장애를 갖게 될 수 있다(Furstenberg, Brooks-Gunn, & Morgan, 1987). 또한 십 대 어머니들은 이십 대 이후에 출산한 어머니들에 비해 아기에게 반응하는 기술이 부족하고, 비현실적인 기대를 가지며, 아기의 발달을 촉진하는 환경 조성에 어려움이 있는데, 이로 인해 이들의 자녀들은 성장해 감에 따라 또래와의 학업 성취에서 격차가 벌어지거나 발달 문제나 부적응행동을 보이는 경향이 뚜렷하다(Burgess, 2005; Koniak-Griffin & Turner-Pluta, 2001). 이러한 이유로 십 대 부모의 문제는 사회적 이슈로서의 비중도 크지만, 특수교육 및 장애인 복지 분야에 미치는 영향도 적지 않다.

우리나라에 장애 자녀를 둔 십 대 부모의 수가 얼마나 되는지에 대한 공식적인 통계가 없기 때문에 여기서는 장애 자녀를 두었는지의 여부와 관계없이 십 대 부모의 비율을 보고한 선행 연구를 살펴보고자 한다. 2006년 국가청소년위원회 국정감사 발표 자료에 따르면, 우리나라의 청소년 미혼모는 한 해 5~6천 명으로 추산된다고 한다. 미혼모의 출산·양육 환경 개선을 위한 사회적 지원 방안을 연구한 김유경, 조애전, 노충래(2006)의 연구에서는 국내 미혼모의 30~40%가 십 대이며, 이들 중 다수가 아기를 양육하고 있다고 보고하고 있다. 미혼 부모의 사회통합 방안 연구를 수행한 김혜영, 선보영, 김은영, 정재훈(2009)의 연구에서는 미혼모 중 십 대가 차지하는 비율이 30.6%라고 보고하고 있다. 미국에서도 매년 20세 이하의 여성 75만여 명이 임신을 하고, 이 여성들 중 낙태하지 않고 출산하는 경우가 44만여 명에 이르는 것으로 추산되고 있다(Kost & Henshaw, 2012). 이러한 조사 결과를 바탕으로 볼 때, 장애 자녀를 둔 십 대 부모의 수도 상당할 것으로 예상된다.

십 대의 임신이 증가하는 원인과 예방책 등에 대한 논의는 이 책의 범위를 벗어나지만, 한 가지 분명한 것은 장애 자녀를 갖게 된 십 대 부모를 비난하는 데 많은 에너지를 소모하면, 그동안 이들의 자녀인 장애 영유아가 중요한 시기에 적절한 도움을 받지 못하고 방치될 수 있다는 것이다. 미국의 경우, 십 대 어머니들이 학업을 계속하게 하고, 자녀를 잘 양육할 수 있도록 지원하는 것이 궁극적으로 사회 전체가 부담해야 할 비용을 절감하는 것이라는 데 사회적 동의가 이루어졌고, 이들을 위한 정책 수립[1]을 통해 양육 기술 지원, 탁아 지원, 청소년 산모의 고등학교 졸업을 위한 지원 등이 체계를 갖춘 상태다(홍순혜, 김혜래, 이혜원, 변귀연, 정재훈, 이상희, 2007; Robbers, 2008). 영국에서도 청소년 미혼모를 위한 교육, 재정, 주택 지원 정책이 수립되어 있으며, 특히 16세 미만의 미혼모에게는 아기와 어머니를 위한 포괄적인 지원을 제공하고 있다(홍순혜 외, 2008). 우리나라의 경우, 십 대 어머니들에 대한 사회적 관심과 지원은 아직 걸음마 단계이며, 중 · 고등학생인 아기의 부모들이 아기를 키우면서 학업을 계속할 수 있게 하자는 주장이 이제 겨우 시작된 상황이다(국가인권위원회, 2010).

그 수가 아직 턱없이 부족하지만, 우리나라에도 십 대 부모를 위한 지원 노력이 조금씩 시도되고 있다. 한 예로, 2009년 서울시 여성가족재단이 서울시로부터 위탁받아 설립된 '서울특별시 한부모가족지원센터(http://seoulhanbumo.or.kr)'를 들 수 있다. 미혼모 · 부자가정 지원은 이 센터의 주요 사업 중 하나로, 24개월 미만의 자녀를 양육하는 미혼모 · 부자 가정에 병원비(출산비, 아이 입원비, 예방접종)와 생필품(기저귀, 분유, 내의)을 지원하고, 부모교육, 주거와 취업 지원 등 생활 전반에 대한 정보를 제공하며, 미혼모 · 부들 간 자조

1. 이러한 정책의 예로, 고등학교 졸업 전인 청소년 미혼모를 위한 빈곤가족 임시 지원(Temporary Assistance for Needy Families) 프로그램을 들 수 있다. 이 프로그램은 청소년 미혼모에게 TANF 기금을 지원하되, 이들이 성인의 감독이 있는 가정에 거주하면서 고등학교를 계속 다니거나 그에 상응하는 교육 프로그램에 참여하지 않으면 기금 수혜에 제한을 둔다(Duffy & Levin-Epstein, 2002).

모임을 운영한다. 이 센터는 또한 십 대 부모를 위한 대안학교인 '도담학교'를 운영하고 있는데, 도담학교는 서울시 교육청 위탁으로 학력이 인정되는 정규 학습반과 학력 인정은 안 되지만 검정고시를 준비하게 도와주는 검정고시 학습반으로 구성되어 있다. 이 학교에 다니는 십 대 부모들은 보육 지원, 장학금 지원, 위기 지원 우선순위 등의 혜택을 받는다.

한편 미혼모자 생활시설인 애란원에서는 2008년 11월 '나.너.우리' 미혼모부센터를 개소하여 진료와 출산 지원, 응급 미혼모의 생계비, 의료비, 양육비, 거처의 지원, 자녀 양육 지원, 양육비 지원, 자립 지원, 자조 모임 지원, 임신에서 자립까지의 사례 관리 등과 같은 도움을 제공하고 있다. 애란원은 또한 서울시 교육청 위탁교육기관으로 지정되어 '나래학교'라는 대안학교를 운영하고 있는데, 이 학교는 임신을 한 중 · 고등학생 누구나 위탁교육을 신청할 수 있으며, 이들의 학력은 재적 학교에서 인정받게 된다.

그 수가 아직 턱없이 부족하지만, 이러한 지지 기관의 설립은 매우 반가운 일이다. 이 기관들에서 제공하는 지원 중 하나가 십 대 부모들의 양육 역량 강화이기는 하나, 이는 비장애 영유아를 전제로 하는 지원이므로, 장애 자녀를 둔 십 대 부모들에게는 좀 더 개별화된 지원이 필요하다. 장애 자녀를 둔 십 대 부모의 가족지원을 위해서는 기존의 십 대 부모 지원에 더하여 장애 영유아의 건강과 발달을 관리하고, 부모 스스로의 정서적 · 사회적 · 직업적 역량을 강화하며, 조화롭고 지속적인 지역사회 지원망의 구축을 포함하는 종합적인 지원체계가 필요할 것이다.

선행 연구들은 비록 많은 불리한 조건을 가진 십 대 부모와 그 자녀라 하더라도 적절한 사회적 지원이 제공되면, 부모와 자녀 각각에게 긍정적인 성과를 거둘 수 있을 뿐 아니라 부모와 자녀 간의 관계와 상호작용을 향상시킬 수 있음을 보여 준다. Deutscher, Fewell과 Gross(2006)는 상호작용 중심의 단기 양육 기술 교육과정이 어머니의 행동과 아동의 발달 성과에 미치는 영향을 알아보았다. 연구자들은 94명의 십 대 어머니 중 실험집단인 48명에게 관계 중심의 양육 기술 프로그램을 3개월 동안 24회기(1회기당 1시간)에 걸쳐 제공하였다. 프로그램에서 다룬 주제는 아동의 두뇌 발달, 신뢰와 안정적 애착의 중요성, 효과적인 모아 상호작용, 아기가 보이는 단서를 알아채고 적절하게 반응하기, 놀이 및 번갈아 하기(turn-taking), 발달적으로 적절하고 개인적으로도 적절한 행동, 초기 언어 발달의 촉진, 자녀와 함께 책 읽기와 노래하기, 긍정적인 훈육전략 등이었다.

연구 결과, 실험집단 십 대 어머니가 통제집단 십 대 어머니보다 아기에게 잘 반응하는 정도, 덜 지시적인 정도, 언어 발달을 촉진하는 태도에서 유의하게 큰 향상을 보였다. 실험집단 어머니의 아기들 역시 통제집단 어머니의 아기들에 비해 발달지수(developmental quotient)가 유의하게 높았다.

한편 Thomas와 Looney(2004)는 시설에 거주하고 있거나 대안학교에 재학 중인 41명의 십 대 어머니에게 심리교육적 중재(12주에 걸친 강점 중심, 관계 중심의 양육 기술 교육 집단 중재), 건강 증진, 아기 마사지, 응급처치를 제공하였다. 그 결과, 어머니들의 우울과 자존감에는 유의한 변화가 없었으나, 양육 관련 태도와 신념은 유의하게 향상되었다. 이러한 연구들은 장애 자녀를 둔 십 대 어머니를 대상으로 한 것은 아니지만, 자녀의 장애와 관계없이 십 대 어머니들의 복지와 아기의 발달을 위해서는 세심하고 체계적인 지원이 마련되어야 함을 촉구한다.

2) 장애 자녀를 둔 십 대 부모에 관한 연구

장애 영유아를 위한 조기 개입이 소기의 목적을 달성하기 위해서는 전문가와 가족 간의 협력이 필수적이라는 데 누구도 이견이 없겠지만, 장애 자녀를 둔 십 대 부모와의 협력이 전문가들에게 그리 간단한 일은 아니다. 어떻게 보면 십 대 부모도 전문가의 지원을 받아 잘 자라나야 하는 청소년인 셈인데, 이러한 청소년과 전문가가 서로를 동등한 파트너로 존중하며 협력하는 가운데 조기 개입이 이루어지기란 매우 어렵다. 전문가들이 장애 자녀를 둔 십 대 부모의 경험과 인식을 좀 더 잘 이해할 수 있도록 돕고, 십 대 부모와 전문가 간 협력의 특징과 개선 방향을 알아보기 위해 Lea(2006)는 장애 자녀를 낳아 키우고 있는 16~18세의 어머니 6명과 이들 가정에 방문하여 아기와 어머니에게 서비스를 제공하는 전문가 14명을 연구 참여자로 하는 질적 연구를 수행하였다. 어머니들의 임신 당시 나이는 14~16세였으며, 아기들은 모두 장애 영유아 프로그램에 등록되어 서비스를 받고 있었다. 연구에 참여한 전문가의 수가 어머니의 수보다 훨씬 많은 것은 각 어머니를 지원하는 전문가가 두 명 이상이었기 때문이다. 어머니들을 지원한 전문가는 총 16명이었으나, 가정방문 시 자신과 어머니의 상호작용을 연구자가 관찰하는 데 동의한 전문가는 14명이었다.

자료 수집은 세 가지 방법으로 이루어졌다. 첫째, 어머니와 전문가를 대상으로 면담을 실시하였다. 한 어머니당 5회 정도의 면담을 실시하였는데, 면담 시간은 대략 60~90분이었으며, 총 29회의 어머니 면담이 이루어졌다. 전문가와의 면담은 총 17회 이루어졌다. 둘째, 어머니와 서비스 제공자(전문가)의 상호작용을 직접 관찰하였다. 연구자는 IEP나 IFSP 또는 프로그램 검토 회의 등의 팀 회의(각 참여자별로 1회 이상), 조기 개입 회기(각 참여자별로 2회 이상)를 직접 관찰하면서 그 시간에 일어난 일화를 기록하였다. 연구자는 또한 묘사적인 현장 노트와 분석 노트를 기록해 나갔다. 셋째, 문서를 검토하였다. 검토한 문서는 IEP/IFSP, 진단 보고서, 서비스 제공자의 일지, 영유아 프로그램(Infants and Toddlers Program) 운영 지침서 등이었다.

수집된 자료는 지속적 비교법(constant-comparative approach)을 이용하여 분석하였으며, 22개의 코드들은 존중, 공감, 신뢰, 힘의 균형이라는 네 가지 주제로 범주화되었다. 각 주제를 간단하게 요약하면 다음과 같다.

존 중

십 대 어머니들은 전문가로부터 무시받고 있다는 느낌과 전문가가 자신의 의견을 진지하게 받아들이지 않는다는 느낌을 받고 있었다. 연구자는 관찰을 통해서 어머니들이 팀 회의에서 거의 말하지 않았을 뿐 아니라, 어머니들이 회의 중에 한 말을 전문가들이 곧 잊어버리고 그에 대한 후속 조치를 취하지 않음을 발견하였다. 어머니들의 면담에 따르면, 전문가들은 IFSP에 포함될 가족 목표(family goals)를 결정하기 위해 십 대 어머니에게 질문을 하기는 했지만, 어머니가 한 답을 아무 설명 없이 묵살하기도 했고, 전화를 안 받으면 서비스를 중단하겠다는 협박을 하기도 했으며, 방문 직전에 전화하여 약속을 취소하기도 했다. 십 대 어머니들은 또한 친정어머니가 함께 있을 때는 전문가의 태도가 확연히 달라진다고도 하였다. 십 대 어머니들은 자신들이 전문가보다 어리기 때문에 이렇게 무시하는 것이 아닌가 하는 생각을 어쩔 수 없이 하게 된다고 하였다. 한편 전문가들은 이 어머니들을 돕는 방법에 대해 충분히 훈련받지 못한 상태에서 상담, 사회복지, 법적 도움 등 삶의 전반에 걸친 여러 지원이 필요한 이 어머니들에게 무엇을 어떻게 해 주어야 할지 모르겠다는 점에서 십 대 어머니와 일하는 것이 두렵고 어려운 일이라고 하였다.

공 감

십 대 어머니들은 전문가들이 십 대 부모가 되는 경험을 실제로 해 볼 수는 없더라도 자신을 알려고 조금만 노력해 주었으면 하는 바람을 표현했다. 비록 십 대에 임신과 출산을 했지만, 자신을 알려고 조금만 노력하면 나쁜 사람은 아니라는 것을 알게 될 텐데 전문가들은 어머니가 어떤 사람이고, 이 가정에 어떤 일이 일어나고 있는지를 궁금해하지 않는다고 하였다. 연구자는 어머니와 전문가의 삶의 모습이 너무 다른데다가 전문가가 가진 선입견까지 작용하여 전문가가 십 대 어머니에게 공감하기가 쉽지 않음을 언급하였다. 십 대 어머니가 하는 일이 하도 답답하고 한심해서 소리를 지르고 싶을 정도라는 전문가의 면담 내용도 있었다. 어머니들은 자신이 무슨 말을 해도 전문가가 자신들을 어리석게 볼 것 같아 가급적 말을 안 한다고도 하였다. 이러한 상황은 공감에 기초한 협력을 매우 어렵게 하고 있었다.

신 뢰

십 대 어머니들은 자녀의 장애를 알기 전에 청소년 미혼모로서 이미 사회서비스 기관의 도움을 받아 본 적이 있는데, 이러한 기관들과의 경험 때문에 지원 기관과 서비스 제공자 전반에 대한 불신을 가지고 있었다. 그 결과 조기 개입 전문가를 쉽게 믿지 못하고, 자신이 아이를 제대로 키우는지 감시하는 사람으로서 전문가를 바라보는 경향이 있었다. 그러나 약속을 잘 지키는 전문가와 일하면서 신뢰를 쌓고, 전문가와 좋은 관계를 갖게 된 어머니도 있었다.

힘의 균형

협력의 당사자들 간에는 어느 정도 힘의 균형이 이루어질 필요가 있다. 그러나 수집된 자료에서 일관되게 나타나는 현상은 십 대 어머니들은 힘이 거의 없다는 것이었다. 이 현상은 팀이 의사결정을 하는 과정에서 극명하게 나타났다. 십 대 어머니와 전문가 양쪽 모두 전문가가 어머니보다 아동에게 무엇이 최선인지를 더 잘 안다고 인식하고 있었다. 이 과정에서 전문가는 지식 권력(knowledge power)을 갖게 되었고, 이러한 인식은 전문가가 일방적으로 주도하는 의사결정 절차로 이어졌다. 어머니들은 전문가가 말한 것과 다른 목표나 의견을 말할 경우, 최종 결정에는 반영되지 않는 상황이나 자신에게는 아예 선택권이 주어지지 않는 상황을 이야기하였다. 팀 회의에서의 직접 관찰에서도 전문가들이 전반적인 과정을 다 알아서 하고, 어머니는 마지막에 서명을 하는 정도로만 참여하는 것을 확인할 수 있었다.

이상에서 살펴본 바와 같이, 이 연구는 장애 자녀를 둔 십 대 어머니들이 전문가와 협력하면서 경험했던 생각과 느낌을 제시함으로써, 이 어머니들과 함께 일하는 전문가들이 어떤 점에 유의해야 할지를 생각해 보게 해 주었다는 데 의의가 있다. 장애 위험 유아를 둔 십 대 어머니 지원에 대한 연구에서 Wells와 Thompson(2004)은 전문가들이 십 대 어머니를 미성년 학습자가 아닌 성인 학습자로 간주하고, 그에 맞는 존중을 보이는 것이 중요함을 강조하고 있다. 성인 학습자를 교육하는 사람은 다음과 같은 다섯 가지 원칙(Knowles 1990; Wells & Thompson, 2004 재인용)을 염두에 두어야 하는데, 장애 자녀를 둔 십 대 어머니를 위해 일하는 전문가 역시 이 원칙을 기반으로 십 대 어머니를 지원할 필요가 있다. 즉, 십 대 어머니를 위한 프로그램은 교사가 학생을 가르치듯이 접근해서는 안 되고, 학습자 주도적이고, 학습자가 처한 맥락에 적합하며, 학습자에게 의미 있는 배움과 깨달음이 일어나는 기회가 되어야 한다. 이러한 지원은 십 대 어머니들이 자녀에게 적절한 돌봄과 교육을 제공할 수 있는 역량을 갖추도록 도와줄 것이다.

- 학습자는 자기 주도적이다.
- 학습자는 과거의 경험에서 얻은 풍부한 학습 자원을 가지고 있다.
- 사람들은 자기가 맡은 역할을 위해 필요한 것은 배우게 되어 있다.
- 학습은 그것을 얼마나 즉시 적용할 수 있는지에 달려 있다.
- 학습은 내적으로 동기화되어야 가능하다.

이제 Lea의 연구를 Brantlinger 등(2005)이 제시한 질적 지표를 중심으로 분석해 보면 다음과 같다.

- **면담 대상자와 관찰 장면의 적절성** 장애 영유아를 둔 십 대 어머니는 연구 참여자로 모집하기가 그리 쉬운 집단이 아니다. 이 연구에서는 장애 영유아에게 서비스를 제공하는 기관을 거점으로 하여 서비스 대상 가족 중 연구 참여자의 선정 조건에 맞는 가족을 선택하였다. 또한 이 연구에서는 십 대 어머니뿐 아니라 이들과 함께 일하는 전문가들도 면담하였는데, 장애 영아와 그 가족에게 지원을 제공하는 전문가는 여러 명일 경우가 대부분임을 감안하여 한 가정당 여러 명의 전문가를 면담하였다. 한편 장애 자녀가 영아일 때는 어머니와 전문가가 만나는 가장 주요한 장면이 가정방문이므로, 이 시간을 관찰 장면으로 정한 것도 적절한 선택이었다.

- **면담 질문의 적절성** 이 연구에서는 모든 면담 질문이 제시되지는 않았는데, 십 대 어머니를 대상으로 한 면담 질문으로는 다음의 두 가지만이 제시되었다. "처음으로 (조기 개입 서비스 전달을 위한) 가정방문을 받았을 때 어머니가 느끼신 바를 말씀해 주세요." "(현재 자녀에게 조기 개입 서비스를 제공하고 있는) 영유아 프로그램에서 어머니의 역할은 무엇이라고 생각하시나요?" 한편 전문가에게 주어진 질문은 별도로 제시되지 않았고, "관찰 결과나 어머니의 면담에서 거론된 바를 명료화하거나 확정하기 위해 면담을 했다."라고만 기술되어 있다. 따라서 표현이 명백하고 답을 유도하지 않는 질문인지, 연구 주제를 탐색하는 데 적절하고 충분한 질문인지를 판단할 만한 근거가 부족하다고 할 수 있다.

- **면담의 녹음과 전사 방법의 적절성** 이 연구에서 녹음과 전사를 언급한 곳은 "면담은 평균 60~90분 정도 지속되었으며, 이 면담

은 모두 녹음한 후 말 그대로(verbatim) 전사하였다."라는 한 문장뿐이다. 따라서 녹음과 전사를 위해 적절한 방법이 사용되었는지의 여부는 판단하기 어렵다.

- **대상자에 대한 표현의 적절성** 논문 전반적으로 십 대 어머니에 대한 묘사가 존중과 객관성 측면에서 적절하다고 판단된다. 비록 많은 어머니들이 고등학교도 아직 마치지 못했고 나이도 무척 어렸지만, 연구자의 묘사에서는 이들을 동등한 협력의 주체이자 장애 영아의 장기적 옹호자로 존중하고 있음이 나타난다.

- **비밀 보장 방식의 적절성** 이 연구에서 비밀 보장을 위해 어떤 방법을 사용했는지에 대한 설명은 찾아볼 수 없는데, 이는 본 연구의 제한점이라 할 수 있다. 면담 참여자인 십 대 어머니는 또 다른 면담 참여자인 전문가들과 비교할 때 나이, 교육 수준, 사회적 지위 등 여러 측면에서 명백하게 약자의 입장에 있다. 이와 같이 힘의 불균형이 예상되는 서로 다른 두 집단이 동시에 연구 참여자가 될 경우, 연구자는 비밀 보장을 위한 적절한 조치를 취하고, 또 이를 연구 참여자들에게 공지하며, 연구 보고서에도 이러한 사실을 명시할 필요가 있다.

- **자료 분석의 진실성과 신뢰성 확보를 위한 노력의 적절성** 연구자는 ① 9개월 이상의 긴 기간에 걸쳐 자료를 수집한 점, ② 면담, 관찰, 문서 분석 등 다양한 자료를 이용하여 삼각 검증(triangulation)을 실시한 점, ③ 면담에 참여한 어머니들에게 분석 결과를 공유하고 피드백을 받은 점(i.e., member check) 등을 자료 분석의 신뢰도를 높이기 위한 노력으로 들고 있으며, 이들 각각에 대한 절차를 명확하게 제시하고 있다.

- **연구자의 개인적 입장과 관점에 대한 반성 제시** 이 연구에서는 연구자의 자기반성(self-reflection)이 무척 잘 드러나 있다. 연구자는 장애아 가족과 함께 8년간 일해 왔을 뿐 아니라, 자기 자신도 소수 인종 출신의 어린 미혼모였다. 즉, 완벽하게 객관적인 관찰자로 이 연구를 수행할 수 없는 입장이었기 때문에, 연구 과정 중 역할 혼란(role confusion)이 일어나지 않도록 많은 노력을 했다고 밝히고 있다. 이러한 노력의 예로는 끊임없이 자기반성을 하는 것, 관찰 노트에 자신의 정체성에 대해 주의 깊게 기록해 두는 것 등이 있었다. 연구자가 완벽하게 중립적일 수 없는 경우, 이러한 노력을 통해 분석 과정에서 발생할 수 있는 편견과 왜곡을 줄이려는 시도는 의미 있다고 생각된다.

3 빈곤과 장애의 문제를 함께 가지고 있는 가족

1) 빈곤과 장애

모든 장애인 가족이 가난한 것도 아니고, 가난한 가정에서 태어난 아기라고 해서 장애를 갖는 것도 아니다. 그러나 장애의 치료와 교육에 투자되는 추가 비용이나 장애로 인한 구직 기회의 감소로 인해 장애인 가족이 빈곤해질 수 있으며, 빈곤한 가정의 구성원들은 장애를 입을 수 있는 위험에 더 많이 노출되고, 실제 그러한 위험에 처했을 때 적절한 의료적 처치를 받을 수 없는 등의 이유로 장애를 갖게 될 가능성이 높다. 이 관계에서 어느 쪽이 원인이고 어느 쪽이 결과

인지는 입증하기 어렵지만, 두 요인이 공존하는 가족의 지원 요구가 둘 중 하나의 요인만 가진 가족에 비해 훨씬 높을 것임은 분명하다.

빈곤과 장애 간의 상관관계에 대한 국내외 선행 연구들은 예외 없이 유의한 관계를 보고하고 있다(윤상용, 김태완, 2009; 정영숙, 2001, 2005; Birenbaum, 2002; Brooks-Gunn & Duncun, 1997; Fujiura & Yamaki, 2000; Meyers, Brady, & Seto, 2000; Peterson et al., 2004). 또한 동일하게 장애 자녀를 둔 가정이라 해도 빈곤가족이냐 아니냐에 따라 삶의 질에 차이가 난다는 것을 보여 줌으로써 빈곤한 장애인 가정이 짊어진 이중고를 강조하는 연구들도 증가하고 있다. 한 예로, 정준구(2010)의 연구에서는 충청도 소재 특수학교 학생의 가족을 4인 가족 최저생계비 150%를 기준으로 빈곤가족과 비빈곤가족으로 나누고, 두 집단 간 여가 활동 참여도에 차이가 있는지 알아보았다. 134부의 설문지 분석 결과, 장애 자녀를 둔 빈곤가족은 비빈곤가족보다 전반적인 여가 활동 참여도가 낮았을 뿐 아니라, 관람 활동, 스포츠 활동, 야외 활동, 관광처럼 비용이 많이 드는 여가 활동 참여도가 유의하게 낮은 것으로 나타났다. 반면 집에서 하는 운동이나 동네 활동처럼 비용이 별로 들지 않는 활동에서는 유의한 차이가 나타나지 않았다. 이 연구는 장애 자녀를 둔 가정이라 해도 경제적 여유가 있다면 비장애 자녀를 둔 가정과 크게 다를 바 없는 여가생활을 누리지만, 장애 자녀를 둔 빈곤가족의 경우 여가생활 참여도가 현저하게 낮다는 결론을 내리고 있다.

한편 Walls, Kisker, Peterson, Carta와 Jeon(2006)의 연구는 동일하게 빈곤한 가정이라 해도 장애 자녀를 둔 가정이냐 아니냐에 따라 삶의 질에 차이가 날 수 있음을 보여 주는 예다. 이 연구에서는 장애 자녀를 둔 빈곤가족과 비장애 자녀를 둔 빈곤가족 간에 자녀 보육과 관련된 차이가 있는지를 알아보았는데, 보육기관을 이용하는 정도는 두 집단 간 차이가 없었으나, 자녀가 3세가 되는 시점이 되면 장애아가 받는 보육의 질이 비장애아가 받는 보육의 질보다 낮을 뿐 아니라 보육에 대한 부모의 만족도 역시 장애아 부모 집단이 낮은 것으로 나타났다. 이러한 연구 결과는 장애 자녀를 둔 빈곤가족이 오랜 시간이 지나도 여전히 빈곤에서 벗어나기가 어려운 이유 중 하나를 설명해 준다. 즉, 장애 자녀를 둔 빈곤가족의 경우 자녀의 장애를 잘 이해하고 능력을 키워 줄 수 있는 질 높은 보육을 제공하는 기관에 대한 정보가 부족하고, 부모의 근무 시간이 일정하지 않아 보육기관 선택의 폭이 좁아질 수 있다. 역으로, 믿을 수 있고 질 높은 보육을 제공하는 기관을 찾지 못한 부모는 안정적으로 아기를 맡길 곳이 없어 취업의 기회를 제한받게 되고, 이러한 악순환 속에 이 가정의 빈곤은 지속될 수밖에 없는 것이다.

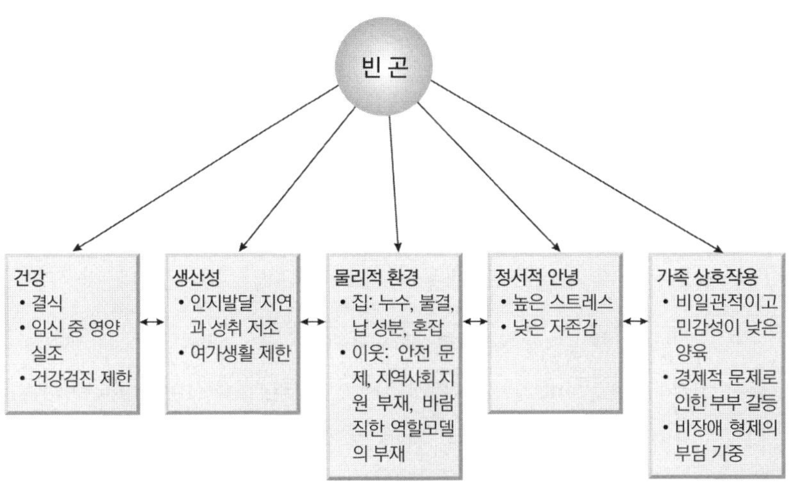

|그림 6-2| 빈곤이 가족의 삶의 질에 미치는 영향

출처: Park et al. (2002). p. 154 수정 발췌.

Park, Turnbull과 Turnbull(2002)의 문헌 연구에서는 빈곤이 장애인 가족의 삶의 질에 미치는 영향을 [그림 6-2]와 같이 도식화하여 제시하고 있다. 그림에서 보는 바와 같이 빈곤은 가족생활 전반에 광범위한 영향을 미치므로, 장애 자녀를 둔 빈곤가족을 위해서는 삶의 여러 영역을 아우르는 포괄적인 지원체계가 필요하다. 장애아를 둔 저소득층 가정의 지원 모델을 수립하기 위한 기초 연구로, 박지연, 유은연(2004)은 장애 아동을 둔 저소득층 가정의 1차 양육자 18명과 이 가족들과 함께 일하는 전문가 13명을 대상으로 질적연구를 실시하였다. 수집된 자료를 분석한 결과, ① 빈곤이 장애아를 둔 저소득층 가정에 미치는 영향, ② 현 체제의 문제점, ③ 장애아를 둔 저소득층 가정의 요구, ④ 장애아를 둔 저소득층 가정을 위한 지원의 성패에 영향을 미치는 기타 요소라는 네 가지 주제가 도출되었다. 연구자들은 이러한 결과를 토대로 장애아를 둔 저소득층 가정을 위한 지원 모델을 [그림 6-3]에서 보는 바와 같이 제시하였다.

[그림 6-3]에서 보듯이 장애 자녀를 둔 빈곤가족은 방문 지원, 도구적 지원, 교구 지원, 보호제도, 부모교육/부모 모임 지원, 형제자매 지원 등 다양한 유형의 지원을 필요로 한다. 그러나 이 연구에 참여한 가족들은 이와 같은 지원뿐 아니라, 지원이 전달되는 과정에서 나타나는 전문가의 태도도 매우 중요하다고 인식하고 있었다. 가족의 강점에 기반을 두고 가족의 결정을 존중하는 것, 가족 전체를 지원의 단위로 간주하는 것, 장애 아동을 지원하는 가족의 노력을 격려하는 것 등은 이들 가족을 지원하는 전문가들이 자신을 점검할 때 항상 기억하고 있어야 할 사항이다. 또한 가족지원의 선행 요건으로 제시된 일반인의 장애 인식 개선, 학교나 기관의 가족 지향성, 가족 기능의 회복을 위한 지원, 빈곤가족을 위한 현 체제의 문제점 개

가족지원의 선행 요건		가족지원의 내용 (what to support)		가족지원의 전달 방식 (how to support)
• 일반인의 장애 인식 개선 • 가족 중심적 원리에 근거한 체제(학교, 기관)의 변화 • 가족 기능의 회복을 위한 지원 • 현재 지원체제의 문제점 개선: 신청 과정, 수급 대상 선정 기준, 제도 운영 등		• 방문 지원: 가정을 방문하여 가족의 전반적인 요구에 맞는 지원을 제공 • 도구적 지원: 교통수단, 목욕시설 등 가족에게 현실적으로 필요한 것을 제공 • 교구 지원: 장애 아동이 사용할 교재나 교구, 완구에 대한 지원 • 보호제도: 가정이 위기에 처했거나 부모가 휴식을 필요로 할 때 장애 아동을 보호해 주는 지원 • 부모교육/부모 모임 지원: 부모들이 적극적으로 모임 및 부모교육에 참여할 수 있는 여건을 제공 • 형제자매 지원: 장애 아동의 형제자매를 위한 상담, 방과 후 교육 등		• 가급적 가족이 함께 살 수 있도록 지원 • 가족의 자존감을 존중하며 지원 전달 • 장애 아동뿐 아니라 부모, 형제자매를 포함한 가족 전체를 지원의 단위로 간주 • 장애 아동을 지원하고자 하는 가족의 노력을 격려하고 지지 • 장애 아동 및 가족의 강점을 발견하여 최대한 활용하고, 가족의 자기 결정권을 존중하는 지원

↓

가족 역량 강화(family empowerment)

↓

가족의 삶의 질(family quality of life) 향상

|그림 6-3| 장애아를 둔 저소득층 가정을 위한 지원 모델

출처: 박지연, 유은연(2004). p. 165.

선 등은 장애 자녀를 둔 빈곤가족을 위한 지원이 한두 명의 탁월한 전문가만 있으면 이루어지는 것이 아니라, 일반교육 관련자, 정책입안자, 일반 시민을 포함하는 사회 전체의 관심과 이해가 필요한 것임을 역설하고 있다.

2) 장애 자녀를 둔 빈곤가정 지원에 관한 연구

영아와 양육자 간 질 높은 상호작용의 중요성과 따뜻하고 반응적인 성인이 아동의 사회·정서 발달에 미치는 명백한 영향력이 강조되면서, 여러 학자들과 전문가들은 영아를 둔 부모 대상의 양육 지원 프로그램을 개발하였다. 그러나 이상적인 요소를 고루 갖춘 프로그램의 개발에 성공했다 하더라도 재정 부족, 프로그램의 제한된 보급 경로, 훈련된 전문가의 부족 등과 같은 요인은 여러 가족들이 이러한 프로그램에 참여함으로써 얻을 수 있는 유익의 기회를 제한한다. 이러한 문제를 해결할 수 있는 방법 중 하나는 인터넷을 이용하여 프로그램을 전달하는 것이다. 인터넷 보급 초기에는 컴퓨터와 인터넷이 빈부를 구분하는 기준이 되기도 했지만, 이제 인터넷은 빈곤 여부에 크게 구애받지 않는 보편적인 통신망이 되었다. 집에 컴퓨터가 없는 부모들이라 해도, 자녀가 다니는 학교를 비롯한 여러 유형의 관공서나 지역사회의 다양한 기관에서 인터넷을 무료로 사용할 수 있다. 최근에는 스마트폰의 빠른 보급으로 휴대전화를 기반으로 인터넷을 사용하는 사람도 많다.

인터넷을 이용하여 조기 개입 프로그램을 전달하게 되면, 때와 장소에 구애받지 않고 사용자가 원하는 시간에 프로그램 내용을 전달받을 수 있고, 장애 영아와 부모가 센터를 비롯하여 프로그램을 실시하는 장소까지 오가는 시간을 아낄 수 있으며, 개별 가정을 방문하거나 센터에서 프로그램을 진행할 숙련된 전문가가 부족한 상황에서도 많은 가정에 도움을 줄 수 있다(Taylor, Webster-Stratton, Feil, Broadbent, Widdop, & Severson, 2008; Baggett, Davis, Feil, Sheeber, Landry, Carta, & Leve, 2010 재인용). 특히 저소득층 가정은 규칙적으로 시간을 내어 센터기반이나 가정기반 프로그램의 전 회기에 참석하기가 곤란한 형편일 경우가 많으므로, 인터넷을 이용하여 장애 영아와 그 가족을 위한 프로그램을 전달한다면, 이 가정의 조기 개입 효과를 높일 수 있을 것이다. 이러한 전달 방식의 변화는, 지원이 절실한 가정일수록(예: 장애아를 둔 빈곤가정) 양질의 프로그램에 접근하기 어렵다는 복지 현장의 모순을 어느 정도 해소할 수 있을 것이다. Baggett 등(2010)은 이와 같은 점에 착안하여 장애 영아와 그 어머니의 상호작용을 촉진하는 데 효과적이라고 알려진 놀이와 학습 전략(Play and Learning Strategies: PALS) 프로그램을 인터넷 기반으로 구성하여 저소득층 가정에 제공하고, 그 효과를 살펴보는 실험연구를 실시하였다.

PALS는 Landry와 Smith(1996)에 의해 개발된 프로그램으로, 원래의 프로그램은 아동의 양육자와 일대일의 지원적 관계를 맺은 훈련된 촉진자(코치)가 실행한다. 코치는 양육자가 알아야 할 핵심적인 양육 원칙과 양육자의 행동을 알려 주기 위해 비디오 자료를 이용하여 매 회기 양육자에게 목표 기술을 연습시킨다. 1회기를 제외한 2~10회기에는 그 직전 회기에 코치가 내 준 과제를 코치와 부모가 함께 검토한 후 새로운 기술을 소개하게 되며, 최소한 두 회기에는 또 다른 양육자(예: 장애 영아의 아버지)가 함께 참여해야 한다. PALS는 가정기반의 10회기(1회기당 90분) 프로그램으로, 다음과 같은 양육자의 유능성 향상을 목표로 한다.

- 아기가 보내는 신호 읽기(알아채기)
- 온화하고 민감한 행동으로 반응하기
- 아기의 주의를 끌고 유지하기

- 물체를 보여 주거나 사회적 게임을 시작할 기회를 포착하기
- 신체적 동작과 함께 풍부한 언어를 사용하기
- 이상과 같은 양육행동을 옷을 입히고, 먹이고, 놀아 주는 등의 일상적 활동에 적용하기

PALS는 2003년에 프로그램을 업데이트 하면서 이와 같은 10회기의 가정기반 프로그램에 '아기와 함께 읽기' 회기를 추가하였다. 이와 같은 PALS의 내용을 그대로 유지하되, 전달 방식을 인터넷 기반화한 프로그램을 Baggett 등은 'Infant-Net'이라 명명하였다. 인터넷을 이용하여 PALS와 동일한 내용을 효과적으로 전달하기 위해 연구자들은 다음과 같은 전략을 사용하였다.

- 부모와 아기가 등장하는 비디오 예시를 이용하여 개념, 행동, 기술을 제시하였다.
- 학습자(양육자)의 이해도를 묻는 질문을 내용이 제시되는 중간 지점마다 삽입하고, 이 질문에 대한 부모의 답을 녹음하여 이후 양육자와 코치가 함께 검토할 자료의 데이터베이스에 저장하였다.
- 각 회기의 주요 개념을 요약하여 제시하였다.
- 그 회기에 배운 기술을 연습할 일상적 활동을 그다음 회기까지 숙제로 제시하였다.
- 양육자가 그 회기에 배운 기술을 사용하여 아기가 상호작용하는 장면을 컴퓨터 카메라로 5분간 녹화하고, 이후 코치가 원격으로 그 동영상을 부모와 함께 검토하였다.
- 코치는 매주 가정에 전화하여 양육자와 아기가 상호작용하는 동영상에 대해 양육자와 이야기를 나누었고, 기술 연습과 습득

에 대해 개별적인 지원을 제공하였다.

- PALS의 내용을 인터넷으로 전달하는 것에 더하여 Infant-Net은 웹사이트 게시판을 개설하여 양육자 간 지지와 정보 교환의 장을 마련하였다. 이 온라인 게시판에서 다른 양육자 또는 전문가와 친해지게 되면서 연구 참여자들은 서로 질문을 주고받고, 고민과 성공담을 나누며, 지역사회에서 얻을 수 있는 일반적인 지원 기회에 대해 토의하기도 하였다.

Infant-Net은 인터넷이라는 전달 방식의 이점을 살려 각 회기의 내용 전달이라는 본래의 목적 외에 연구 참여자가 각 회기를 마치는 데 소요된 시간, 총 회기 중 연구 참여자가 수강을 마친 회기의 수, 내용 점검 질문에 대한 연구 참여자 응답의 정확도, 연구 참여자가 평가한 프로그램 만족도와 수강의 용이성에 대한 자료를 수집하였다.

이 실험에는 총 38가정의 장애 영아와 그 어머니가 참여하였다. 각 가정의 연간 수입은 미국 빈곤층 기준의 185% 이하였고, 실험 시작 시 장애 영아는 생후 3~8개월이었다. 연구 참여자들은 실험집단과 통제집단에 19가정씩 무작위 배치되었고, 두 집단 모두에 6개월간 컴퓨터를 설치하고 인터넷을 개통해 주었다. 통제집단에도 컴퓨터를 제공한 것은, 실험집단에만 컴퓨터와 인터넷을 제공하였을 경우 종속변인의 변화가 프로그램 자체의 효과인지 컴퓨터와 인터넷이라는 테크놀로지의 도입에 의해 발생한 것인지 구분할 수 없기 때문이다. 컴퓨터에는 워드 프로그램을 설치하고, 영아 발달과 양육 관련 자료를 링크해 두었으며, 연구 조교가 각 가정을 방문하여 컴퓨터와 인터넷 사용법을 교육하고, 서면으로 된 컴퓨터 사용 지침서를 제공하였다. 연구 조교는 실험집단의 가정방문 시 일반적인 컴퓨터 사용법뿐 아니라, Infant-Net을 이용하여 각 회기를 수강하는 방법을 설명하고, 서면으로 된 Infant-Net 활용 지침서를 제공하였으며, 아기의 어머니가 실제로 Infant-Net에 입장하여 메뉴를 탐색하는 것을 지켜보면서 필요한 설명을 해 주었다.

프로그램 성과 중 모아 상호작용의 변화는 랜드리의 부모-아동 상호작용 척도(Landry & Smith, 1996)를 이용하여 측정하고, 어머니의 우울 정도는 산후우울 선별검사(Post-Partum Depression Screening Scale)(Bech & Gable, 2003)를 이용하여 측정하였다. 연구 결과, 영아의 긍정적 행동과 어머니의 반응적 태도 모두에서 실험집단의 향상 정도가 통제집단에 비해 유의하게 큰 것으로 나타났으며, 실험집단 어머니의 우울 정도가 통제집단 어머니에 비해 유의하게 큰 폭으로 감소하였다. 특히 주목할 점은 통제집단 어머니의 경우 아기와의 상호작용이나 우울 모두에서 심각한 퇴보를 보였다는 것이다. 이는 빈곤과 같은 위험 요인을 가진 가정의 경우 적절한 조기 개입이 제공되지 않으면, 시간이 지날수록 어머니는 양육을 어려워하고, 아동의 발달도 저해된다는 선행 연구들의 주장과 일치하는 것으로, 이 연구는 이러한 위험 요인을 가진 가정이 양질의 조기 개입 프로그램에 접근할 수 있게 하는 지원을 통해 위험 요인이 장애아 가정에 미칠 수 있는 영향을 최소화할 수 있음을 보여 주었다. 본 연구를 Gersten 등(2005)의 질적 지표를 이용하여 분석해 보면 다음과 같다.

- **연구 참여자에 대한 기술** 빈곤이 연구 참여자 선정의 주요 기준이므로, 소득 수준에 대한 기술은 자세히 제공되어 있다. 그러나 장애 영아 또는 장애 위험 영아를 둔 가정을 대상으로 한다는 기술 외에 장애 영아가 어떤 발달상의 장애나 어려움을 가지

고 있는지에 대한 설명은 제시되어 있지 않다. 연구 참여자를 실험집단과 통제집단에 무작위 배치하였고, 사전 검사 결과로 동질성 검사를 실시하여 두 집단 간에 유의한 차이가 없음을 보여 주었으므로, 집단 배치 절차는 적절하다고 볼 수 있다. 또한 이 연구에서는 Infant-Net에 등장하여 양육 기술을 소개하는 중재자가 누구인지는 설명하고 있지 않으나, 인터넷으로 프로그램을 수강한 후 주기적으로 전화하여 어머니를 지원하는 코치와 사전-사후 검사를 위해 각 가정을 방문하는 연구 조교에 대해서는 기술하고 있다.

- **중재 실행과 통제집단에 대한 기술** 이 연구에서는 PALS의 특징과 인터넷 기반으로 전환된 PALS의 특징을 자세히 제시하고 있으며, PALS 프로그램 전달의 매개가 되는 컴퓨터와 인터넷을 제공하는 과정도 상세히 명시하고 있다. 인터넷을 이용하여 학습자 주도적으로 프로그램 내용을 습득하게 되므로, 중재자의 중재 충실도를 별도로 측정할 필요는 없었다고 판단된다. 이를 대신하여 연구자들은 학습자(어머니)들이 얼마나 충실하게 각 회기를 수강하였는지를 측정하였다. 통제집단에 제공된 서비스, 즉 워드 프로그램이 설치된 컴퓨터와 자녀 양육에 유익할 만한 자료가 링크된 인터넷을 제공한 것에 대해서도 상세히 설명하고 있다.

- **성과 측정** 본 연구에서는 모아 상호작용과 어머니의 우울을 종속변인으로 하고 있다. PALS는 어머니들이 영아에게 따뜻하고 민감하게 잘 반응하기 위한 중재이므로, 중재와 밀착된 종속변인은 모아 상호작용이라 할 수 있다. 영아를 다루는 어머니의

기술과 영아 발달에 대한 어머니의 이해가 높아짐에 따라, 어머니는 양육에 대한 자신감을 갖게 될 것이며, 양육 스트레스나 자녀의 발달에 대한 불안에서 오는 우울이 감소할 것이라는 점에서 우울은 일반화된 수행에 대한 측정이라 할 수 있다. 즉, 본 연구는 중재와 밀착된 측정과 일반화된 수행에 대한 측정을 모두 확인할 수 있도록 두 가지 측정도구를 사용하였다. 이 연구에서는 6개월의 시간을 주고 인터넷으로 제공된 PALS를 수강한 후 사후 검사를 실시하였는데, 이것이 적절한 성과 측정 시기인지에 대해서는 약간의 논의가 필요하다. 중재 내용이 인터넷으로 제공되었기 때문에, 각 연구 참여자는 자신이 원하는 시간에 인터넷에 접속하여 각 회기를 학습하였다. 실험집단에 속한 19명의 어머니 중 3명을 제외하고는 모든 회기에 대한 수강을 완료하였는데, 여기서 문제가 되는 것은 어머니들마다 10회기를 완료한 시점이 다를 수 있다는 점이다. 또 3명의 어머니는 6개월이라는 긴 시간 동안 각각 3회, 5회, 9회까지밖에 마치지 못했으므로, 프로그램의 영향을 제대로 받을 수 있었는지 의문을 갖게 된다. 6개월간 코치가 각 가정에 정기적으로 전화하여 양육 지원을 제공하였다는 점에서는 Infant-Net 시작 후 6개월 되는 시점에서 성과를 측정한 것이 적절하다고 볼 수 있으나, Infant-Net을 통해 제공된 프로그램의 효과를 알아보려면 각 어머니가 10회기를 완료한 시점에 사후 검사를 하는 것이 더 적절했을 것이다.

- **자료 분석** 자료 분석은 연구 문제와 정확히 일대일로 잘 연결되어 있으며, 연구 결과에는 모든 추리통계 결과마다 효과 크기

를 제시하고 있다.

- **연구 참여 중단율에 대한 보고** 연구 시작 시 40가정에서 두 가정이 참여를 중단하였는데, 이 연구는 참여 중단의 이유를 자세히 밝히고 있다. 참여를 중단한 두 가족은 각각 실험집단 한 가족, 통제집단 한 가족이어서 참여 중단이 집단 간 유사한 양상이었으며, 연구 참여 중단율 5%는 결과에 심각한 영향을 미칠 정도는 아니었다.
- **성과 측정 도구의 신뢰도와 타당도에 대한 정보 제공** 이 연구에서는 종속변인의 측정에 사용된 도구의 신뢰도와 타당도 정보를 제시하고 있다. 특히, 모아 상호작용의 측정에서는 직접 관찰이 포함되므로, 관찰자(평정자) 간 신뢰도를 구하는 절차도 제시하고 있다.
- **중재 효과의 유지 측정** 본 연구에서는 사전 검사 6개월 후 사후 검사를 실시하였고, 그 이후에 추가로 이루어진 측정은 없었다.
- **중재의 특성을 포착한 실제 자료의 제시** 이 연구에서는 Infant-Net에 나오는 화면의 모습을 예시로 제시하여(실제 인터넷 화면을 screen shot 하여 제시함) 인터넷 기반의 양육 지원 프로그램이 대략 어떤 모습인지를 짐작하게 해 주었다.

이 장에서는 부모가 장애를 가진 가정, 장애아 부모가 미성년인 가정, 빈곤가정의 요구를 살펴보고, 이들 가정을 지원한 선행 연구를 살펴보았다. 그러나 이 세 집단 외에도 장애아를 둔 다문화가정, 장애 자녀를 둘 이상 둔 가정, 장애아 입양가정 등과 같이 조금 더 특별한 가정의 유형은 무수히 많다. 특수교육 및 관련 분야 전문가들은 이러한 다양한 가족들과 진실한 협력 관계를 맺을 수 있도록 다양한 문화적 · 사회적 · 심리적 조건에 대한 이해를 높이고, 그러한 이해를 바탕으로 각 가정의 요구에 민감하고 유능하게 반응할 수 있는 역량을 길러야 할 것이다.

전문가의 가족지원 유능성

발달장애를 가진 내 아들로 인해 내 삶에 들어온 무수한 전문가들과 협력하는 것은 댄스 배우기와 비슷했다. 우리 만남의 초기에는 우아하게 마룻바닥을 가로지르며 미끄러지듯 춤추는 일은 일어나지 않았다. 우리의 동작은 뻣뻣했고, 어색했으며, 조화되지 않았다. 때로 우리는 박자와 리듬이 다른 음악을 들으며 춤추는 파트너 같아 보였다.

부모와 전문가가 장애 아동을 위한 좋은 기회를 효과적으로 조성하기 원한다면, 서로의 꿈, 희망, 두려움, 한계, 관점을 알기 위해 시간을 할애해야 한다. 우리는 쓰고 있던 헤드폰을 벗어 던지고 서로의 음악을 듣되, 특히 부모의 음악과 고유한 댄스 스탭에 주의를 기울이며 들어야 한다. 아동을 잘 파악하려면 부모와 전문가가 서로를 잘 알아야 하는데, 단순히 부모와 전문가로서 서로를 아는 것이 아니라 인간으로서 서로를 알아 가야 한다. 이것은 인내와 신뢰, 스스로와 상대방에 대한 이해 등을 필요로 하는 어려운 작업이다. 그러나 이것이야말로 아동의 삶을 변화시킬 수 있는 가장 의미 있는 방식 중 하나다.

Fialka(2001). p. 21, 27.

1 전문가에게 요구되는 가족지원 유능성의 의미

증거기반의 실제에서 자칫하면 간과하기 쉬운 것은 '누가' 증거기반의 실제를 적용하여 가족을 지원할 것인가 하는 문제다. 모든 증거기반의 실제는 그 실제에 대한 전문성을 충분히 갖추고 있을 뿐 아니라, 그 실제를 제공받는 사람들에 대한 이해와 헌신을 가진 전문가에 의해 실행됨을 전제로 하지만, 모든 전문가가 그러한 경지에 도달해 있다고 가정하기는 어려우며, 현실에서는 동일한 가족지원 프로그램이라도 누가 운영하느냐에 따라 그 과정과 결과가 다르게 나타나기도 한다. 특히, 가족지원은 전문가의 지식과 기술이 가족을 향해 전달되는 일방적 관계로 이루어지는 것이 아니라, 가족과 전문가의 협력적 노력을 기반으로 하는 쌍방적 관계에서 이루어지는 것이므로, 가족지원에 임하는 전문가의 협력 관련 유능성은 가족지원 프로그램에 관련된 유능성 못지않게 중요하다고 할 수 있다.

그렇다면 가족과 함께 일하는 전문가에게 기대되는 자질은 무엇일까? 이와 관련하여 Blue-Banning, Summers, Frankland, Nelson과 Beegle(2004)은 가족과 협력하는 전문가에게 기대되는 구체적인 행동 지표를 알아보기 위해 137명의 장애인 가족과 53명의 전문가를 대상으로 포커스 그룹 면담과 개별 면담을 실시하였다. 수집된 자료에 대해 질적 분석을 실시한 결과, 협력적인 가족-전문가 간 관계의 특징과 그 관계에서 관찰되는 전문가의 행동 특성이 도출되었는데, 이를 요약하면 〈표 7-1〉과 같다. 이 연구는 일반적으로 흔히 사용되는 말이면서도 조작적으로 정의된 적이 없는 '가족지원을 잘하는

표 7-1 협력적 관계의 특징과 전문가의 행동 지표

협력적 관계의 특징	이 관계에서 나타나는 전문가의 행동 지표
의사소통 • 긍정적이고 이해하기 쉬우며 서로를 존중하는 의사소통 • 효율적이고 효과적인 조정과 협력을 가능하게 할 정도의 충분한 의사소통	• 자원 공유 • 명확하고 정직한 의사소통 • 긍정적인 의사소통 • 능숙한 의사소통 • 개방된 의사소통과 경청 • 충분한 의사소통 • 정보의 조화
헌신 • 아동과 가족을 위해 서로가 최선을 다하고 있음을 확신함 • 아동과 가족을 위해 추구하고 있는 목표의 중요성을 함께 확신함	• 헌신을 표현하기 • 서로의 편의를 배려하기 • 협력을 단순한 '일'로 보지 않음 • 아동과 가족을 단순히 하나의 사례로 보지 않음 • 아동과 가족이 접근하기 쉬움 • 일관적임 • 감정에 민감함
평등 • 의사결정 및 서비스 실행에서 서로를 동등하게 대함 • 아동과 가족의 성과에 미치는 서로의 영향력을 인정함	• 장악하려 하지 않음 • 상대방의 능력을 강화함 • 상대를 인정함 • 모든 가능한 옵션을 고려함 • 협력자들 간의 조화에 애씀
기술 전문가가 자신의 역할을 잘 해낼 것이며, 아동과 가족을 위한 권장된 실제를 실행할 능력을 보여 주고 있다는 믿음	• 조치를 취함 • 아동의 진보에 대한 기대를 가짐 • 아동의 특별한 요구를 충족시킴 • 아동의 전인과 가족 전체를 고려함 • 자기 계발 노력을 함
신뢰 서로의 인격, 능력, 강점을 믿음	• 믿을 수 있음 • 아동을 안전하게 돌봄 • 신중함
존중 • 상대방의 존엄성을 인정함 • 행동과 말에서 존중을 표현함	• 아동을 소중하게 여김 • 판단하지 않음 • 예의 바름 • 차별하지 않음 • 상대방에게 부당하게 간섭하지 않음

표 7-2 가족-전문가 협력 척도 문항

영 역	문 항*
아동 관련	• 우리 아이가 필요로 하는 것을 얻게 해 줄 기술이나 정보를 확보하도록 도와준다. • 우리 아이가 성공하도록 도울 수 있는 기술을 가지고 있다. • 우리 아이의 개별적 요구를 충족시켜 줄 서비스를 제공한다. • 다른 전문가들과 일할 때 우리 아이의 최대 이익을 변호한다. • 우리 아이가 잘한 일을 내게 알려 준다. • 우리 아이의 품위를 존중한다. • 우리 아이의 강점에서 출발한다. • 우리 아이의 요구에 대한 나의 의견을 존중한다. • 우리 아이를 안전하게 돌본다.
가족 관련	• 내가 필요로 할 때 만날 수 있다. • 늘 정직하다. 나쁜 소식이 있을 때도 솔직하게 말해 준다. • 내가 이해할 수 있는 용어를 사용한다. • 우리 가족의 사생활을 보호해 준다. • 우리 가족이 가진 가치와 신념에 대한 존중을 보여 준다. • 우리 아이나 가족을 판단하지 않고, 있는 그대로 경청한다. • 내가 믿고 의지할 수 있는 사람이다. • 내가 해야 하는 말에 주의를 기울인다. • 친절하다.

* 각 문항의 주어 자리에 '이 전문가는' 또는 '우리 아이의 선생님은'과 같이 가족과 협력하는 전문가를 대입하여 응답하게 됨

좋은 전문가'의 의미를 제시했다는 점에서 그 의의를 찾을 수 있을 것이다. 이 연구 팀의 질적 연구 결과를 바탕으로 Summers, Hoffman, Marquis, Turnbull, Poston과 Nelson(2005)은 18문항으로 이루어진 가족-전문가 협력 척도를 제작하였는데, 그 내용은 〈표 7-2〉와 같다. 이러한 척도는 가족지원 유능성을 가진 전문가 양성 및 현직 연수, 프

로그램 평가 등에 유용하게 사용될 수 있을 것으로 생각된다.

협력과 관련된 전문가의 행동 특성 중 가장 대표적인 것은 의사소통이라 할 수 있다. 전문가가 가족에 대해 가지고 있는 존중, 헌신, 평등, 신뢰 등은 모두 의사소통을 통해 전달되기 때문이다. 의사소통은 단순한 기술이 아니라 인격과 인격의 만남이 구어를 통해 구체화되는 것이기 때문에, 의사소통을 하는 사람들 간의 관계가 얼마나 돈독하고, 서로에 대해 어느 정도의 애정과 관심이 있는지에 따라 그 질이 달라진다. 그러나 가족과 전문가 간의 관계는 처음부터 친밀하고 견고하게 형성되어 있다기보다는 함께 일해 나가는 과정에서 점진적으로 발전해 나가는 경우가 대부분이다. 따라서 장애 아동 및 그 가족과 일하는 전문가들이 가족과 신뢰 관계를 맺고, 그 관계를 건설적으로 발전시켜 나가기 위해서는 효과적인 의사소통 기술의 습득과 활용이 매우 중요하다.

Pugach와 Johnson(2002)은 학교와 전문가가 가족과 어떻게 협력해야 할지를 다룬 그들의 저서 『협력적 전문가, 협력적 학교(Collaborative Practitioners, Collaborative Schools)』를 통해 전문가들이 가족과 효과적으로 의사소통하기 위해서 기억해야 할 지침을 다음과 같이 제시하였다.

- 가족이 원치 않는 충고를 하거나 문제에 대한 임기응변적 해결책을 제시하지 않도록 한다.
- 부모의 근심에 진심으로 주의를 기울이지 않으면서 모든 문제가 곧 좋아질 것이라는 잘못된 확신을 주거나 상투적인 말로 부모의 감정을 축소시키지 않도록 한다.
- 적절한 질문을 하고, 적극적으로 경청한다. 너무 많은 질문, 관

런 없는 질문, 초점이 없는 질문, 잘못된 유형의 질문은 의사소통을 단절시키거나 비생산적으로 만든다.

- 가족의 말에 집중할 수 있는 시간에 미팅 약속을 잡는다. 다른 일로 정신이 없는 전문가의 모습을 보면, 가족이 자신의 이야기를 제대로 할 수 없다.
- 가족과 만나는 동안 방해 요소를 최소화한다. 가족과의 미팅 장소에 외부인이 들어오지 못하도록 미리 공지문을 붙이고, 휴대전화를 끄거나 진동으로 해 두어야 한다.

Sileo와 Prater(2012)는 협력적인 의사소통의 예와 반례를 〈표 7-3〉과 같이 제시하였는데, 이 예들은 일상적인 가족과의 대화에서 전문가들이 범하기 쉬운 실수와 그에 대한 적절한 표현을 알게 해 준다.

전문가들이 가족 중심의 철학을 내면화하고, 이를 말과 행동으로 표현하는 것은 타고나는 자질이라기보다는 교육과 연습을 통해 학습되는 자질이라 할 수 있다. 이 점에서 가족지원 유능성은 전문가 양성 과정에서부터 주요하게 다루어져야 한다고 볼 수 있는데, 전문가 양성 과정에서 고려되어야 할 가족지원 유능성에 대해서는 이 장의 마지막 절에서 살펴보겠다.

가족과 함께 일하는 전문가들에게 기대되는 또 하나의 역할은 코칭(coaching)이다. 코칭은 스포츠에서 자주 사용되는 개념이지만, 교육 장면에서의 코칭이란 상호 동의한 목표를 달성하기 위한 일련의 대화로 이루어진 코치와 학습자 간의 상호적 과정을 말하는데, 학습자에게 무엇을 하라고 시키는 것이 아니라 학습자가 자신의 목표에 따라 무엇을 할지 고찰해 보는 기회를 제공하는 것이다(Flaherty, 1999; Kinlaw, 1999). 코칭은 아동의 삶에서 중요한 사람(예: 어머니)이 필요

표 7-3 협력적 의사소통의 예와 반례

지침	예	반례
평가하지 말고 묘사하라	"요한이가 이번 주에 네 번 지각을 했네요."	"왜 요한이를 시간에 맞추어 학교에 데려오지 못하시나요?"
통제하려 하지 말고 협력하라	"재엽이를 어디에 배치하면 좋을지 함께 의논해 보기로 해요. 결정을 내리기 위해 각 배치 형태의 장단점을 함께 의논해 보면 좋을 것 같아요."	"재엽이는 특수학교에 가는 게 좋겠어요. 여기 동의서에 서명해 주세요."
정직하라	"수연이에게 필요한 지원을 지속적으로 제공하기 위해 지금부터는 일반 학급에서 언어치료를 필요로 하는 다른 아이들과 함께 수연이를 가르치려 합니다."	"수연이는 이전에 비해 저와의 개별적인 언어치료를 그다지 필요로 하지 않아요."
공감을 표현하라	"손자가 부모의 이혼에 대처하도록 돕기 위해 어떻게 하면 좋을지 많이 염려되시죠?"	"글쎄요, 아이들에게는 부모의 이혼이 힘든 문제지요."
동등하게 대우하라	"제가 행동 관리에 대한 수업을 들어 둔 것이 있는데요, 정민이의 행동을 위해 가정과 학교에서 사용할 전략에 대해 의논하기를 원하신다면 그 내용에 대해 함께 나누었으면 합니다."	"아이를 때리시면 안 돼요. 혹시 긍정적 행동 지원이라는 것을 들어 보셨나요?"
단정적으로 말하지 말고 잠정적 언어를 사용하라	"제 생각에 지윤이는 일반 학급에서는 학업을 따라가는 데 어려움이 있을 것 같아요. 지윤이에게 어떤 지원이 필요할지 함께 의논해 볼까요?"	"지윤이는 일반 학급에서는 성공할 수 없을 거예요."

출처: Sileo, N. M., & Prater, M. A. (2012). *Working with families of children with special needs: Family and professional partnerships and roles* (p. 69). Upper Saddle River, NJ: Pearson.

로 하는 기술을 스스로 배우고 연습할 수 있도록 지원하는 것으로, 코칭을 받는 가족 성원(즉, 학습자)은 자기 관찰, 자기 교정을 통해 궁극적으로 아동의 발전에 기여하게 된다. 하지만 코칭을 효과적으로 실행하기 위해서는 많은 연습뿐만 아니라, 숙련자의 지원이 필요하다. 코칭의 실행을 위한 지침은 다음과 같다(Kinlaw, 1999; Gallacher, 1996; Guskey, 2000; Turnbull, Turbiville, & Turnbull, 2000).

- 코칭은 협력적 관계를 기반으로 한 자발적 과정임을 분명히 하라. 위계적인 관계는 존재하지 않으며, 한쪽이 다른 쪽을 평가하는 과정이 아니다.
- 긍정적 변화를 향해 한 걸음씩 점진적으로 접근하여 학습자의 성공을 도모하라. 도움을 청하고 도움을 받는 것이 자연스럽게 이루어지는 분위기를 조성하여 위기도 기회가 되도록 만드는 것이 중요하다.
- 새로운 기술을 배우기 전에 직전에 배운 것을 완벽하게 수행할 기회를 제공하라. 코치는 학습자가 새로 배운 기술을 다양한 시간과 장소에서 연습할 수 있도록 기회를 제공해야 한다.
- 새로운 기술을 배워 갈 때 격려와 지원을 지속적으로 제공하라. 새로운 기술이라는 공동의 목표를 향해 코치와 학습자의 관심을 집중시킬 때, 중요하지 않은 다른 문제들에 의해 관계가 분산되는 것을 막을 수 있다.
- 학습자가 스스로 문제의 해결책을 찾을 수 있도록 함께 상황을 분석하고, 다양한 해결책을 모색하라. 코치가 학습자와 생각, 방법, 경험, 자원 등을 나눌 때, 학습자의 고립감을 감소시키고 창의적인 계획을 촉진할 수 있다.

- 결과를 함께 고찰하면서 개선 방안을 모색하라. 경험을 검토하고, 효과가 있었던 것에 대해 논의하며, 서로의 인식을 확인하고, 의식적으로 전략과 결정을 분석하는 것은 효과적 코칭의 핵심이다.

일반적으로 코칭의 절차는 다음과 같다.

시작하기

- 학습자의 관심에 초점을 두고, 학습자와 코치 간의 관계를 규정하기
- 아동의 능력과 기대되는 목표를 명확히 설정하기
- 발달 목표와 특정 중재전략을 짝짓기
- 아동의 진보를 확인할 방법을 결정하기

관찰 및 행동 개시

- 아동의 발달과 행동에 대한 정보를 수집하기
- 학습자가 아동을 대하는 전략 및 학습자와 아동의 상호작용에 대한 자료를 수집하기

반 성

- 학습자에게 중재에 대해 가지게 된 인상(impression)을 요약하게 하기
- 계획했던 것과 실제로 얻게 된 성과를 비교하도록 도움을 주기
- 아동의 행동과 학습자의 결정 및 행동 간의 관계를 분석하도록

도움을 주기

- 새로운 정보를 적용하고, 코칭 절차에 대해 생각해 보도록 도움을 주기

평 가

- 코칭 회기의 강점과 약점을 평가하기
- 코칭 관계의 효과를 분석하기
- 목표로 했던 성과를 성취했는지 확인하고, 그 결과에 따라 코칭의 지속 여부를 결정하기

가족과 전문가 간의 일대일 관계가 아니라 팀으로 가족지원을 하는 경우, 팀원 중 한 명을 지정하여 가족에게 코칭을 제공하도록 하는 것이 효과적인데, 이를 팀 활동을 위한 '주코치 접근(primary coach approach)'이라 한다. 이때 주코치 역할을 맡은 전문가는 다른 팀원들로부터 동료 코칭을 받은 후에 가족에게 코칭을 제공하게 된다. 따라서 전문가에게 요구되는 가족지원 유능성에는 전문가 간에 효과적으로 코칭을 주고받는 것과 가족에게 효과적으로 코칭을 제공하는 능력이 모두 포함된다고 할 수 있다.

2 전문가 양성과 가족지원

많은 예비교사들이 아동의 교육에 가족이 참여하는 것의 중요성을 인정하지만, 대학을 졸업하는 시점에 이르러 자신이 가족과 협력할 수 있게 잘 준비되었다고 확신하는 예비교사들은 그리 많지 않다(Epstein, 2001, 2005; Forlin & Hopewell, 2006; Hoover-Dempsey, Walker, Jones, & Reed, 2002). 이러한 현상의 대표적인 이유는 예비교사들이 대학에 재학하는 동안 현장 관찰, 실습 등을 통해 장애 학생을 만나본 경험은 비교적 많은 반면, 장애인 가족과의 접촉 경험은 그리 많지 않기 때문이다. 따라서 장애인 가족에 대한 직간접적 경험의 폭을 넓히고, 교육 현장에서 발생 가능한 가족 관련 문제를 고찰해 보며, 각 문제에 대한 다양한 해결책을 모색하는 연습은 가족과의 효과적인 협력 관계를 수립할 지식과 기술, 태도를 가진 교사를 양성하기 위해 전문가 양성 과정에서 반드시 다루어야 할 주요 요소라 할 수 있다.

하바드 가족 연구 프로젝트를 수행한 Shartrand와 그의 동료들(1997)은 교사 양성 과정에서 다루어야 할 가족 관련 주제를 다음과 같이 일곱 가지로 분류하였는데, 비록 이 내용은 특수교육에 국한된 것은 아니지만, 장애아 가족의 참여가 중요시되고 있는 특수교육 분야에서는 더욱 눈여겨볼 만하리라 생각된다.

- 일반적인 가족 참여: 가족 참여의 목표, 유익, 방해 요인에 관한 지식

- 가족에 관한 일반적 지식: 다양한 가족들의 문화, 양육 방식, 생활 양식 등에 대한 지식
- 가정과 학교 간 의사소통: 학교와 가정 간의 쌍방향적 의사소통을 위한 기술과 전략의 제공
- 가족의 학습 활동 참여: 가정과 지역사회에서 부모가 자녀의 학습에 참여하게 하는 방법에 대한 정보
- 가족의 학교 지원: 가족이 교실의 안팎에서 학교를 도울 수 있는 방법에 대한 정보
- 학교의 가족지원: 학교가 가족의 사회적 · 교육적 요구와 사회서비스 관련 요구를 지원하는 방법에 대한 정보
- 변화의 주체로서의 가족: 정책, 프로그램, 교육과정의 개선을 위한 의사결정자, 연구자, 옹호자로서의 가족 역할에 대한 정보

예비교사들에게 다양한 학습자의 특성과 그 특성에 따른 교수방법을 안내하고, 교수 상황에서 발생 가능한 많은 문제들을 모의 체험해 보고, 해결책을 모색하는 연습을 제공하기 위해 대학 수업에서 사용되는 교수전략 중 하나로 '사례기반 교수(case-based instruction)'를 들 수 있다(Snyder & McWilliam, 1999, 2003). 사례기반 교수에서 교수자는 정답을 찾으려는 분위기 대신 학습자(예비교사) 스스로 해결책을 모색하도록 격려하면서 논의를 촉진하는 역할을 한다. 장애인 가족지원에 대한 예비교사의 인식을 높이고, 실제적인 가족지원의 유능성을 향상시키는 것은 특수교육 및 관련 전문가 양성 과정에 반드시 포함되어야 할 주요 요소 중 하나라고 할 수 있다. 가족의 다양성과 가족과의 상호작용 중에 발생 가능한 쟁점의 다양성을 고려할 때, 사례기반 교수는 교사 양성 과정에 개설된 가족지원 관련 과목

에 적용할 수 있는 최상의 교수법이라 할 수 있다.

사례기반 교수는 실제 가족이 처한 상황이나 교수자가 가상으로 만들어 낸 상황을 글로 작성하여 학생들에게 배부하고, 이를 함께 토의하며 해결책을 찾아 나가는 방식으로 진행될 수도 있고, 장애인 가족 성원을 특강 강사로 초빙하여 그 가족의 사례를 발표하게 하거나 그 가족의 사례로 연출한 모의 상황에 학생들이 참여하는 방식으로 진행될 수도 있다. 어느 형식을 선택했든지에 관계없이, 일반적으로 사례기반 교수는 사례에 나타난 딜레마를 판별하기, 주어진 상황의 긍정적 측면 판별하기, 문제를 야기하는 요소를 분석하기, 생각해 볼 수 있는 모든 옵션을 찾아내기, 각 옵션의 장단점 평가하기, 최선의 옵션 선택하기, 문제 해결을 위한 계획 개발하기, 성과 예상하기의 절차로 진행된다.

이와 관련하여 Snyder와 McWilliam(2003)은 사례기반 교수에 대한 선행 연구(McWilliam, 1992, 2000; Shulman, 1992; Sudzina, 1999; Wasserman, 1994)를 토대로 하여 글로 작성된 사례가 갖추어야 할 준거를 체크리스트의 형태로 개발하였는데, 그 내용을 살펴보면 〈표 7-4〉와 같다.

한편 미국 플로리다 주에서는 사례기반 교수의 일환으로, 가족이 직접 전문가 양성 과정에 개설된 수업에 참여하는 '교수자로서의 가족(Family as Faculty)' 프로그램을 개발하였다. 이 프로그램에서는 글로 작성된 가족의 사례를 제시하는 대신, 가족이 교수자와 함께 수업에서 다룰 내용을 개발하고, 가족이 등장하는 모의 상황을 연출하게 된다.

Patterson, Webb과 Krudwig(2009)은 '교수자로서의 가족' 프로그램을 이용한 사례기반 교수를 특수교사 양성 과정에 적용한 후, 이것

표 7-4 장애인 가족지원 관련 수업에 사용될 사례문이 갖추어야 할 준거

범주	준거
사례의 질	• 의사결정을 필요로 하는 딜레마를 제시하는가? • 제시된 딜레마는 현실적인가? • 제시된 딜레마는 학습자에게 적절한 것인가? • 의사결정을 내려야 하는 사람의 시각에서 사례가 작성되었는가? • 현실에서 일어날 만한 대화를 포함하고 있는가? • 하나의 정답을 요구하는 사례가 아니라, 여러 가지 해결책이 가능한 사례인가?
교수의 초점	• 교수자가 강조하려는 쟁점이나 주제를 살펴볼 수 있게 하는 사례인가? • 수업 목표를 다루기에 적절한 내용을 포함하고 있는가? • 사례 분석을 통해 얻게 될 지식과 기술은 다른 상황에 일반화될 수 있는가?
보충 자료	• 사례의 요약본이 제공되는가? • 토론을 위한 질문이 제공되는가? • 사례 분석을 촉진할 질문을 비롯한 수업 시 유의점이 마련되어 있는가? • 사례에 대한 추가 사항이나 후기(사례 이후에 어떤 일이 일어났는지)가 마련되어 있는가? • 보충적인 학습 활동(예: 역할극, 팀 활동, 서면 과제)이 제공되는가? • 주어진 사례에 관련된 자료(예: 단행본, 논문)가 제시되었는가? • 제시된 각 사례와 그 사례가 다루는 주제를 표로 제시하였는가?
타당성	• 여러 교수자를 대상으로 필드테스트와 타당화를 완료한 사례인가? • 여러 학습자를 대상으로 필드테스트와 타당화를 완료한 사례인가?

출처: Snyder, P., & McWilliam, P. J. (2003). Using case method of instruction effectively in early intervention personnel preparation. *Infants and Young Children, 16*(4), 287.

이 부모와의 협력에 대한 예비교사들의 신념에 영향을 미치는지에 대한 연구를 실시하였다. 연구 참여자는 한 주립대학의 특수교육 학위과정에 재학 중인 총 89명의 수강생이었으며, 이들은 수업 활동의 일부로 사례기반의 IEP 회의를 실시하는 수업 중 하나를 수강하였다. 이 수업의 교수자들은 수강생들을 4~6명으로 이루어진 팀으로 나누고, 각 팀별로 IEP 미팅을 조직하고 계획하게 하였다. 각 팀 안에서 수강생들이 역할을 나누어 맡되(일반 교사, 특수교사, 장애 학생 등), 장애 학생의 부모(또는 후견인) 역할은 '교수자로서의 가족' 프로그램에 참여하고 있는 장애 학생의 부모가 맡았다. 역할이 정해진 후 교수자는 팀마다 다른 가족의 사례를 제시하였다. 사례에는 학생의 장애와 가족 상황, 학생의 현재 수행 수준에 대한 설명이 포함되어 있었다. 수강생들은 가족이 이해하기 쉬운 용어와 형식으로 회의자료를 준비하고, 학생의 현행 수준에 대한 설명 자료를 제작하였다. 또한 가족에게 제안할 중재의 내용도 고안하였다. 그러나 교수자들은 수강생들이 완성된 IEP를 가지고 회의에 오지 않도록 미리 주의를 주었는데, 이는 전문가들이 완결된 IEP를 가지고 오는 것이 가족의 참여를 억제할 수 있기 때문이다(Garriott, Wandry, & Snyder, 2000).

총 16개 문항으로 이루어진 예비교사의 신념 설문 점수의 사전-사후 차이를 분석한 결과, 16문항 중 7문항에서 통계적으로 유의한 신념의 변화(긍정적 신념의 증가와 부정적 신념의 감소)가 나타났다. 16개의 문항 내용과 유의한 차이가 나타난 문항은 〈표 7-5〉에 요약하였다.

연구자들은 이러한 양적 성과 외에 수강생들의 서면 피드백을 받아 분석하였다. 수강생들은 서면 피드백을 통해 가족이 참여하는 모의 IEP 회의 경험을 통해 가족과 부모가 아동을 진정으로 사랑하고

표 7-5 IEP에 대한 예비교사의 신념 설문 문항

구분	신념 문항
긍정적 신념	• 가족이 선택한 친구와 친척들이 IEP 회의에 오는 것을 환영해야 한다.* • 부모는 IEP 목표 중 일부를 실행하는 책임을 맡아야 한다. • IEP 회의를 가족 친화적으로 만드는 것은 교사인 나의 책임이다. • 나는 IEP 회의를 가족 친화적으로 만들 수 있는 전략을 두 가지 이상 알고 있다.* • IEP 개발 시 부모는 동등한 협력자다.* • IEP 회의에 가기 전에 IEP를 어느 정도 준비해 두어야 한다. • IEP 회의 전에 부모와 계획 시간을 갖는 것이 중요하다.
부정적 신념	• 부모가 IEP 회의에 오도록 동기를 부여하기가 어렵다. • 부모는 IEP 절차에 별로 관심이 없다.* • 부모는 IEP 절차에 대해 잘 모른다. • 학생의 필요에 대해 부모보다는 내가 더 잘 안다.* • 부모는 학생의 학교 관련 요구를 잘 모른다.* • IEP 회의에 참석한 사람이 적을수록 회의가 잘 진행된다. • 부모는 너무 많은 질문을 하거나 쟁점을 야기하여 IEP 절차를 방해할 가능성이 있다. • 부모가 IEP 회의를 가장 만족스러워하는 경우는 다른 사람들이 자신을 대신하여 모든 것을 해 주기로 한 때다.* • IEP 절차에 포함된 서류 작업은 부모에게는 의미가 없다.

* 유의한 차이가 나타난 문항

있으며, 의사결정에 참여하기를 원한다는 것, 모든 부모와 가족은 IEP 절차에 기여할 수 있는 귀중한 정보를 가지고 있다는 것, 학교와 가족 간 파트너십은 계획된 노력, 조정, 협력을 필요로 한다는 것을 느꼈다고 답하였다. 이 연구는 통제집단이 없다는 점과 수강생들의 자기 보고에 의존했다는 점에서 한계가 있으나, 전문가 양성 과정의 일부로 가족이 직접 참여하여 예비교사들의 가족지원 역량을 강화하려는 시도를 했다는 점과 그 시도의 성과를 측정했다는 점에서 그 의의를 찾을 수 있다. 연구자들은 "우리는 교사 양성 과정에서 부모에 대해 이야기하기를 멈추고, 부모를 초대하여 부모가 자신에 대해 스스로 이야기하게 해야 한다."라는 말로 논문을 맺고 있는데, 이는 특수교육 및 관련 전문가의 양성 과정을 담당하고 있는 교수자들이 장애아 가족에 관련된 내용을 다루고자 할 때 반드시 참고해야 할 사항이라 생각된다.

이상에서 살펴본 Patterson 등(2009)의 연구가 전문가 양성 과정에 삽입된 가족 관련 활동의 효과를 양적으로 살펴보았다면, Murray, Curran과 Zellers(2008)는 질적연구를 통해 그 효과를 살펴보았다. 이 연구가 실시된 미국 중서부에 위치한 한 대학에서는 교직원들이 지적장애 및 발달장애협회와의 협력을 통해 예비교사들에게 장애아 가족과 상호작용할 수 있는 다양한 기회를 제공할 과목을 개발하였다. 협회에서 추천받은 6명의 장애아 부모들은 16주로 이루어진 수업(주 3시간)에 모두 참여하였으며, 대집단 및 소집단 토의를 함께 하고, 수강생들과 협력하여 그룹 프로젝트를 수행하였다(수강생 4명과 1명의 부모가 한 팀이 됨). 추가로 추천받은 한 명의 부모는 교수와 함께 강의를 진행하였다. 부모들은 수강생들에게 자신의 경험을 나누고, 장애아를 키우면서 맞닥뜨린 문제들을 이야기해 주었다. 수강생들은 또한 '가상 가족(Virtual Family)'이라 명명된 프로젝트를 위해 온라인으로 제시된 가족의 사례를 자신의 가족 이야기로 가정하고, 자녀의 장애 진단과 다양한 의료적 · 사회적 · 교육적 문제에 대해 자신은 어떻게 반응할지에 대해 발표하였다.

연구자들은 이 수업의 수강생 27명 중 9명을 대상으로 포커스 그룹 면담을 실시하여 부모가 참여하는 교사 양성 과정 수업의 효과를 알아보았다. 면담은 개강 첫 주와 마지막 주에 이 수업의 교수자가 아닌 외부 연구자에 의해 실시되었다. 사전 면담에서는 장애아 부모와 가족과의 경험, 가족과 함께 일하는 것에 대해 가진 생각, 장애아 부모가 부모와 전문가와의 협력에 기여할 수 있는 바에 대한 연구 참여자의 생각에 대해 질문하였고, 사후 면담에서는 이 수업을 통해 가족과 전문가 간의 협력에 대한 자신의 가치, 신념, 기대가 바뀌었는지, 수업의 어떤 점이 그러한 변화를 가져왔는지, 이 경험이 한 사람의 개인으로서, 또는 한 사람의 전문가로서 자신에게 어떤 영향을 미칠 것 같은지 등을 질문하였다. 연구 참여자들의 응답을 분석한 결과는 〈표 7-6〉과 같다. 이 연구는 가족이 교사 양성 과정에 직접 참여하여 예비교사들과 규칙적인 상호작용을 했을 때, 예비교사들이 가족에 대해 가졌던 입장이 변할 뿐 아니라, 가족을 대하는 자신감이 증가함을 보여 주었다는 데 그 의의가 있다.

이상에서 예비 전문가들의 가족지원에 대한 유능성을 향상시키기 위해 가족이 직접 대학에서 수업에 참여하는 모델을 살펴보았다. 그러나 사례기반 교수라는 형식 못지않게 수업에서 다루는 내용이 가족지원의 전반적인 사항을 잘 포괄하고 있는지도 중요하다. 알찬 수업을 위해서는 적절한 교재의 선정이 무엇보다 중요한데, Haring과 Arnold(2001)는 1994년부터 2001년 사이에 출판된 가족지원 관련 수업 교재를 분석한 연구에서 가족 수업 교재가 포함해야 할 항목을 〈표 7-7〉과 같이 요약하였다.

Haring과 Arnold(2001)의 연구를 통해 분석된 가족지원 교재들은 이미 출판된 지 10년 이상이 지났으므로, 이 책에서 소개할 필요는 없을 듯하다. 이 책에서는 최근 10년 이내에 출판된 가족지원 관련 교재를 간단하게 소개하고자 한다.

표 7-6 가족과 함께하는 수업에 참여한 예비교사의 변화

학기 초	학기 말
• 스스로가 장애아 가족과 관련된 경험이 없고, 준비되어 있지 않다고 느낌 • 부모가 자녀나 자녀의 교육에 별로 신경을 쓰지 않고 있다고 인식함 • 부모 참여의 부족은 부모가 충분한 지식을 갖고 있지 못하기 때문이라고 생각함. 부모의 이해가 부족한 것은 전문가의 책임이 아님 • 연구 참여자 중 일부만이 특수교육 체계와의 이전 경험이 부모의 참여에 영향을 미칠 수 있음을 언급함 • 아동에게 관심이 있고, 지식을 갖추고 있으며, 참여를 잘하는 부모는 극소수이고, 대부분의 부모는 그 반대라고 봄 • 전문가의 충고를 잘 따르는 부모가 이상적인 부모라고 생각함 (장애아 가족과의 직접적인 상호작용이 없는 상태에서 자신의 가족이나 다른 전문가들에게 들은 것에 근거하여 응답함)	• 가족지원에 대한 자신감을 표현함. 스스로 가족과 함께 일할 준비가 되었다고 느낌 • 부모는 자녀의 교육에 무척 도움이 되는 존재임을 인정함. 부모의 참여가 저조한 것은 관심이 없어서가 아니라 방해 요소가 있기 때문이라고 봄 • 가족이 가진 지식을 인정하며, 그 지식이 전문가에게 중요한 자원이 됨을 인식하게 됨 • 부모의 이해와 지식을 높이는 것이 전문가의 책임이라고 생각하게 됨 • 부모와 전문가가 서로에게서 배울 수 있음을 알게 됨 • 가족과 전문가의 관계를 경쟁이나 갈등이 아니라 팀이자 공동체적 성격을 가진 것으로 인식하게 됨 • 전문가라고 해서 우월한 위치에서 일방적으로 의사결정을 하는 것이 아니라 부모와 동등한 입장에서 문제에 접근해야 함을 인식하게 됨

표 7-7 가족지원 관련 수업 교재가 포함해야 할 요소

영 역	세부 항목
교사 교육	• 면담, 회의와 모임의 진행 • 협력적 프로그램 • 효과적 의사소통 • 부모에 대한 존중 • 다양한 가족의 구성 • 가족과의 협력 • 생애 주기 • 전환기의 쟁점 • 최선의 실제에 대한 연구 • 가족체계 접근 • 문화적 다양성
법적 지식	• 「미국장애인교육법」 • 「미국장애인법(ADA)」 • 「재활법」 • 교육권 • 부모의 권리 • IEP, IFSP • 성인기 전환
가족 이해	• 장애의 영향 • 가족 발달 • 가족의 기대 • 옹호
자원에 대한 지식	• 자원에 관한 참고자료 • 지역사회에서 얻을 수 있는 자원
교재의 형식	• 각 장의 요약 • 사례연구 • 확장 활동

장애 아동 가족과 함께 일하기: 가족과 전문가의 협력과 역할 (Working with families of children with special needs: Family and professional partnerships and roles)

미국 네바다 대학교 유아특수교육과 교수인 Sileo와 브리검영 대학교 상담심리 및 특수교육과 교수인 Prater가 2012년에 출판한 책으로, 300쪽 정도의 많지 않은 분량임에도, 다양한 내용을 담고 있다. 특수교육에서의 가족 참여에 대한 역사적 · 법적 기초, 가족 참여에 대한 최근의 관점, 가족 성원들의 역할과 특성, 가족과의 의사소통, 가족의 다양성, 문화적으로 다양한 가족과 함께 일하기, 가족의 관점 이해하기, 개별화 교육계획의 개발, 윤리적 쟁점, 생애 주기에 따른 가족지원 고찰 등을 주요 내용으로 하고 있다. 이 책의 마지막 장은 '가족의 목소리'라는 제목하에 장애 아동 가족의 고유한 생각과 경험을 소개한다.

장애 유아 가족지원(Working with families of young children with special needs)

이 책은 미국 테네시 대학교 교수인 McWilliam을 비롯한 유아특수교육 전문가들이 집필하여 2010년에 출간되었고, 국내에서는 『장애 영유아 가족지원』(박지연, 전혜인, 강혜원 공역, 2011)이라는 제목으로 번역되었다. 이 책은 제목에서 보는 바와 같이 장애 영유아의 가족에 초점을 둔 책으로, 조기 개입과 유아특수교육 장면에서 고려할 수 있는 가족지원의 구체적인 방법을 제시하고 있다. 생태 지도, 일과기반 면담, 지역사회 기반 일상적 학습 기회, 서비스 조정, 가족과의 대화, 문화적 다양성, 주코치 접근, 가정방문, 행동 지도 등을 주요 내용으로 하여, 장애 영유아의 가족을 지원하려는 전문가가 배워 두어야 할 실제적인 전략을 제시하고 있다.

장애 아동의 부모와 가족: 효과적인 학교기반 지원과 서비스 (Parents and families of children with disabilities: Effective school-based support services)

이 책은 Fiedler, Simpson과 Clark이 2007년에 출판한 책으로, 학교를 기반으로 한 가족지원을 다룬다는 점을 특징으로 한다. 주요 내용으로는 학교에서의 가족지원 이해, 부모와 가족을 위한 정서적 지원, 형제 지원, 대처와 스트레스 지원, 학교 지원 서비스의 판별, 지역사회 지원 서비스, 아동의 교육을 위한 가족의 옹호 역할 촉진, 긍정적 행동 지원의 고안과 실행 지원, 학업 중재 프로그램의 고안과 실행 지원, 전환 계획과 프로그램을 통한 지원 등이 있다.

가족, 전문가, 장애: 협력과 신뢰를 통한 긍정적 성과(Families, professionals, and exceptionality: Positive outcomes through partnerships and trust)

이 책은 Turnbull 부부와 Erwin, Soodak 그리고 Shogren이 2010년에 출판한 것으로, 1986년에 초판이 발행된 후 여섯 번째 개정판이다. 초판부터 6판까지 Turnbull 부부는 고정 저자이고, 나머지 저자들은 조금씩 바뀌어 왔다. Turnbull 부부는 자폐와 정서장애를 가진 J.T. (2009년 1월 사망)의 부모이면서 동시에 특수교육과 교수라는 특이한 이력으로 장애아 가족과 장애 분야 전문가의 양쪽 입장을 모두 고려한 교재를 집필하였다. 이 책은 1부에서 가족체계이론을 상세히 다루고 있으며, 2부에서는 가족의 역할에 대한 역사적 고찰과 가족지원 정책을 다루고 있다. 3부에서는 협력과 신뢰의 원칙, 가족과의 의사소통, 평가를 위한 협력, IEP를 위한 협력, 가족의 기본적 요구 충족하기, 학생 성과를 위한 협력하기를 다룬다.

국내에서 발간된 가족지원 관련 단행본으로는 『가족참여와 지원』(최민숙, 2007), 『장애 아동 가족지원의 이해』(이병인, 2004), 『장애인 가족지원』(백은령, 김기룡, 유영준, 이명희, 최복천, 2010) 등이 있다.

참고문헌

공계순, 서인해(2006). 증거기반 사회복지실천에 대한 이해와 한국에서의 적용 가능성에 관한 연구. 사회복지연구, 31, 77-102.

김미영, 박지연(2007). 부모결연 프로그램이 초등학교 입학예정 장애 아동 어머니의 긍정적 기여 인식 및 가정환경 인식에 미치는 효과. 정서·행동장애연구, 23(1), 57-75.

김미정, 정계숙(2007). 장애 유아 어머니의 통합교육에 대한 경험의 의미와 요구. 열린유아교육연구, 12(4), 301-328.

김선해, 박지연(2010). 통합촉진을 위한 가족지원 프로그램이 초등학교 장애 아동 어머니의 양육스트레스와 양육효능감 및 가족역량 강화에 미치는 효과. 특수아동교육연구, 12(1), 183-200.

김수희(2004). 장애 아동의 비장애 형제를 위한 프로그램이 비장애 형제의 우울감과 장애 형제를 대하는 행동에 미치는 영향. 특수아동교육연구, 6(1), 21-36.

김예리, 박지연(2010). 장애 아동 부모들의 품앗이 부모자조활동이 양육스트레스와 가족역량 강화 및 가족의 삶의 질에 미치는 영향. 특수교육학연구, 44(4), 445-465.

김유경, 조애저, 노충래(2006). 미혼모의 출산양육환경 개선을 위한 사회적 지원방안. 한국보건사회연구원

김태훈(2011). 성년후견제도 도입의 의미와 향후 과제. 함께 웃는 날, 10, 82-85.

김혜영, 선보영, 김은영, 정재훈(2009). 미혼부모의 사회통합 방안 연구. 한국여성정책연구원.

박승희, 박현숙, 박지연, 이숙향(2012). 발달장애인의 성공적 전환에 영향

을 준 요소와 전환지원 방안에 관한 질적 연구. 특수교육학연구, 28(3), 141-175.

박영희(2001). 10대 임신 청소년 개입 프로그램 개발을 위한 기초연구. 한국가족복지학, 8, 77-97.

박지연, 김영란, 김남희(2010). 문제행동이 장애아 가족의 삶에 미치는 영향과 가족의 대처방식에 관한 질적 연구. 정서·행동장애연구, 26(3), 17-43.

박지연, 유은연(2004). 장애아를 둔 저소득층 가정의 가족지원 실태 및 요구에 관한 질적 연구. 특수교육학연구, 39(2), 139-169.

백은령, 김기룡, 유영준, 이명희, 최복천(2010). 장애인 가족지원. 파주: 양서원.

신윤희, 윤주연, 구현진, 구원옥, 최미향, 장수정, 김경서(2009). 근거 기반의 실제를 구축하기 위한 질적 지표 및 로드맵을 통한 분석: 국내의 긍정적 행동지원 전략 연구들을 중심으로. 정서·행동장애연구, 25(3), 137-165.

윤상용, 김태완(2009). 장애인 가구의 빈곤실태 및 장애 추가비용의 빈곤 영향력. 재활복지, 13(1), 61-83.

이미숙(2008). 국내 장애아 조부모 역할 증진에 대한 고찰. 중복지체부자유연구, 51(3), 143-166.

이병인(2004). 장애 아동 가족지원의 이해. 단국대학교출판부.

이영규(2011). 현행 제도의 문제점 및 장애인 성년후견제. 한국장애인개발원 제1차 장애인정책 토론회 자료집, 3-18.

이화영, 이소현(2004). 가족이 참여하는 긍정적 행동 지원이 정신지체 초등학생의 문제행동에 미치는 영향. 특수교육, 3(1), 103-123.

임금비, 박지연(2011). 스트레스 관리 중심의 형제지원 프로그램이 중도·중복 장애 학생 형제자매의 스트레스 대처행동과 자기효능감에 미치는 영향. 특수교육, 10(1), 235-356.

전혜인(2005). 부모결연프로그램이 발달장애 아동 어머니의 양육스트레스와 가족능력 강화에 미치는 영향. 특수교육학연구, 40(1), 267-280.

전혜인, 박은혜(1998). 장애 아동의 형제를 위한 형제지원프로그램의 효과. 교육과학연구, 27(1), 129-144.

전혜인, 박지연(2005). 부모결연프로그램에 참가한 정신지체 학생 어머니들의 경험에 관한 질적 연구. 정서·행동장애연구, 21(2), 81-109.

전혜인, 박지연(2006). 장애 아동의 부모를 위한 부모결연프로그램에 참가한 어머니들의 경험. 특수교육학연구, 41(1), 233-252.

정영숙(2005). 빈곤과 최저생계비 측정에 관한 연구: 발달장애 아동 가족의 치료교육비를 중심으로. 정서·행동장애연구, 21(1), 69-91.

정준구(2010). 장애 자녀를 둔 가족의 경제적 소득 정도가 여가활동 참여도에 미치는 영향에 관한 연구. 재활복지, 4(4), 257-275.

정지희, 박지연(2010). 가족 중심의 전환교육 프로그램이 고등학교 장애학생의 자기결정과 부모의 스트레스, 양육효능감, 가족역량 강화에 미치는 영향. 특수교육저널: 이론과 실천, 11(3), 77-101.

조인수(2009). 전환교육계획과정에서의 가족·부모 역할체계 탐색. 지적장애연구, 11(3), 193-211.

최민숙(2007). 가족참여와 지원(제2판). 서울: 학지사.

허남순, 노충래(2005). 미혼모부자 종합대책에 관한 연구. 여성가족부 연구용역보고서. 서울: 여성가족부.

허유성, 박윤, 장은미, 최은순, 양안숙, 김태강(2010). 질적 지표에 의거한 최근 10년간 학습장애 집단 실험 연구 동향 분석 및 학습장애 연구에 주는 시사점 연구. 특수교육저널: 이론과 실천, 11(1), 469-498.

홍순혜, 김혜래, 이혜원, 변귀연, 정재훈, 이상희(2007). 청소년 미혼모의 교육권 보장 실태조사. 국가인권위원회 연구용역보고서. 광주: 국가인권위원회 광주지역사무소.

Abidin, R. (1995). Parenting Stress Index (3rd ed.). Professional Manual. Odessa, FL: Psychological Assessment Resources.

Agran, M., & Hughes, C. (2008). Asking student input: Students' opinion regarding their individualized education program involvement. *Career Development for Exceptional Individuals, 31,* 69-76.

Agran, M., Wehmeyer, M. L., Cavin, M., & Palmer, S. (2008). Promoting student active classroom participation skills through instruction to promote self-regulated learning and self-determination. *Career Development for Exceptional Individuals, 31*, 106-114.

Allen, M., Brown, P., & Finlay, B. (1992). *Helping children by strengthening families: A look at family support programs* (ERIC Document Reproduction Service No. ED365410). Washington, DC: Children's Defense Fund.

American Teacher (2008). Advance work for special education meetings pays off. *Education Digest, 73*(9), 45-46.

Amini, S. B., Catalano, P. M., Dierker, L. J., & Mann, L. I. (1996). Births to teenagers: Trends and obstetric outcomes. *Obstetrics and Gynecology, 87*, 668-674.

Angell, M. E., Stoner, J. B., & Shelden, D. L. (2009). Trust in education professionals: Perspectives of mothers of children with disabilities. *Remedial and Special Education, 30*(3), 160-176.

Ankeny, E. M., Wilkins, J., & Spain, J. (2009). Mothers' experiences of transition planning for their children with disabilities. *Teaching Exceptional Children, 41*(6), 28-36.

Baggett, K. M., Davis, B., Feil, E. G., Sheeber, L. L., Landry, S. H., Carta, J. J., & Leve, C. (2010). Technologies for expanding the reach of evidence-based interventions: Preliminary results for promoting social-emotional development in early childhood. *Topics in Early Childhood Special Education, 29*(4), 226-238.

Bagner, D. M., & Eyberg, S. M. (2003). Father involvement in parent training: When does it matter? *Journal of Clinical Child and Adolescent Psychology, 32*, 599-605.

Baker, S. K., Chard, D. J., Ketterlin-Geller, L. R., Apichatabutra, C., & Doabler, C. (2009). Teaching writing to at-risk students: The quality of evidence for self-regulated strategy development. *Exceptional Children, 75*(3), 303-318.

Baranowsky, M. D., & Schilmoeller, G. L. (1999) Grandparents in the lives of grandchildren with disabilities: Mothers' perception. *Education and Treatment of Children, 22*, 427-446.

Beck, C. T., & Gable, R. K. (2003). Postpartum Depression Screening Scale. *Nursing Research, 52*, 296-306.

Behr, S. K., Murphy, D. L., & Summers, J. A. (1992) *Kansas Inventory of Parental Perceptions: Measures of perceptions of parents who have children with special needs.* Lawrence, KS: Beach Center on Families and Disability, The University of Kansas.

Berry, J. O., & Hardman, M. L. (1998). *Lifespan perspectives on the family and disability.* Needham Heights, MA: Allyn & Bacon.

Birenbaum, A. (2002). Poverty, welfare reform, and disproportionate rates of disability among children. *Mental Retardation, 40*, 212-218.

Blanchard, L., Powers, L., Ginsberg, C., Marquis, J., & Singer, G. H. S. (1996). The Coping Efficacy Inventory: Measuring parents perceptions of coping with a child with a disability and family problems. Unpublished manuscript. University of North Carolina Medical School, Chapel Hill, NC.

Blue-Banning, M., Summers, J. A., Frankland, H. C., Nelson, L. L., & Beegle, G. (2004). Dimensions of family and professional partnerships: Constructive guidelines for collaboration. *Exceptional Children, 70*(2), 167-184.

Botsford, A. L., & Rule, D. (2004). Evaluation of a group intervention to assist aging parents with permanency planning for an adult offspring with special needs. *Social Work, 49*(3), 423-431.

Brantlinger, E., Jimenez, R., Klingner, J., Pugach, M., & Richardson, V. (2005). Qualitative studies in special education. *Exceptional Children, 71*(2), 195-207.

Brookes-Gunn, J., & Duncan, G. J. (1997). The effects of poverty upon children. *The Future of Children, 7*(2), 55-71.

Brotherson, M. J., Berdine, W. H., & Sartini, V. (1993). Transition to adult services: Support for ongoing parent participation. *Remedial and Special Education, 14*(4), 44–51.

Browder, D. M., & Cooper–Duffy, K. (2003). Evidence–based practices for students with severe disabilities and the requirement for accountability in "No Child Left Behind." *Journal of Special Education, 37*(3), 157–163.

Browder, D. M., Ahlgrim–Delzell, L., Spooner, F., Mims, P. J., & Baker, J. N. (2009). Using time delay to teach literacy to students with severe developmental disabilities. *Exceptional Children, 75*(3), 343–364.

Browder, D. M., Wakeman, S. Y., Spooner, F., Ahlgrim–Delzell, L., & Algozzine, B. (2006). Research on reading instruction for individuals with significant cognitive disabilities. *Exceptional Children, 72*, 392–408.

Brown, L., Shiraga, B., & Kessler, K. (2006). The quest for ordinary lives: The integrated post–school vocational functioning of 50 workers with significant disabilities. *Research and Practice for Persons with Severe Disabilities, 31*, 93–121.

Bruder, M. B., Mogro–Wilson, C., Stayton, V. D., & Dietrich, S. L. (2009). The national status of in–service professional development systems for early intervention and early childhood special education practitioners. *Infants and Young Children, 22*(1), 13–20.

Burgess, S. (2005). The preschool home literacy environment provided by teenage mothers. *Early Child Development and Care, 175*(3), 249–258.

Burton, M., & Chapman, M. J. (2004). Problems of evidence based practice in community based services. *Journal of Learning Disabilities, 8*(1), 56–702.

Buttimer, J., & Tierney, E. (2005). Patterns of leisure participation among adolescents with mild intellectual disability. *Journal of Intellectual Disabilities, 9*, 25–42.

Byrne, L., Hearle, J., Plant, K., Barkla, J., Jenner, L., & McGrath, J. (2000). Working with parents with a serious mental illness: What do service providers think? *Australian Social Work, 53*(4), 21–26.

Caldwell, J. (2006). Consumer-directed supports: Economic, health, and social outcomes for families. *Mental Retardation, 44*, 405–417.

Carpenter, B., & Towers, C. (2008). Recognizing fathers: The need of fathers of children with disabilities. *Support for Learning, 23*(3), 118–125.

Carr, E. G., & Durand, V. M. (1985). Reducing behavior problem though functional communication training. *Journal of Applied Behavior Analysis, 18*, 111–126.

Castorina, L. L., & Negri, L. M. (2011). The inclusion of siblings in social skills training groups for boys with Asperger Syndrome. *Journal of Autism and Developmental Disorders, 41*(1), 73–81.

Chambrs, C. R., Hughes, C., & Carter, E. W. (2004). Parent and sibling perspectives on the transition to adulthood. *Education and Training in Developmental Disabilities, 39*, 79–94.

Chard, D. J., Ketterlin-Geller, L. R., Baker, S. K., Doabler, C., & Apichatabutra, C. (2009). Reeated reading interventions for students with learning disabilities: Status of the evidence. *Exceptional Children, 75*(3), 263–281.

Collins, S., & Salzberg, C. (2005). Scientifically based research and students with severe disabilities: Where do educators find evidence-based practices? *Rural Special Education Quarterly, 24*(1), 60–63.

Conway, S., & Myer, D. (2008). Developing support for siblings of young people with disabilities. *Support for Learning, 23*(3), 113–117.

Cook, B. G., & Cook, L. (2008). Nonexperimental quantitative research and its role in guiding instruction. *Intervention in School and Clinic, 44*(2), 98–104.

Cook, B. G., & Schirmer, B. R. (Eds.). (2006). *What is special about special education: The role of evidence-based practices.* Austin, TX: Pro-Ed.

Cook, B. G., Tankersley, M., & Harjusola-Webb, S. (2008). Evidence-based special education and professional wisdom: Putting it all together. *Intervention in School and Clinic, 44*(2), 105–111.

Cook, B. G., Tankersley, M., Cook, L., & Landrum, T. J. (2008). Evidence-based practices in special education: Some practical considerations. *Intervention in School and Clinic, 44*(2), 69–75.

Cook, L., Cook, B. G., Landrum, T. J., & Tankersley, M. (2008). Examining the role of experimental research in establishing evidence-based practices. *Intervention in School and Clinic, 44*(2), 76–82.

Cook, R. E., Klein, M. D., & Tessier, A. (2007). *Adapting early childhood curricula for children with special needs* (7th ed.). Upper Saddle River, NJ: Merrill/Pearson.

Cooley, M. L., & Unger, D. G. (1991). The role of family support in determining developmental outcomes in children of teen mothers. *Child Psychiatry and Human Development, 21*(3), 217–234.

Coots, J. J. (2007). Building bridges with families: Honoring the mandates of IDEIA. *Issues in Teacher Education, 16*, 33–40.

Council for Exceptional Children (2008). Classifying the state evidence of special education professional practices: CEC practice study manual. Available at http://www.cec.sped.org/Content/NavigationMenu/ProfessionalDevelopment/ProfessionalStandards/Practice_Studies_Manual_1_25.pdf

Coyne L. W., & Wilson K. G. (2004) The role of cognitive fusion in impaired parenting: An RFT[1] analysis. *International Journal of Psychology and Psychological Therapy, 4*, 469-486.

D'Arcy, F., Flynn, J., McCarthy, Y., O'Connor, C., & Tierney, E. (2005). Sibshops: An evaluation of an interagency model. *Journal of Intellectual Disabilities, 9*(1), 43-57.

Darch, C., Miao, Y., & Shippen, P. (2004). A model for involving parents of children with learning and behavior problems in the school. *Preventing School Failure, 48*(3), 24-34.

Davis, S. (2003). *A family handbook on futures planning.* Washington, DC: The Arc and the Rehabilitation Research and Training Center (RRTC) on Aging with Developmental Disabilities.

Defur, S. H., Todd-Allen, M., & Getzel, E. E. (2001). Parent participation in the transition planning process. *Career Development for Exce-ptional Individuals, 24*(1), 19-36.

de Graaf, I., Speetjens, P., Smit, F., de Wolff, M., & Tavecchio, L. (2008). Effe- ctiveness of the Triple P Positive Parenting Program on parenting: A meta-analysis. *Family Relations, 57*(5), 553-566.

Deutscher, B., Fewell, R. R., & Gross, M. (2006). Enhancing the interactions of teenage mothers and their at-risk children: Effectiveness of a maternal-focused intervention. *Topics in Early Childhood Special Education, 26*(4), 194-205.

Devlin, S. D., Krenzer, D. J., & Edwards, J. (2009). Collaboration among grandparents and professionals with discrete trial training in the treatment for traumatic brain injury. *Physical Disabilities: Education and Related Services, 27*(2), 37-48.

Dick, B. D., Kaplan, B. J., & Crawford, S. (2006). The influence of family history on reading remediation and reading skills in children with dyslexia. *Canadian Journal of School Psychology, 21*(1-2), 106-119.

1. Relational Frame Theory

DiPipi-Hoy, C., & Jitendra, A. (2004). A parent-delivered intervention to teach purchasing skills to young adults with disabilities. *Journal of Special Education, 38*(3), 144-157.

Docherty, J., & Reid, K. (2009). "What's the Next Stage?" mothers of young adults with down syndrome explore the path to independence: A qualitative investigation. *Journal of Applied Research in Intellectual Disabilities, 22*(5), 458-467.

Duda, M. A., Clarke, S., Fox, L., & Dunlap, G. (2008). Implementation of positive behavior support with a sibling set in a home environment. *Journal of Early Intervention, 30*(3), 213-236.

Duffy, J., & Levin-Epstein, J. (2002). *Add it up: Teen parents and welfare… undercounted, oversanctioned, underserved.* Washington, DC: Center for Law and Social Policy.

Dumas J. E. (2005) Mindfulness-based parent training: Strategies to lessen the grip of automaticity in families with disruptive children. *Journal of Clinical Child and Adolescent Psychology, 34*, 779-791.

Dunlap, G., Ester, T., Langhans, S., & Fox, L. (2006). Functional communication training with toddlers in home environments. *Journal of Early Intervention, 29*(2), 81-96.

Dunne, E. G., & Kettler, L. J. (2008). Grandparents raising grandchildren in Australia: Exploring psychological health and grandparents' experience of providing kinship care. *International Journal of Social Welfare, 17*(4), 333-345.

Dunst, C. J., & Trivette, C. M. (2009). Capacity-building family systems intervention practices. *Journal of Family Social Work, 12*(2), 119-143.

Dunst, C. J., Trivette, C. M., & Deal, A. G. (2011). Effects of in-service training on early intervention practitioners' use of family-system intervention practices in the USA. *Professional Development in*

Education, 27(2), 181-196.

Egeland, B., & Erickson, M. F. (2002). *STEEP: Facilitator's guide.* Minneapolis, MN: University of Minnesota, Irving B. Harris Training Center for Infant and Toddler Development.

Elder, J. H., Valcante, G., Yarandi, H., White, D., & Elder, T. H. (2005). Evaluating in-home training for fathers of children with autism using single-subject experimentation and group analysis methods. *Nursing Research, 54*, 22-32.

Elford, H., Beail, N., & Clarke, Z. (2010). 'A very fine line': Parents' experiences of using restraint with their adult son/daughter with intellectual disabilities. *Journal of Applied Research in Intellectual Disabilities, 23*(1), 75-84.

Epstein, J. L. (2001). *School, family, and community partnerships: Preparing educators and improving schools.* Boulder, CO: Westview Press.

Epstein, J. L. (2005). Links in a professional development chain: Preservice and inservice education for effective programs of school, family, and community partnerships. *The New Educator, 1*(2), 124-141.

Evidence-based medicine working group (1992). Evidence-based medicine: A new approach to teaching the practice of medicine. *Journal of the American Medical Association, 268*(17), 2420-2425.

Fabiano, G. A., Chacko, A., Pelham, W. E., Jr., Robb, J., Walker, K. S., Wymbs, F., Sastry, A. L., Flammer, L., Keenan, J. K., Visweswaraiah, H., Shulman, S., Herbst, L., & Pirvics, L. (2009). A comparison of behavioral parent training programs for fathers of children with attention-deficit/hyperactivity disorder. *Behavior Therapy, 40*, 190-204.

Feldman, M. A. (1994). Parenting education for parents with intellectual disabilities: A review of outcome studies. *Research in Developmental Disabilities 15*(4), 299-332.

Feldman, M. A. (1998). Parents with intellectual disabilities: Implications and interventions. In J. Lutzker, *Handbook of child abuse research and treatment* (pp. 401-419). New York, NY: Plenum.

Feldman, M. A., & Case, L. (1997). Effectiveness of self-instructional audiovisual materials in teaching childcare skills to parents with intellectual disabilities. *Journal of Behavioral Education, 7*(2), 235-257.

Feldman, M. A. (2004). Self-directed learning of child-care skills by parents with intellectual disabilities. *Infants and Young Children, 17*(1), 17-31.

Feldman, M. A., & Case, L. (1999). Teaching child-care and safety skills to parents with intellectual disabilities via self-learning. *Journal of Intellectual and Developmental Disability, 24*, 27-44.

Feldman, M. A., Ducharme, J. M., & Case, L. (1999). Using self-instructional pictorial manuals to teach child-care skills to mothers with intellectual disabilities. *Behavior Modification, 23*, 480-497.

Fialka, J. (2001). The dance of partnership: Why do my feet hurt? *Young Exceptional Children, 4*(2), 21-27.

Fiedler, C. R., Simpson, R. L., & Clark, D. M. (2007). *Parents and families of children with disabilities: Effective school-based support services.* Upper Saddle River, NJ: Pearson.

Findler, L. (2007). Grandparents-the overlooked potential partners: Perceptions and practice of teachers in special and regular education. *European Journal of Special Needs Education, 22*(2), 199-216.

Flaherty, J. (1999). *Coaching: Evoking excellence in others.* Boston, MA: Butterworth-Heinemann.

Flippin, M., & Crais, E. R. (2011). The need for more effective father involvement in early autism intervention: A systematic review and recommendations. *Journal of Early Intervention, 33*(1), 24-50.

Forehand, R. L., & McMahon, R. J. (1981). *Helping the noncompliant child: A clinician's guide to parent training.* New York: Guilford Press.

Forest, E. J., Horner, R. H., Lewis-Palmer, T., & Todd, A. W. (2004). Transition for young children with autism from preschool to kindergarten. *Journal of Positive Behavior Interventions, 6*(2), 103-112.

Forlin, C., & Hopewell, T. (2006). Inclusion-the heart of the matter: Trainee teachers' perceptions of a parent's journey. *British Journal of Special Education, 33*(2), 55-61.

Fox, L., Vaughn, B. J., Wyatte, M. L., & Dunlap, G. (2002). "We can't expect other people to understand": Family perspectives on problem behavior. *Exceptional Children, 68*(4), 437-451.

Fujiura, G. T., & Yamaki, K. (2000). Trends in demography of childhood poverty and disability. *Exceptional Children, 66*, 187-199.

Fujiwara, T., Kato, N., & Sanders, M. R. (2011). Effectiveness of group Positive Parenting Program (Triple P) in changing child behavior, parenting style, and parental adjustment: An intervention study in Japan. *Journal of Child and Family Studies, 20*(6), 804-813.

Furstenberg, F. F., Brooks-Gunn, J., & Morgan, S. P. (1987). *Adolescent mothers in later life.* New York: The Urban Institute Press.

Furstenberg, F., & Harris, K. (1993). When and why fathers matter: Impact of father involvement on the children of adolescent mothers. In. R. Lerman & T. Ooms (Eds.), *Young unwed fathers: Changing roles and emerging policies* (pp. 117-138). Philadelphia, PA: Temple University Press.

Gallacher, K. (1996). Supervision, mentoring and coaching. In P. Winton, J. McCollum, & C. Catlett (Eds.), *Reforming personnel in early intervention* (pp. 191-214). Baltimore, MD: Brookes.

Gallagher, P. A., Powell, T. H., & Rhodes, C. A. (2006). *Brothers & sisters: A special part of exceptional families* (3rd ed.). Baltimore, MD:

Paul H. Brookes.

Garriott, P. P., Wandry, D., & Snyder, L. (2000). Teachers as parents, parents as children: What's wrong with this picture? *Preventing School Failure, 45*, 37-44.

Gauvain, M., Fagot, B. I., Leve, C., & Kavanagh, K. (2002). Instruction by mothers and fathers during problem solving with their young children. *Journal of Family Psychology, 16*(1), 81-90.

Gavin, L., & Wysocki, T. (2006). Associations of paternal involvement in disease management with maternal and family outcomes in families with children with chronic illness. *Journal of Pediatric Psychology, 31*(5), 481-489.

Geenen, S., Powers, L. E., & Lopez-Vasquez, A. (2005). Barriers against and strategies for promoting the involvement of culturally diverse parents in school-based transition planning. *Journal for Vocational Special Needs Education, 27*(3), 4-14.

Gersten, R., Fuchs, L. S., Compton, D., Coyne, M., Greenwood, C., & Innocenti, M. S. (2005). Quality indicators for group experimental and quasi-experimental research in special education. *Exceptional Children, 71*(2), 149-164.

Giallo, R., Treyvaud, K., Matthews, J., & Kienhuis, M. (2010). Making the transition to primary school: An evaluation of a transition program for parents. *Australian Journal of Educational & Developmental Psychology, 10*, 1-17.

Gilger, J. W., Pennington, B. F., & DeFries, J. C. (1991). Risk for reading disability as a function of parental history in three family studies. *Reading and Writing, 3*, 205-217.

Gillan, D., & Coughlan, B. (2010). Transition from special education into postschool services for young adults with intellectual disability: Irish parents' experience. *Journal of Policy and Practice in Intellectual Disabilities, 7*(3), 196-203.

Glass, J. C., & Huneycutt, T. L. (2002). Grandparents raising grandchildren: The courts, custody, and educational implications. *Educational Gerontology, 28*(3), 237-251.

Goldstein, H., English, K., & Shafer, K. (1997). Interaction among preschoolers with and without disabilities: Effects of across-the-day peer intervention. *Journal of Speech, Language, and Hearing Research, 40,* 33-48.

Gowen, J. W., & Nebrig, J. B. (2002). *Enhancing early emotional development.* Baltimore: Paul H. Brookes.

Granlund, M. (2000). Integrating training in family-centered practices in context: Implications for implementing change activities. *Infants and Young Children, 12*(3), 46-60.

Guskey, T. (2000). *Evaluating professional development.* Thousand Oaks, CA: Corwin Press.

Haring, K. A., & Arnold, L. L. (2001). Selecting a text for a course in family/professional partnerships in special education: A comparison of content and features. *Teacher Education and Special Education, 24*(2), 164-168.

Hastings R. P. (1997) Grandparents of children with disabilities: A review. *International Journal of Disability, Development and Education 44,* 329-340.

Hastings, R. P., Thomas, H., & Delwiche, N. (2002). Grandparent support for families of children with Down's Syndrome. *Journal of Applied Research in Intellectual Disabilities, 15,* 97-104.

Hoffman, L. (1983). Increase fathering: Effects on the mother. In M. Lamb & A. Sagi (Eds.), *Fatherhood and family policy* (pp. 167-190). Hillsdale, NJ: Lawrence Erlbaum Associates.

Hogan, D. P., Shandra, C. L., & Msall, M. E. (2007). Family developmental risk factors among adolescents with disabilities and children of parents with disabilities. *Journal of Adolescence, 30*(6), 1001-1019.

Hoover-Dempsey, K. V., Walker, J. M. T., Jones, K. P., & Reed, R. P. (2002). Teachers involving parents(TIP): Results of an in-service teacher education program for enhancing parental involvement. *Teaching and Teacher Education, 18*(7), 843-867.

Horner, R. H., Carr, E. G., Halle, J., McGee, G., Odom, S., & Wolery, M. (2005). The use of single-subject research to identify evidence-based practice in special education. *Exceptional Children, 71*(2), 165-179.

Howard, V. F., Williams, B. F., Port, P. D., & Lepper, C. (1997). *Very young children with special needs: A formative approach for the 21st century.* Upper Saddle River, NJ: Merrill.

Hudson, B. (2006). Making and missing connections: Learning disability services and the transition from adolescence to adulthood. *Disability and Society, 21*, 47-60.

Hutchins, M. P., & Renzaglia, A. (1998). Interviewing families for effective transition to employment. *Teaching Exceptional Children, 30*(4), 72-78.

Jaffee, S. R., Moffitt, T. E., Caspi, A., & Taylor, A. (2003). Life with (or without) father: The benefits of living with two biological parents. *Child Development, 74*(1), 109-126.

Jalali, M., Pourahmadi, E., Tahmassian, K., & Shaeiri, M. (2008). The effectiveness of the Triple P-Positive Parenting Program on psychological well being of mothers of children with oppositional defiant disorder(ODD). *Journal of Family Research, 4*(4), 353-368.

Janicki, M. P., McCallion, P., Grant-Griffin, L., & Kolomer, S. R. (2000). Grandparent caregivers I: Characteristics of the grandparents and the children with disabilities they care for. *Journal of Gerontological Social Work, 33*(3), 41-62.

Janus, M., Lefort, J., Cameron, R., & Kopechanski, L. (2007). Starting kindergarten: Transition issues for children with special needs. *Canadian Journal of Education, 30*(3), 628–648.

Johnson, A. B., & Sandall, S. (2005). *Sibshops: A follow-up of participants of a sibling support program.* Seattle, WA: University of Washington.

Johnson, C. P., Walker, W. O., Palomo-Gonzalez, S. A., & Curry, C. J. (2006). Mental retardation: Diagnosis, management, and family support. *Current Problems in Pediatric and Adolescent Health Care, 36,* 126–165.

Jokinen, N. S., & Brown, R. I. (2005). Family quality of life from the perspective of older parents. *Journal of Intellectual Disability Research, 49*(10), 789–793.

Jung, L. A., & McWilliam, R. A. (2005). Reliability and validity of scores on the IFSP Rating Scale. *Journal of Early Intervention, 27*(2), 125–136.

Katz, S., & Kessel, L. (2002). Grandparents of children with developmental disabilities: Perceptions, beliefs, and involvement in their care. *Issues in Comprehensive Pediatric Nursing, 25,* 113–128.

Keen, D. (2007). Parents, families, and partnerships: Issues and considerations. *International Journal of Disability, Development and Education, 54,* 339–349.

Kerr, S. M., & McIntosh, J. B. (2000). Coping when a child has a disability: Exploring the impact of parent-to-parent support. *Child: Care, Health and Development, 26*(4), 309–322.

Kim, K. H., & Turnbull, A. (2004). Transition to adulthood for students with severe intellectual disabilities: Shifting toward person-family interdependent planning. *Research and Practice for Persons with Severe Disabilities, 29*(1), 53–57.

Kingsbury, G. G. (2006). The medical research model: No magic formula. *Educational Leadership, 63*(6), 79–82.

Kinlaw, D. C. (1999). *Coaching for commitment: Interpersonal strategies for obtaining superior performance from individuals and teams.* San Francisco, CA: Jossey-Bass/Pfeiffer.

Knowles, M. S. (1990). *The adult learner: A neglected species* (4th ed.). Houston, TX: Gulf Publishing

Knox, M., & Bigby, C. (2007). Moving towards midlife care as negotiated family business: Accounts of people with intellectual disabilities and their families "Just getting along with their lives together". *International Journal of Disability, Development and Education, 54*, 287-304.

Koniak-Griffin, D., & Turner-Pluta, C. (2001). Health risks and psychological outcomes of early childbearing: A review of the literature. *Journal of Perinatal and Neonatal Nursing, 15*(2), 1-17.

Koren, P. E., DeChillo, N., & Friesen, B. J. (1992). Measuring empowerment in families whose children have emotional disabilities: A brief questionnaire. *Rehabilitation Psychology, 37*(4), 305-321.

Kost, K., & Henshaw, S. (2012). *U.S. teenage pregnancies, births and abortions, 2008: National trends by age, race and ethnicity.* New York: Alan Guttmacher Institute.

Kroth, R. L., & Edge, D. (2007). *Communicating with parents and families of exceptional children* (4th ed.). Denver, CO: Love.

Kubler-Ross, E. (1969). *On death and dying.* New York: Macmillan.

Lamb, M., Pleck, J., & Levine, J. (1985). The role of the father in child development: The effects of increase paternal involvement. In B. S. Lahey & A. E. Kazdin (Eds.), *Advances in clinical child psychology* (Vol. 8). New York: Plenum Press.

Landry, S. H., & Smith, K. E. (1996). *Playing and learning strategies-I.* Houston, TX: University of Texas-Houston Health Science Center.

Lane, K. L., Kalberg, J. R., & Shepcaro, J. C. (2009). An examination of the evidence base for function-based interventions for students with emotional or behavioral disorders attending middle and high schools. *Exceptional Children, 75*(3), 321–340.

Lee, M., & Gardner, J. E. (2010). Grandparents' involvement and support in families with children with disabilities. *Educational Gerontology, 36*, 467–499.

Leung, C., Sanders, M. R., Leung, S., Mak, R., & Lau, J. (2003). An outcome evaluation of the implementation of the triple P–Positive Parenting Program in Hong Kong. *Family Process, 42*(4), 531–544.

Lindstrom, L., Doren, B., Metheny, J., Johnson, P., & Zane, C. (2007). Transition to employment: Role of the family in career development. *Exceptional Children, 73*(3), 348–366.

Llewellyn G. (1997). Parents with intellectual disability learning to parent: The role of experience and informal learning. *International Journal of Disability, Development, and Education, 44*(3), 243–261.

Llewellyn, G., McConnell, D., Honey, A., Mayes, R., & Russo, D. (2003). Promoting health and home safety for children of parents with intellectual disability: A randomized controlled trial. *Research in Developmental Disabilities, 24*(6), 405–431.

Lo, L. (2010). Perceived benefits experienced in support groups for Chinese families of children with disabilities. *Early Child Development and Care, 180*(3), 405–415.

Lucyshyn, J. M., Albin, R. W., Horner, R. H., Mann, J. C., Mann, J. A., & Wadsworth, G. (2007). Family implementation of positive behavior support for a child with autism: Longitudinal, single–case, experimental, and descriptive replication and extension. *Journal of Positive Behavior Interventions, 9*(3), 131–150.

Lucyshyn, J. M., Dunlap, G., & Albin, R. W. (Eds.). (2002). *Families & positive behavior support: Addressing problem behavior in family contexts*. Baltimore, MD: Paul H. Brookes.

MacDonald, E. E., Hastings, R. P., & Fitzsimons, E. (2010). Psychological acceptance mediates the impact of the behaviour problems of children with intellectual disability on fathers' psychological adjustment. *Journal of Applied Research in Intellectual Disabilities, 23*, 27-37.

Margetts, J. K., Couteur, A. L., & Croom, S. (2006). Families in a state of flux: The experience of grandparents in autism spectrum disorder. *Child: Care, Health and Development, 32*(5), 565-574.

Martin, E. J., & Hagan-Burke, S. (2002). Establishing a home-school connection: Strengthening the partnership between families and schools. *Preventing School Failure, 46*(2), 62-65.

Matsumoto, Y., Sofronoff, K., & Sanders, M. R. (2010). Investigation of the effectiveness and social validity of the Triple P Positive Parenting Program in Japanese society. *Journal of Family Psychology, 24*(1), 87-91.

Mayes R., Llewellyn G., & McConnell D. (2008) Active negotiation: Mothers with intellectual disabilities creating their social support networks. *Journal of Applied Research in Intellectual Disabilities, 21*(4), 341-350.

McCabe, H. (2008). The importance of parent -to-parent support among families of children with Autism in the people's republic of China. *International Journal of Disability, Development and Education, 55*(4), 303-314.

McCallion, P., Janicki, M. P., & Kolomer, S. R. (2004). Controlled evaluation of support groups for grandparent caregivers of children with developmental disabilities and delays. *American Journal on Mental Retardation, 109*(5), 352-361.

McCarthy, M. (1999). *Sexuality and women with learning disabilities.* London, UK: Jessica Kingsley Publishing.

McConnell, D., Dalziel, A., Llewellyn, G., Laidlaw, K., & Hindmarsh, G. (2009). Strengthening the social relationships of mothers with learning disabilities. *British Journal of Learning Disabilities, 37*,

66-75.

McDiarmid, M. D., & Bagner, D. M. (2005). Parent child interaction therapy for children with disruptive behavior and developmental disabilities. *Education and Treatment of Children, 28*(2), 130-141.

McDonnell, J., & O'Neill, R. (2003). A perspective on single/within subject research methods and "scientifically based research". *Research and Practice for Persons with Severe Disabilities, 28*(3), 138-142.

McDuffie, K. A., & Scruggs, T. E. (2008). The contribution of qualitative research to discussions of evidence-based practice in special education. *Intervention in School and Clinic, 44*(2), 91-97.

McGaw, S., Ball, K., & Clark, A. (2002). The effect of a group intervention on the relationships of parents with intellectual disabilities. *Journal of Applied Research in Intellectual Disabilities, 15*, 354-366.

McIntyre, L. L., Blacher, J., & Baker, B. L. (2006). The transition to school: Adaptation in young children with and without intellectual disability. *Journal of Intellectual Disability Research, 50*(5), 349-361.

McWiliam, P. J. (2000). *Lives in progress: Case stories in early intervention.* Baltimore: Brookes.

McWilliam, P. J. (1992). The case method of instruction: Teaching application and problem-solving skills to early interventionists. *Journal of Early Intervention, 16*(4), 360-373.

McWilliam, R. A. (2010). *Working with families of young children with special needs.* New York, NY: Guilford.

Meyer, D. J., & Vadasy, P. F. (1994). *Sibshop workshops for siblings of children with special needs.* Baltimore, MD: Brookes.

Meyer, D. J., Vadasy, P. F., & Fewell, R. R. (1985). *Sibshops: A handbook for implementing workshops for siblings of children with special needs.* Seattle, WA: University of Washington Press.

Meyers, M. K., Brady, H. E., & Seto, E. Y. (2000). *Expensive children in poor families: The intersection of childhood disabilities and welfare.* San Francisco: Public Policy Institute.

Miklowitz, D. J., George, E. L., Axelson, D. A., Kim, E. Y., Brimaher, B., Schneck, C., Beresford, C., Craighead, W. E., & Brent, D. A. (2004). Family-focused treatment for adolescents with bipolar disorder. *Journal of Affective Disorders, 82S*, S113-S128.

Miller, E., Buys, L., & Woodbridge, S. (2012). Impact of disability on families: Grandparents' perspectives. *Journal of Intellectual Disability Research, 56*(1), 102-110.

Mitchell, W. (2007). Research review: The role of grandparents in inter-generational support for families with disabled children: A review of the literature. *Child and Family Social Work, 12*(1), 94-101.

Modell, S., & Valdez, L. (2002). Beyond bowling: Transition planning for students with disabilities. *Teaching Exceptional Children, 34*(6), 46-53.

Montague, M., & Dietz, S. (2009). Evaluating the evidence-based base for cognitive strategy instruction and mathematical problem solving. *Exceptional Children, 75*(3), 285 302.

Moses, K. (1987, Spring). The impact of childhood disability: The parent's struggle. *WAYS magazine,* pp. 6-10.

Mueller, T. G., Milian, M., & Lopez, M. I. (2009). Latina mothers' views of a parent-to-parent support group in the special education system. *Research and Practice for Persons with Severe Disabilities, 34*(3-4), 113-122.

Murray, M., Curran, E., & Zellers, D. (2008). Building parent/professional partnerships: An innovative approach for teacher education. *The Teacher Education, 43*, 87-108.

Murrell, A. R., Coyne, L. W., & Wilson, K. G. (2005). ACT[2] with children,

2. Acceptance and Commitment Therapy

adolescents, and their parents. In S. C. Hayes & K. Strosahl, (Eds.), *A practical guide to Acceptance and Commitment Therapy* (pp. 249–273). New York: Springer.

No Child Left Behind Act of 2001, 20 U.S.C. § 6301 *et seq.* (2001).

Nowak, C., & Heinrichs, N. (2008). A comprehensive meta-analysis of Triple P-Positive Parenting Program using hierarchical linear modeling: Effectiveness and moderating variables. *Clinical Child and Family Psychology Review, 11*, 114–144.

O'Reilly, M. F., Lancioni, G. E., & Kierans, I. (2000). Teaching leisure social skills to adults with moderate mental retardation: An analysis of acquisition, generalization, and maintenance. *Education and Training in Mental Retardation and Developmental Disabilities, 35*(3), 250–258.

O'Shea, D. J., O'Shea, L. J., Algozzine, R., & Hammittee, D. J. (2001). *Families and teachers of individuals with disabilities*. Needham Heights, MA: Allyn & Bacon. [박지연, 김은숙, 김정연, 김주혜, 나수현, 윤선아, 이금진, 이명희, 전혜인 공역(2006). 장애인 가족지원. 서울: 학지사.]

Odom, S. L., Brantlinger, E., Gersten, R., Horner, R. H., Thompson, B., & Harris, K. R. (2005). Research in special education: Scientific methods and evidence-based practices. *Exceptional Children, 71* (2), 137–148.

Padencheri, S., & Russell, P. S. S. (2002). Challenging behaviors among children with intellectual disability: The hope busters? *Journal of Learning Disabilities, 6*(3), 253–261.

Park, J., Turnbull, A. P., & Turnbull, H. R. (2002). Impacts of poverty on quality of life families of children with disabilities. *Exceptional Children, 68*(2), 151–170.

Patterson, K. B., Webb, K. W., & Krudwig, K. M. (2009). Family as faculty parents: Influence on teachers' beliefs about family partnerships.

Preventing School Failure, 54(1), 41–50.

Peterson, C. A., Wall, S., Raikes, H. A., Kisker, E. E., Swanson, M. E., Jerald, J., Atwater, J. B., & Qiao, W. (2004). Early Head Start: Identifying and serving children with disabilities. *Topics in Early Childhood Special Education, 24*(2), 76-88.

Plant K. M., & Sanders, M. R. (2007) Reducing problem behavior during care–giving in families of preschool–aged children with developmental disabilities. *Research in Developmental Disabilities, 28*(4), 362–385.

Pleck, J. H., & Masciadrelli, B. P. (2004). Paternal involvement by U.S. residential fathers: Levels, sources, and consequences. In M. E. Lamb (Ed.), *The role of the father in child development* (pp. 222–271). New York: John Wiley.

Pugach, M. C., & Johnson, L. J. (2002). *Collaborative practitioners, collaborative schools* (2nd ed.). Denver, CO: Love.

Rapanaro, C., Bartu, A., & Lee, A. H. (2008). Perceived benefits and negative impact of challenges encountered in caring for young adults with intellectual disabilities in the transition to adulthood. *Journal of Applied Research in Intellectual Disabilities, 21*, 34–47.

Rimm–Kaufman, S. E., & Pianta, R. C. (2000). An ecological perspective on the transition to kindergarten: A theoretical framework to guide empirical research. *Journal of Applied Developmental Psychology, 21*, 491–511.

Robbers, M. L. P. (2008). The Caring Equation: An intervention program for teenage mothers and their male partners. *Children & School, 30*(1), 37–47.

Roberts, C., Mazzucchelli, T., Studman, L., & Sanders, M. R. (2006). Behavioral family intervention for children with developmental disabilities and behavioral problems. *Journal of Clinical Child and*

Adolescent Psychology, 35(2), 180–193.

Roggman, L. A., Boyce, L. K., Cook, G. A., Christiansen, K., & Jones, D. (2004). Playing with daddy: Social toy play, Early Head Start, and developmental outcomes. *Fathering, 2*, 83–108.

Rush, D. D., Shelden, M. L., & Hanft, B. E. (2003). Coaching families and colleagues: A process for collaboration in natural settings. *Infants & Young Children, 16*(1), 33–47.

Russell, D., & Matson, J. (1998). Fathers as intervention agents for their children with developmental disabilities. *Child & Family Behavior Therapy, 20*(3), 29–49.

Russell, G., & Radin, N. (1983). Increased paternal participation: The fathers' perspective. In M. Lamb & A. Sagi (Eds.), *Fatherhood and family policy* (pp. 139–165). Hillsdale, NJ: Lawrence Erlbaum Associates.

Sackett, D. L., Straus, S. E., Richardson, W. S., Rosenberg, W., & Haynes, R. B. (2000). *Evidence-based medicine: How to practice and teach EBM* (2nd ed.). Edinburgh: Churchill Livingstone.

Sadler, L. S., Swartz, M. K., Ryan-Krause, P., Seitz, V., Meadows-Oliver, M., Grey, M., & Clemmens, D. A. (2007). Promising outcomes in teen mothers enrolled in a school-based parent support program and child care center *Journal of School Health, 77*(3), 121–130.

Salembier, G., & Furney, K. S. (1997). Facilitating participation: Parents' perceptions of their involvement in the IEP/transition planning process. *Career Development for Exceptional Individuals, 20*(1), 29–42.

Sanders, M. R. (1999). Triple P–Positive Parenting Program: Towards an empirically validated multilevel parenting and family support strategy for the prevention of behavior and emotional problems in children. *Clinical Child and Family Psychology Review, 2*, 71–90.

Sanders, M. R., Mazzucchelli, T. G., & Studman, L. J. (2003). *Practitioner's manual for standard Stepping Stones Triple P.* Brisbane, Australia: Triple P International.

Sanders, M. R., Turner, K. M. T., & Markie-Dadds, C. (2002). The development and dissemination of the Triple P-Positive Parenting Program: A multi-level evidence-based system of parenting and family support. *Prevention Science, 3*, 173-189.

Scarborough, H. S. (1990). Very early language deficits in dyslexic children. *Child Development, 61*, 1728-1743.

Shannon, J. D., Tamis-LeMonda, C. S., London, K., & Cabrera, N. (2002). Beyond rough and tumble: Low-income fathers' interactions and children's cognitive development at 24 months. *Parenting: Science and Practice*, *2*, 77-104.

Shartrand, A. M., Weiss, H. B., Kreider, H. M., & Lopez, M. E. (1997). *New skills for new schools: Preparing teachers in family involvement.* Cambridge, MA: Harvard Family Research.

Shulman, J. H. (Ed.) (1992). *Case methods in teacher education.* New York: Teachers College Press.

Sileo, N. M., & Prater, M. A. (2012). *Working with families of children with special needs: Family and professional partnerships and roles.* Upper Saddle River, NJ: Pearson.

Simmerman, S., Blacher, J., & Baker, B. L. (2001). Fathers' and mothers' perceptions of father involvement in families with young children with a disability. *Journal of Intellectual & Developmental Disability, 26*(4), 325-338.

Simpson, R. L., LaCava, P. G., & Graner, P. S. (2004). The No Child Left Behind Act: Challenges and implications for educators. *Intervention in School and Clinic, 40*(2), 67-75.

Singer, G. H. S., Ethridge, B. L., & Aldana, S. I. (2007) Primary and secondary effects of parenting and stress management interventions for parents of children with developmental disabilities: A meta-analysis.

Mental Retardation and Developmental Disabilities Research Reviews, 13, 357-367.

Singer, G. H. S., Marquis, J., Powers, L. K., Blanchard, L., Divenere, N., Santelli, B., Ainbinder, J. G., & Sharp, M. (1999). A multi-site evaluation of parent to parent programs for parents of children with disabilities. *Journal of Early Intervention, 22,* 217-229.

Singh, N. N., Lancioni, G. E., Winton, A. S. W., Curtis, W. J., Wahler, R. G., Sabaawi, M., et al. (2006). Mindful staff increase learning and reduce aggression in adults with developmental disabilities. *Research in Developmental Disabilities, 27,* 545-558.

Singh, N. N., Lancioni, G. E., Winton, A. S. W., Fisher, B. C., Wahler, R. G., McAleavey, K., et al. (2006). Mindful parenting decreases aggression, noncompliance, and self-injury in children with autism. *Journal of Emotional and Behavioral Disorders, 14,* 169-177.

Singh, N. N., Lancioni, G. E., Winton, A. S. W., Singh, J., Curtis, W. J., Wahler, R. G., & McAleavey, K. M. (2007). Mindful parenting decreases aggression and increases social behavior in children with development disabilities. *Behavior Modification, 31*(6), 749-771.

Singh, N. N., Lancioni, G. E., Winton, A. S. W., Wahler, R. G., Singh, J., & Sage, M. (2004). Mindful caregiving increases happiness among individuals with profound multiple disabilities. *Research in Developmental Disabilities, 25,* 207-218.

Sitlington, P. L., Neubert, D. A., & Clark, G. M. (2010). *Transition education and services for students with disabilities*(5th ed.). Upper Saddle River, NJ: Pearson.

Snyder, P., & McWilliam, P. J. (1999). Evaluating the efficacy of case method instruction: Findings from preservice training in family-centered care. *Journal of Early Intervention, 22*(2), 114-125.

Snyder, P., & McWilliam, P. J. (2003). Using case method of instruction effectively in early intervention personnel preparation. *Infants and*

Young Children, 16(4), 284–295.

Sobsey, D. (2000). Faces of violence against women with developmental disabilities. *Impact, 13*(3), 2–3, 25.

Sofronoff, K., Jahnel, D., & Sanders, M. (2011). Stepping Stones Triple P seminars for parents of a child with a disability: A randomized controlled trial. *Research in Developmental Disabilities, 32*(6), 2253–2262.

Solomon, M., Pistrang, N., & Barker, C. (2001). The benefits of mutual support groups for parents of children with disabilities. *American Journal of Community Psychology, 29*, 113–132.

Spann, S. J., Kohler, F. W., & Soenksen, D. (2003). Examining parents' involvement in and perceptions of special education services: An interview with families in a parent support group. *Focus on Autism and Other Developmental Disabilities, 18*, 228–237.

Spooner, F., & Brower, D. M. (2003). Scientifically based research in education and students with low incidence disabilities. *Research and Practice for Persons with Severe Disabilities, 28*(3), 117–125.

Stoneman, Z. (2005). Siblings of children with disabilities: Research themes. *Mental Retardation, 43*(5), 339–350.

Strand, J., & Kreiner, J. (2005). Recreation and leisure in the community. In R. Flexer, T, Simmons, P. Luft, & R. Baer, *Transition planning for secondary students with disabilities* (2nd ed., pp. 460–482). Upper Saddle River, NJ: Merrill/Prentice Hall.

Straus, S. E., Richardson, W. S., Glasziou, P., & Haynes, R. B. (2011). *Evidence-based medicine: How to practice and teach EBM* (4th ed.). Edinburgh: Churchill Livingstone.

Sudzina, M. R. (Ed.) (1999). *Case study applications for teacher education: Cases of teaching and learning in the content areas.* Boston: Allyn and Bacon.

Summers, J. A., Hoffman, L., Marquis, M., Turnbull, A., Poston, D., &

Nelson, L. L. (2005). Measuring the quality of family-professional partnerships in special education services. *Exceptional Children, 72*(1), 65-81.

Tamis-LeMonda, C. S., Shannon, J. D., Cabrera, N. J., & Lamb, M. E. (2004). Fathers and mothers at play with their 2 and 3-year-olds: Contributions to language and cognitive development. *Child Development, 75*(6), 1806-1820.

Tankersley, M., Harjusola-Webb, S., & Landrum, T. J. (2008). Using single-subject research to establish the evidence base of special education. *Intervention in School and Clinic, 44*(2), 83-90.

Taylor, T. K., Webster-Stratton, C., Feil, E. G., Broadbent, B., Widdop, C., & Severson, H. H. (2008). Computer-based intervention with coaching: An example using the Incredible Years Program. *Cognitive and Behaviour Therapy, 37*(4), 233-246.

Tekin-Iftar, E. (2008). Parent-delivered community-based instruction with simultaneous prompting for teaching community skills to children with developmental disabilities. *Education and Training in Developmental Disabilities, 43*(2), 249-265.

Test, D. W., Fowler, C. H., Brewer, D. M., & Wood, W. M. (2005). A content and methodological review of self-advocacy intervention studies. *Exceptional Children, 72*(1), 101-125.

Thoits, P. A. (1986). Social support as coping assistance. *Journal of Consulting and Clinical Psychology, 54*(4), 416-423.

Thompson, B., Diamond, K. E., McWilliam, R., Snyder, P., & Snyder, S. W. (2005). Evaluating the quality of evidence from correlational research for evidence-based practice. *Exceptional Children, 71*(2), 181-194.

Tiwari, S., Podell, J. C., Martin, E. D., Mychailyszyn, M. P., Furr, J. M., & Kendall, P. C. (2008). Experiential avoidance in the parenting of anxious youth: Theory, research, and future directions. *Cognition and Emotion, 22*(3), 480–496.

Trent, J. A., Kaiser, A. P., & Wolery, M. (2005). The use of responsive interaction strategies by siblings. *Topics in Early Childhood Special Education, 25*(2), 107–118.

Trent–Stainbrook, A., Kaiser, A. P., & Frey, J. R. (2007). Older siblings' use of responsive interaction strategies and effects on their younger siblings with Down Syndrome. *Journal of Early Intervention, 29*(4), 273–286.

Troup, K. S., & Malone, D. M. (2002). Transitioning preschool children with developmental concerns into kindergarten: Ecological characteristics of inclusive kindergarten programs. *Journal of Developmental and Physical Disabilities, 14*(4), 339–352.

Trute B. (2003). Grandparents of children with developmental disabilities: Intergenerational support and family wellbeing. *Families in Society, 84*, 119–126.

Tsao, L., & Odom, S. L. (2006). Sibling–mediated social interaction intervention for young children with Autism. *Topics in Early Childhood Special Education, 26*(2), 106–123.

Turbiville, V. P., & Marquis, J. G. (2001). Father participation in early education programs. *Topics in Early Childhood Special Education, 21*, 223–231.

Turnbull, A., Turbiville, V., & Turnbull, H. (2000). Evolution of family–professional partnerships: Collective empowerment as the model for the early twenty–first century. In J. Shonkoff & S. Meisels (Eds.), *Handbook of early childhood education* (2nd ed.). New York, NY: Cambridge University Press.

Turnbull, A., Turnbull, R., Erwin, E., & Soodak, L. (2010). *Families, professionals, and exceptionality: Positive outcomes through partnerships and trust* (6th ed.). Upper Saddle River, NJ: Merrill/Pearson.

Turnbull, H. R., III, Turnbull, A. P., Bronicki, G. J., Summers, J. A., & Roeder-Gordon, C. (1989). *Disability and the family: A guide to decisions for adulthood*. Baltimore: Brookes.

Turner, K. M. T., & Sanders, M. R. (2006). Dissemination of evidence-based parenting and family support strategies: Learning from the Triple P-Positive Parenting Program system approach. *Aggression and Violent Behavior, 11*(2), 176-193.

Tymchuk, A. (1990). Parents with mental retardation: A national strategy. *Journal of Disability Policy Studies, 1*(4), 43-55.

Tymchuk, A., Groen, A., & Dolyniuk, C. A. (2000). Health, safety and well-being reading recognition abilities of young parents with functional disabilities: Construction and preliminary validation of a prescriptive assessment instrument. *Journal of Developmental and Physical Disabilities, 12*(4), 349-366.

Updegraff, K. A., McHale, S. M., Crouter, A. C., & Kupanoff, K. (2001). Parents' involvement in adolescents' peer relationships: A comparison of mothers' and fathers' roles. *Journal of Marriage and Family, 63*(3), 655-668.

Van Haren, B., & Fiedler, C. R. (2008). Support and empower families of children with disabilities. *Intervention in School and Clinic, 43*(4), 231-235.

Viadero, D., & Hoff, D. J. (2006). 'One Stop' research shop seen as slow to yield views that educators can use. *Education Week, 26*(5), 8-9.

Walker, H., Colvin, G., & Ramsey, E. (1995). *Antisocial behavior in school: Strategies and best practices*. Pacific Grove, CA: Brooks/ Cole.

Ward, L., Mallett, R., Heslop, P., & Simons, K. (2003). Transition planning: How well does it work for young people with learning disabilities and their families? *British Journal of Special Education, 30*(3), 132-137.

Wasserman, S. (1994). *Introduction to case method teaching: A guide to the galaxy*. New York: Teachers College Press.

Wells, R. A., & Thompson, B. (2004). Strategies for supporting teenage mothers. *Young Exceptional Children, 7*, 20–27.

West, F., Sanders, M. R., Cleghorn, G. J., & Davies, P. S. W. (2010). Randomised clinical trial of a family–based lifestyle intervention for childhood obesity involving parents as the exclusive agents of change. *Behaviour Research and Therapy, 48*(12), 1170–1179.

Whiston, S. C., & Keller, B. K. (2004). The influences of the family of origin on career development: A review and analysis. *The Counseling Psychologist, 32*(4), 493–568.

Whitehurst, G. J. (2002, October). *Evidence–based education.* Paper presented at the Student Achievement and School Accountability Conference. Available online at http://www.ed.gov/nclb/methods/whatworks/eb/edlite–slide001.html

Willoughby, J. C., & Glidden, L. M. (1995). Fathers helping out: Shared child care and marital satisfaction of parents of children with disabilities. *American Journal on Mental Retardation, 99*(4), 399–406.

찾아보기

인 명

내 용

저자 소개

박지연

이화여자대학교 특수교육과를 졸업하고, 미국 캔자스 대학교에서 특수교육 전공으로 석・박사학위를 취득한 후, 현재 이화여자대학교 특수교육과에서 가르치고 있다. 대표적인 가족 관련 연구로는 「장애아를 둔 저소득층 가정의 가족지원 실태 및 요구에 관한 질적 연구」(2004, 특수교육학연구, 39권 2호), 「문제행동이 장애아 가족의 삶에 미치는 영향과 가족의 대처방식에 관한 질적 연구」(2010, 정서・행동장애교육연구, 26권 3호)가 있다. 가족 관련 역서로는 『장애인 가족지원』(2006, 학지사), 『장애 영유아 가족지원』(2011, 학지사)이 있다.

장애인 가족지원을 위한
증거기반의 실제

2012년 12월 10일 1판 1쇄 인쇄
2012년 12월 20일 1판 1쇄 발행

지은이 • 박지연
펴낸이 • 김진환
펴낸곳 • (주) 학지사
121-837 서울특별시 마포구 서교동 352-29 마인드윌드빌딩 5층
대표전화 • 02)330-5114 팩스 • 02)324-2345
등록번호 • 제313-2006-000265호

홈페이지 • http://www.hakjisa.co.kr
커뮤니티 • http://cafe.naver.com/hakjisa

ISBN 978-89-6330-894-4 93370

정가 14,000원

이 책은 2010년도 정부 재원(교육과학기술부 학술연구조성사업비)으로
한국연구재단의 지원을 받아 연구되었음(NRF-812-2010-2-B00097).